中国少数民族设计全集

The Design Collection of Chinese Ethnic Minorities

撒拉族

中国少数民族设计全集编纂委员会 编

图书在版编目（CIP）数据

中国少数民族设计全集．撒拉族／中国少数民族设计全集编纂委员会编；蔡克中等著．—太原：山西人民出版社，2019.10
ISBN 978-7-203-11107-8

Ⅰ.①中… Ⅱ.①中…②蔡… Ⅲ.①撒拉族-民族文化-研究-中国 Ⅳ.①K28

中国版本图书馆CIP数据核字（2019）第217512号

中国少数民族设计全集．撒拉族

编　者：	中国少数民族设计全集编纂委员会
著　者：	蔡克中　等
责任编辑：	武　静
复　审：	李　颖
终　审：	秦继华
装帧设计：	谢　成

出版者：	山西人民出版社　人民美术出版社
地　址：	太原市建设南路21号
邮　编：	030012
发行营销：	0351-4922220　4955996　4956039　4922127（传真）
天猫官网：	https://sxrmcbs.tmall.com　电话：0351-4922159
E—mail：	sxskcb@163.com　发行部
	sxskcb@126.com　总编室
网　址：	www.sxskcb.com
经销者：	山西出版传媒集团·山西人民出版社
承印者：	山西出版传媒集团·山西新华印业有限公司
开　本：	889mm×1194mm　1/16
印　张：	18.25
字　数：	250千字
印　数：	1—1 000册
版　次：	2019年10月　第1版
印　次：	2019年10月　第1次印刷
书　号：	ISBN 978-7-203-11107-8
定　价：	290.00元

如有印装质量问题请与本社联系调换

中国少数民族设计全集编纂委员会

总 主 编 （按年龄排序）
　　　　　　张夫也　王立端　戴晋明　廖　军　王　琥　李豫闽　过伟敏　顾　平
　　　　　　王　强　李　岗
执行主编　王　琥
编务统筹　张明山

中国少数民族设计全集编辑工作委员会

主　　任　刘伟冬
编　　委　（排名不分先后）
　　　　　　王　琥　王　峰　王　强　王立端　王浩滢　白　波　过伟敏　许　星
　　　　　　许边疆　李　岗　李　丽　李豫闽　成光虎　肖　飞　余　强　汪传跃
　　　　　　罗　力　杨明朗　陈　述　陈见东　邱　珂　胡万明　顾　平　郑　静
　　　　　　郭立忠　姬　莹　张夫也　张泽国　张明山　张秋平　张耀引　梁盛平
　　　　　　樊　进　谢　玮　熊　伟　熊　微　熊建新　蔡克中　葛　芳　鞠　斐
　　　　　　魏　洁　廖　军　戴晋明

中国少数民族设计全集出版工作委员会

主　　任　胡彦威　周　伟
执行主任　姚　军　欧京海
编务统筹　阎卫斌　周小龙
编　　辑　（排名不分先后）
　　　　　　王新斐　史美珍　冯　昭　冯灵芝　吉　昊　吕绘元　刘小玲　任秀芳
　　　　　　孙　琳　孙宇欣　李广洁　李建业　李　靖　员荣亮　张小芳　张志杰
　　　　　　张书剑　何赵云　陈俞江　吴春华　武　静　周小龙　柳承旭　郝文霞
　　　　　　赵　玉　赵晓丽　席　青　秦继华　高　雷　郭向南　阎卫斌　崔人杰
　　　　　　傅晓红　蔡咏卉　翟丽娟　樊　中　薛正存　魏　红　魏美荣
整体设计　谢　成

中国少数民族设计全集·撒拉族

本册著者　蔡克中　郭林森　宋　军　张明山

求同存异 和合共荣

刘伟冬

中华民族，是一个由56个民族组成的大家庭。在漫长的文明发展史中，汉族和各少数民族都为中华文明的繁荣发展贡献了自己的聪明才智。纵观中华文明史，其实就是一部各族群之间"求同存异，和合共荣"的文化演进史。

从根子上讲，4000年前的"中国"，仅指北方中原地区，居住在这里的相传是上古时期黄帝部落和炎帝部落的后裔，故而自称"炎黄子孙"。其时的"中国"，不过是黄河中下游（西起陇山，东至泰山）区域。在千年发展与民族融合之后，尤其是晋末"衣冠南渡"，南迁的中原汉族与南方百越民族彻底融合，来自北方的鲜卑等民族融入汉族，使汉族前所未有地壮大发展，逐渐形成后来疆域辽阔、人口众多、物产繁盛、文化昌明的中华民族的主体族群。特别值得强调的是，自从作为一个民族整体之后，中华民族就从未中断过自己的民族发展史——这在世界历史上是硕果仅存、独一无二的。

中华民族具备兼容并蓄、虚心好学的民族天性。仅以设计学范畴的事例讲：在数千年文明发展历史中，中华民族在不断向外输出优秀的文明成果（如烧造之陶瓷砖瓦、营造之榫卯斗拱、织造之丝绸刺绣、锻造之"失蜡"分模等），影响全人类的日

常生活与生产方式的同时，也不断地吸纳域外各民族的优秀文明成果，如汉魏之印度佛教和西域音乐、隋唐之西亚服饰和家具、宋元之东洋印染和漆艺、明清之西洋机器与建筑……在中华民族内部，这样的文化交流更是从未停止过，而且是风生水起、枝繁叶茂，愈发流畅、深入，中华民族各族群之间"求同存异，和合共荣"的文化大演进，共同创造了中华民族极为灿烂辉煌的造物文明历史。仍以设计学范畴为例：原本是匈奴人发明的单足绳圈，被晋代的汉族人设计成铁质双镫；最早是鲜卑人原创的毡毯卷边，被晋代的汉族人改造成"高桥马鞍"，这宗中国式马具设计案例，被誉为"13世纪中国传入欧洲的最重要文化成果"（李约瑟语）。再如，西域（今新疆地区）是全世界最早的皮靴生产地，哈尼族为主的红河地区出现了全世界最早的梯田。再如，全世界最早的"干栏式建筑"和全世界最早的稻米人工育种、栽培，均起源于长江中下游的百越地区；全世界最早的竹藤编结器物起源于闽越地区……由中华民族共同创造、发明，后来又影响了全人类文明进程的优秀造物设计案例很多，不胜枚举。几千年中华民族的文明史，就是各种文化多元融合、共同发展的最好例证。不了解中华民族内部各族群的文明交流史，就无法真正理解中国文化史，也不能理解为什么中华民族总是能在逆境中成长强大。甚至可以说，能否完整地理解中华民族的文化史，是检验每一个当代中国知识分子（特别是文史哲专业的学者）文化立场的"试金石"。

随着改革开放的逐渐深入，各民族地区的经济与社会状态已发生了天翻地覆的变化。令人遗憾和担心的是，由于各地区政策执行力度不平衡，保护措施不得力，少数民族的文化特性正在逐步衰退，有些地区的少数民族文化特征甚至已经消失殆尽，仅仅

存在于徒具形式，充满口号、标语的民族文化村旅游景点中。有学者预言，再不加快整理抢救工作，中国的少数民族可能在物质形态和文化内涵的特征上，若干年后将不复存在。

从少数民族地区反映古代中国社会某些面貌的文化遗存看，这些少数民族之所以一直与汉族地区差距巨大，存在多方面的原因，其中历代汉族统治者对少数民族的歧视政策是主要原因。此外这些地区本身就处于偏僻荒地，不是沙漠就是山区，自然条件远不及汉族聚集地区，社会发展水平滞后。20世纪50年代，有相当比例的少数民族在当时仍处于原始农耕社会或奴隶制社会，不要说通电、通水、通汽车，不少人一辈子连铁器长什么样都没见过。部分少数民族聚集地的各种自然条件也较差，缺肥少水，基本生活来源，一靠老天爷恩赐的"望天收"农作物；二靠家庭手工作坊制作些竹藤编结物和土织、土陶等土特产来换取粮食；三靠养猪、兔、羊和鸡、鸭、鹅等家禽来换取日用品，如灯油、农具、衣物和油盐酱醋等；四靠为土司、头人和大户们出卖劳力（社会底层奴隶身份），年老即被抛弃。中华人民共和国成立后，党和政府在这些地区实行社会主义改造，打倒以土司、巫师和头人为首的剥削阶级，将土地和生产资料一律收归集体所有，解放了全体少数民族民众，使他们历史上第一次有了自由劳作和生活的权利。

中华人民共和国成立之初，党和政府就高度关注民族事务问题，为如何保护、关心各少数民族制定了一系列方针、政策，也为当代中国社会处理民族问题、保护民族文化树立了光辉典范。中央人民政府政务院于20世纪50年代初发布了《关于民族事务的几项决定》，为新中国民族政策奠定了最初的思想基础，其主要内容是：一、各大行政区军政委员会（人民政府）须指导各有关

求同存异 和合共荣

省、市、行署人民政府认真推行民族区域自治及民族民主联合政府的政策和制度，并随时向政务院报告推行经验，请示者须事前向政务院请示。二、各大行政区军政委员会（人民政府）须指导各有关省、市、行署人民政府认真并有计划地实行政务院在1950年颁发的《培养少数民族干部试行方案》，并将该项工作进行情况定期加以检查，每半年向政务院报告一次。中央民族学院及西北、西南、中南各军政委员会和新疆省人民政府的民族学院，必须依计划实行，并向政务院报告。三、政务院于1951年下半年适当时间将同时召开有关少数民族的卫生、教育及贸易三个专业会议，责成政务院文教委员会、中财委指导中央卫生部、教育部、贸易部开始筹备，并责成中央民族事务委员会协助进行。有关部门如农业部、文化部也须派人参加。四、责成中央人民政府各委、部、会、院、署、行注意建立有关民族事务的业务。五、在政务院文教委员会内设民族语言文字研究指导委员会，指导和组织少数民族语言文字的研究工作，帮助尚无文字的民族创立文字，帮助文字不完备的民族逐渐充实其文字。六、扩大中央民族事务委员会委员名额，责成中央民族事务委员会提出补充名单的建议，并于1951年下半年召开中央民族事务委员会扩大会议，检查与总结关于推行民族区域自治及民族民主联合政府的经验。

　　20世纪50年代，中央人民政府和政务院，曾多次组织"中央慰问团""土改工作队"和"普查工作队"等，花费大量人力和物力，深入各少数民族地区，进行了大量较为翔实的社会历史调查。50年代这轮由政府统筹、由中央民委组织行政领导和人类学、社会学专家学者以及民族同志组成工作队与考察队的少数民族大考察活动，1953年正式启动，1956年结束（个别地区延期至1958年才结束）。直接成果之一，就是为1956年国务院公布的55

个少数民族的正式定名和划分，提供了可靠的依据。

从当时考察的资料看，各少数民族的社会发展水平参差不齐，不少民族呈现类似汉族曾经历过的各种历史发展状况，为我们今天考察、了解并研究过去的历史以及各学术分支问题，提供了绝好的活体范本。比如以"设计发生学"研究为例，以山寨（村落）为主的初级社会组织形态，原始手工业在农耕环境中的地位，原始造物的手工技艺与设备、工具等，都是我们极感兴趣的研究对象。

在西北、西南和东北各少数民族聚集地区，有些古时流传下来的本民族手工造物技术，迄今仍保存良好。其吸收了汉族和其他兄弟民族的技术长处之后演变出来的各时段手工造物技术，则印证了各民族互相融合、取长补短的史实。更有些原始手工艺，特别具有艺术和历史研究价值。以维吾尔族人为例，本世纪初，笔者在新疆喀什城艾格孜艾日克老街看到几样手工艺绝活：其一是整条街的维吾尔族乐器店，除了热瓦普、曼陀林和冬不拉等少数维吾尔族知名乐器外，全是些笔者叫不上名来却似曾相识的弹拨乐器和拉弦乐器，于是从心里认可了"西域古乐成就了中国传统民乐"这句话所言不谬。其二是亲眼所见一个拖着鼻涕的不到10岁的维吾尔族小男孩，拿着电砂轮在铜壶上信手飞快地刻着精美细腻的图案，一不要底稿，二没有图纸，真是佩服得五体投地，也相信了"汉族人长于热铸，西域人长于冷锻"这个说法。其三是在喀什近郊著名的大巴扎"金器一条街"上看见近百家金店生意红火，家家门前毡毯上都围坐着一群金店伙计和顾客，正在热烈讨论、共同设计着花样繁多的未来金饰嫁妆，感受到了"中国传统样式的金银首饰工艺，最富有创意的设计和最先进的工艺制作，原来在维吾尔族人手里"这句大实话。还有，笔者

求同存异　和合共荣

在云南景洪县城集市上，曾亲眼见过景颇族老乡用古老的"焖烧法"烧出的红彤彤的土陶——跟笔者一知半解的仰韶彩陶的烧制工艺几乎一模一样。还有，笔者在大西北甘陕宁各省亲眼所见的回族、保安族、裕固族和东乡族老乡巧手做出的那些花样繁多、样式复杂的面塑造型，真是个个精妙绝伦。这方面的事例实在太多了。

50年代的少数民族地区社会大普查，以及半个多世纪以来社会各界对其丰富而珍贵的考察、研究，意义深远，价值极为重大。这些地区客观上保存的较为完整的、与数千年前中国原始社会最初形态近似的许多社会特征，为我们研究社会的最初形态形成和当时的经济、文化、政治的基本状况以及"设计发生学"的相关课题，提供了珍贵的类型学"活化石"范本，价值非凡。改革开放以来，这些少数民族地区也获得了前所未有的巨大发展，人民生活日新月异；但与此同时，少数民族地区的民族性在不可避免地愈发衰减、退化，甚至消失。如果我们再不采取保护措施，若干年后，各少数民族的许多宝贵民族文化遗产将无法挽救地彻底消亡，这部分同属于全人类精神财富和中华民族集体智慧的宝藏，我们将再也看不到了。

在"设计发生学"问题上，我们一向秉持文化多元论的观点，认为人类文明是全世界人民共同创造的，各国家、地区、民族均做出过大小不一、形态各异的贡献；同理，中华民族的灿烂文明是中国的各族人民共同创造的，每个民族都对中华传统文化做出过贡献，也都应当得到尊敬和肯定。中国的各少数民族在中华文明漫长的演化过程中，都曾经以自己独特而充满智慧的文明成果，补充、完善甚至改良着中华文明。比如，古代西域的龟兹古国各民族创造或引自西亚的弹拨乐器和拉弦乐器以及音律、曲式，彻底改造了中国古代音乐，新创作出代表中国古乐精髓的江南丝竹；南疆的维吾尔族和北疆的哈萨克、塔塔尔、塔吉克等族首创了制革术，并引进古波斯革皮书籍装帧术和制靴术、制毡术、毛衣编结术；海南岛的黎族率先种植棉花并纺织棉布，传入内地后棉织业逐渐形成中国古代手工行业的"天下第一营生"……保护少数民族的民族文化特性，就是保护我们的历史遗产，就是传承我们的文明。我们应进一步发扬文化兼容的优良传统，把振兴中华的百年民族复兴梦，逐步落实为将大中华建设成为中国各民族共同拥有的美好家园。

由上千名来自全国各高等艺术院校的教授、研究生组成的55支团队参与编撰的《中国少数民族设计全集》（55卷），正是有识之士基于对各少数民族的民族文化特性正在快速衰减、消亡的严重现实问题的深切忧虑而进行的抢救、发掘、整理中国少数民族文化遗产的重要文化工程。经过两年精心筹划，六年努力写作，在国家出版基金管理部门的支持下，在山西人民出版社和人民美术出版社的策划和组织下，目前《中国少数民族设计全集》的书稿编撰工作已基本完成，即将付梓。在长达八年的漫长过程中，全国兄弟院校各团队涌现出的各种可歌可泣的事迹经常感动着笔者，并不时鞭策着全体作者克服千难万险，一路向前。有的分卷作者身患绝症仍不眠不休地忘我工作，有的分卷作者遭遇各种意外仍坚持工作。特别是，很多民族同志公而忘私、不计较个人得失，有人不惜将自己赚钱的企业关张歇业，全身心地投入各自所负责分卷的繁重编撰工作中；有人义无反顾地将自己珍藏多年的本民族实物、资料和研究成果无偿提供给相关分卷作者。大家万众一心，克服各种复杂得难以想象的困难，以确保这部凝聚了众人八年心血的巨著，能按计划如期完成。借此机会，笔者谨

代表本丛书编委会全体成员,向领导、编辑和作者们表示衷心的感谢!

作为一项文化创举,笔者深信《中国少数民族设计全集》必将在未来岁月的长期检验中,愈发显现其非凡的、独特的文化价值。

2017年夏季于南京

前言

撒拉族是中国信仰伊斯兰教的少数民族之一，主要聚居在青海省循化撒拉族自治县和化隆回族自治县黄河谷地，以及甘肃省积石山保安族、东乡族、撒拉族自治县大河家一带。部分撒拉族散居于青海省的西宁市及黄南、海北、海西等州和甘肃省夏河县、新疆维吾尔自治区乌鲁木齐市、伊宁县等地。伊斯兰教是撒拉族的全民信仰，宗教对撒拉族的发展有非常深远的影响。

撒拉族自称"撒拉尔"，又称"撒喇"，原本与中亚的土克曼族、塔塔尔族和高加索的阿塞拜疆族是同一民族，元代迁入青海的撒马尔罕人与周围蒙、回、汉、藏等民族长期相处，相互融合，发展而成撒拉族。撒拉族有语言，有文字，不过由于没有重视自己的文字，所以没有得到普及，通用汉字。撒拉族在历史上曾掀起苏四十三反清叛乱，反清失败后，因逃难和婚姻关系，大量的撒拉族人从街子、崖曼、西沟、白庄、清水、孟达、草滩坝、塔撒坡等地迁入。

撒拉族有一出很有名的民族戏叫《对委奥依那》，也称骆驼戏，通常在婚嫁喜庆的日子里表演。该戏通常由四人进行表演，其中两人扮演骆驼，一人为蒙古人打扮，扮演当地人，另一人为中亚人打扮，一手拿棍，一手牵着"骆驼"，"骆驼"身上背着《古兰经》、水、土等物。舞蹈形式简洁明了，边唱边舞。它通过对白、独白、呼应、舞蹈等形式来反映撒拉族祖先东迁的历史事件以及社会生活和民俗习惯，渗透着撒拉族人虔诚的宗教信仰、高尚的伦理道德和团结和睦的行为规范。该戏是对撒拉族后裔们进行宗教教育、民族历史教育和审美教育的非常好的传播方式，并且为研究撒拉族语言学、民俗学、史学等提供了非常有价值的原始资料。

目前对于撒拉族的研究大多限于民俗学研究、文物研究，很少涉及产品设计。其实撒拉族是一个颇具智慧的民族，在许多产品设计中体现了其民族的特质。

建筑方面，如街子清真大寺。它是青海第二大清真寺，位于海东地区循化撒拉族自治县县城以西5公里的街子乡。街子清真大寺珍藏着撒拉族先民东迁时带来的一部手抄本《古兰经》，据专家考证于公元8世纪手抄成本，距今已有1300多年历史。对这部《古兰经》，《人民日报》曾于1982年1月3日作过这样的介绍："这种年代久远、版本珍贵的《古兰经》世界上仅存三部。"街子清真大寺初建于明洪武三年，清代和民国二十年曾有三次扩建，原有礼拜殿面积达1000多平方米，可容纳1500多人排班礼拜，气势相当雄伟，可惜在"文化大革命"中被彻底毁坏。1982年政府拨款，群众集资，仿照新疆喀什清真寺重新修建。新建的清真寺为砖混结构，占地面积4050平方米，寺基走廊2394平方米。重修的大殿雄伟壮观，礼拜殿面积1089平方米，可容纳1200人集体礼拜。殿内四根大柱支撑着49间的殿顶，中间的大圆宝塔具有鲜明的阿拉伯风格，大殿四角是距地面高23米的宣礼塔，直入云霄。大殿前南北两侧是两栋学经楼，设有净水房和办公室。寺院对面是先祖阿合莽和尕勒莽的拱北，由雕刻有大型花卉图案的青砖围墙组成，长7.1米，宽6.25米，高3.3米。街子清真大寺与拱北、骆驼泉、手抄本《古兰经》浑然一体，互为映衬，吸引了许多人士前来考察、旅游。

服装服饰方面，如中年女装。撒拉族中年女装，款式大方得体，色彩搭配合理，深受撒拉族中年妇女的喜爱。盖头为朱红色，边缘有穗状装饰，穿着时以顺时针或逆时针的方式裹住头部，露出脸部；长袍呈玫瑰红，其长度达膝盖以下，并以金色花卉图案装饰，显得雍容华贵；马甲整体呈黑色，中间用蓝色、金色几何图形装饰，底

部及袖口也都有金色几何图形，金色与黑色对比鲜明，装饰效果良好；裤子为蓝色，裤脚较长，并且较为宽松。撒拉族人因不同的生产及生活方式，依据不同的时代和环境差异，创造出了颇具特色的民族服饰。撒拉族最早的服饰，具有中亚游牧民族的风格。撒拉族中年妇女的衣服一般较长，裤脚一直拖到地上，脚穿绣花鞋，也叫"古古儿鞋"，青年妇女则喜欢穿色泽艳丽的大襟衣。撒拉族中年妇女也喜欢穿大襟衣，只是颜色上更为稳重，外套绿色、黑色的坎肩，显得干练而又俊俏。撒拉族中年妇女还喜欢佩戴金银首饰，如手镯、戒指、耳环等。明末清初，撒拉族中年妇女外出劳动时，喜欢用青布缠头，遇有重大节日或喜庆日时则身披宽敞的绣有花边的披风。发展到后来，撒拉族中年妇女改戴盖头，披在后面。

食品方面，如油搅团。油搅团，撒拉族人称之为"比利买海"，在撒拉族人的日常生活当中非常重要，常用来接待尊贵的客人或在重大节日中食用。直到今天，妇女生孩子坐月子，都会吃油搅团；结婚之日，新娘子去婆家的路上，乡亲们也会以油搅团加茶相待。油搅团是一种清油白面制成的糊状面食品，看似简单，但是要做出正宗的口味也不容易，从面粉的选择到配菜都颇为讲究。制作搅团有两种方法，简便做法是将白面在锅里炒熟，加点开水搅拌，焖上几分钟后，打开锅盖，倒入清油，再焖上一会儿，即可食用。另外一种比较讲究的是，精选面粉，制作时用农家的柴火灶台，这样受热才均匀。待大铁锅把水烧开后，将和好的面均匀地倒入锅中，一边倒面一边用擀面杖顺时针搅拌，要搅得十分均匀，不得有疙瘩。搅团，关键在于一个搅字，搅得越匀越好，搅拌过程中灶火不可太大，以防煳锅底，一旦煳锅整锅搅团就有焦煳味，不可食用。熟了以后盛出来，同时另外用锅热清油，清油烧热后倒入搅团里，再次搅拌，焖一会儿，就可食用了。吃搅团时，一般要另外准备辣椒、蒜、汤

菜等配菜。

厨房用具方面，如大焜锅。焜锅，是一种铁铸的平底锅，锅壁较厚，受热均匀，形似圆形饭盒，大小不一，小的直径10厘米，厚度约7厘米；大的直径约30厘米，厚度约15厘米。大焜锅与普通焜锅的不同之处在于它并不是直接埋在草灰中，而是可以放置于灶膛中，底部燃烧木材加热。大部分撒拉族家庭垒有这种特殊的灶膛，用来制作焜锅馍及烤制其他食品。大焜锅有一对很大的双耳，既方便提携，也利于密封，一举两得。

饮具方面，如铜茶壶。撒拉族人有饮茶的习惯，喜欢饮茶就需要各种茶具，其中铜茶壶是最常见的，喝茶时一般需要把制作好的麦茶或奶茶装入铜茶壶，以方便倒入客人的盖碗或普通的茶杯里，撒拉族人家几乎都备有一把上好的铜茶壶。铜茶壶一般由壶体、壶脖、壶盖、壶嘴、把手和底座等6部分组成，每个部分都由人工用铜片敲打成型，并焊接为一个整体。铜茶壶壶嘴较小，成优美的S形，略高于壶身，既可以防止水溢出，也方便倒水。把手直径变化均匀，且为流线造型，其形态与壶嘴遥相呼应。壶体上大下小，逐渐变化，整体饱满圆润，和壶嘴、把手的纤细形成对比。壶盖也是该铜茶壶的一大特点，它比较长，和壶脖很好地契合，加强了壶的密封性，也能更好地起到保温效果。壶脖直径较大，方便加注茶水，是人性设计的典范。

家具方面，如大柜子。它是撒拉族常用家具，一般摆放于卧室，用于收纳衣物。作为撒拉族日常生活的重要家具，大柜子做工较为讲究，通常也代表了一个家庭的生活水平。柜子正面、顶部均刻有花纹，正中间双开门，底部有暗格，便于储存被子等大件用品。柜子通体硬木材质，卯榫结构，顶部有突出檐状结构，表面涂暗色漆。撒拉族家具要求形、色、意、质、贵五个基本点。就形而言，撒拉族

较重视自己的民族特色，有独特之处。色是很关键的部分，撒拉族人认为朴素的颜色是吉祥的象征，而少用多色调的搭配。由于紫檀木到明代已经变得十分稀有，普通木材制造的家具本色难以维持较高水准，明中后期就广泛使用彩漆做涂料了。意一般是指必须突出家和、吉祥、如意、长寿、多福、添子、财富、官运等意境。不同时期的人们喜欢根据拥有的财富和地位把家具形态表现出不同的意。质指质量，撒拉族讲究选材的上乘，即使是普通老百姓家也希望家具能使用上好的材料，梨木、枣木、紫檀木都是百姓所津津乐道的。古人讲究材料的质量更甚于现代人，因为那时大多数家具在加工过程中都要选择雕刻。贵，即追求富贵的寓意，家具代表富贵和财富早在先秦时期就非常盛行了。

　　民间艺术，如砖雕。撒拉族砖雕艺术是从汉代祠堂、墓室、宫殿等建筑物上的画像砖、画像石演化发展而来的。据考证，撒拉族砖雕艺术源于北宋初期，明清时日趋成熟，至现代则渐臻完善。由于战乱、民族迁徙等诸多原因，撒拉族早期砖雕作品已很难寻觅，目前所指的主要是临夏地区出土的宋金砖墓。1980年临夏南陇出土的锦衣校尉王吉墓，结构为仿木券顶式正方形砖雕单室，飞檐、斗拱、滴水下面有各种动物和人物图样。其中表现花卉、动物的最多，主要有荷花、牡丹、奔马、飞龙、祥鹿、麒麟等，大多是中国民间吉祥图案。随着伊斯兰教在中国兴起，擅长雕刻工艺的撒拉族、回族、保安族人把汉族传统雕刻工艺与伊斯兰文化结合，形成别具一格的砖雕艺术风格。撒拉族砖雕主要用于拱北、清真寺的装饰，但也有人用到自己的房舍上面。河州（临夏古称）是丝绸之路的重要地点，明清时茶马贾商云集，因为受到封建等级制度的束缚，"庶民庐舍……不许用拱斗，饰彩色"（《明史·舆服志》），那里的人即使再富有，也不敢用上等材料装饰屋舍，只好以砖为材料，做出各种图案来装

置屋舍、清真寺等，以此来标榜财富，客观上促进了撒拉族砖雕艺术的发展。近代又汲取了木雕、泥雕等的工艺特色，采用高浮雕技法，达到了内容、形式、风格的和谐统一，发展出以临夏地区为主的特有民族艺术。现代撒拉族砖雕富丽堂皇的居多，清幽朴素的少，虽然有些砖雕已从浮雕式进入了镂空式，里外有三层装饰之多，但缺少了过去那种线条简洁的情趣。此外，在艺术思考上，遵守伊斯兰教义，反对偶像崇拜，砖雕中不见人物饰样，这也是它的重要特点，体现了其特有的艺术魅力。

参与本书撰写的著者有南昌航空大学艺术与设计学院蔡克中、郭林森、宋军，江南大学设计学院张明山。由于时间仓促，学识有限，书中难免有不足之初，还请专家、学者批评和指正。

目录

第一章　撒拉族传统建筑
　　撒拉族街子清真大寺　002
　　撒拉族宣礼楼　008
　　撒拉族篱笆楼　013
　　撒拉族骆驼泉　019

第二章　撒拉族传统服饰
　　撒拉族男装　026
　　撒拉族女装　031
　　撒拉族中年女装　036
　　撒拉族大襟衣　041
　　撒拉族女鞋　047
　　撒拉族银手镯　052
　　撒拉族银头簪　057
　　撒拉族耳坠　061

第三章　撒拉族传统餐饮
　　撒拉族大焜锅　068
　　撒拉族小焜锅　073
　　撒拉族油壶　078
　　撒拉族宽口壶　083
　　撒拉族铜茶壶　087
　　撒拉族铜火壶　092
　　撒拉族麦茶罐　098
　　撒拉族油搅团　102
　　撒拉族油香　106
　　撒拉族馓子　112

撒拉族麦仁茶　118

第四章　撒拉族传统生活用具

撒拉族木杵臼　124
撒拉族提篮　129
撒拉族匾　133
撒拉族米桶　137
撒拉族粮柜　142
撒拉族食盒　147
撒拉族存钱盒　152
撒拉族油灯台　156
撒拉族户外木凳　162
撒拉族大柜子　167
撒拉族老年人用小柜子　171
撒拉族年轻人用小柜子　175
撒拉族炕桌　179
撒拉族正堂红椅　184

第五章　撒拉族传统生产工具

撒拉族草杈　190
撒拉族糖耙　194
撒拉族刮刀　199

第六章　撒拉族传统手工艺

撒拉族木雕　206
撒拉族砖雕　211

　　撒拉族锦织　217
　　撒拉族口弦　222
　　撒拉族牛角器　227
　　撒拉族枕头　233

第七章　撒拉族传统民俗和宗教
　　撒拉族传说　240
　　撒拉族婚嫁　246
　　撒拉族丧葬　254
　　撒拉族古尔邦节　259
　　撒拉族拱北　264

第一章 撒拉族传统建筑

撒拉族街子清真大寺

图一 撒拉族街子清真大寺主图

街子清真大寺，青海省第二大清真寺，位于循化撒拉族自治县街子乡。始建于明朝洪武三年，清代和民国二十年曾有三次扩建，后在"文化大革命"中被毁，1982年仿照新疆喀什清真寺重建。街子清真大寺之所以闻名，是因为它珍藏着一部具有1300多年历史的手抄本《古兰经》。据考证，这部《古兰经》于公元8世纪手抄完成，这种珍贵的版本世界上仅存三部。

整个寺宇是一组设施齐全、规模宏大的

建筑群。全寺占地面积 4000 多平方米，大殿面积近 1000 平方米，可供 1200 多人排班礼拜。大殿位于大寺的西面，朝向麦加圣地克尔白。大殿具有鲜明的阿拉伯特色，典雅而肃穆，堪称清真寺建筑中的瑰宝。平面呈正方形，由四根大柱支撑，中间为伊斯兰典型的穹隆式圆顶，上有金色的"元宝"和"新月"。内部装饰简洁，地板上铺有草绿色的地毯，作为礼拜垫。四面墙壁为乳白色，无任何装饰，显得典雅而庄重。西面墙为正向墙（朝向克尔白），正中有半圆形的凹壁，并用瓷砖镶嵌，上面镌刻着"万物非主，唯有真主"等阿拉伯文字。凹壁右前方为阶梯形讲坛，撒语称"敏拜尔"，它是伊玛目宣讲教义的地方。大殿的四角分别有四座相同的宣礼塔，高 23 米，细长且有尖形顶，直入云霄，似把人引向深邃的天空。每到礼拜时刻，塔顶上的唤拜声可以传到很远的地方，以作提醒。宣礼塔的横截面为六角形，内部为中空圆柱，并有螺旋式铁梯，供上下之用。塔顶有穹隆式圆顶，进一步凸显伊斯兰特色。大殿前方的南北两侧为学经楼，对面为撒拉族先祖阿合莽墓和尕勒莽墓，撒语称之为拱北。街子清真大寺与拱北、骆驼泉、手抄本《古兰经》互为映衬，共同构成撒拉族的文化中心。

街子清真大寺因藏有距今 1300 余年的手抄本《古兰经》而闻名，它本身也具备典型的阿拉伯风格，值得更为深入的研究，并可为当前清真寺的设计提供重要的参考。

图片来源
图一　周崇崇　制图
图二至图十一　蔡轩　制图

参考文献
[1] 卢明道.街子清真大寺[J].中国穆斯林,2000(09):33.
[2] 马明良.循化街子清真大寺今昔[J].青海民族学院学报(社会科学版),1985(03):74.

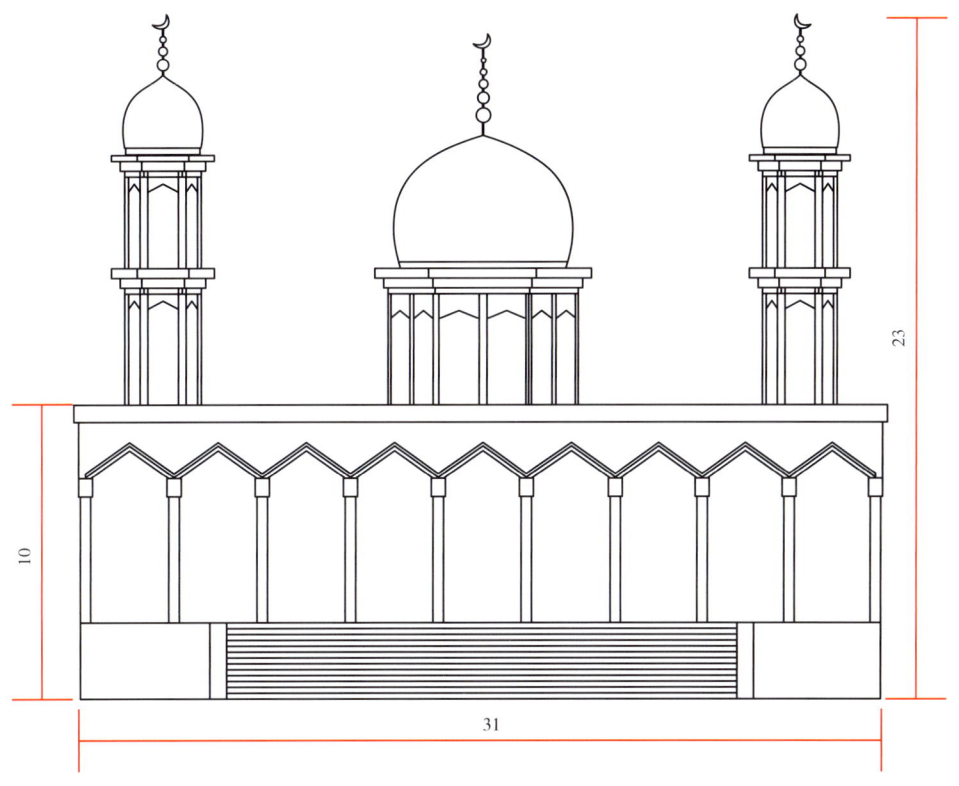

图二　撒拉族街子清真大寺正立面图（单位：m）

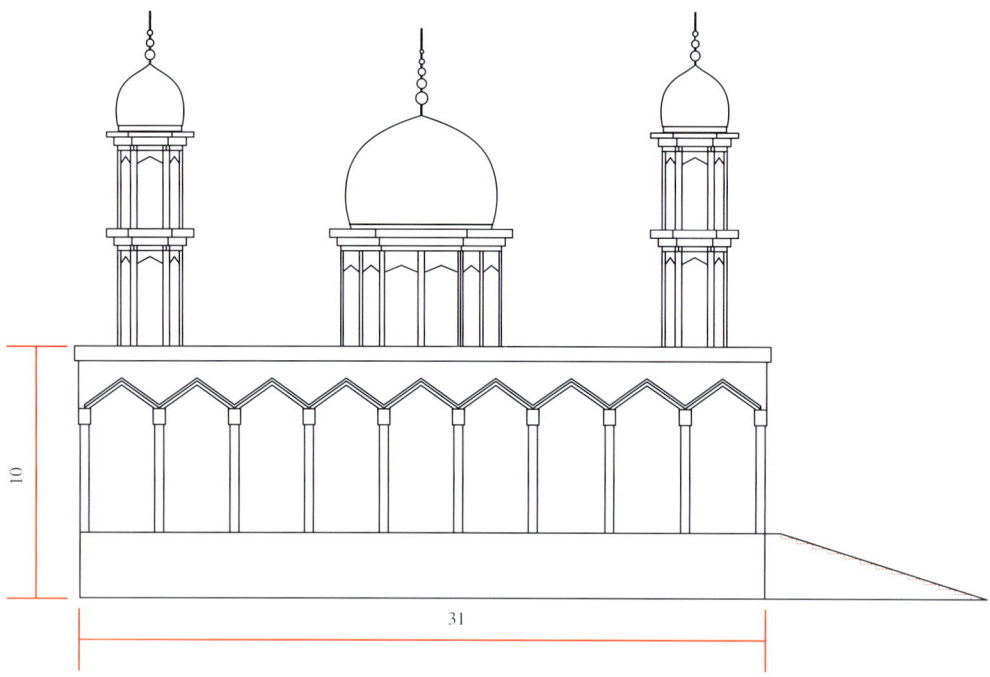

图三　撒拉族街子清真大寺侧立面图（单位：m）

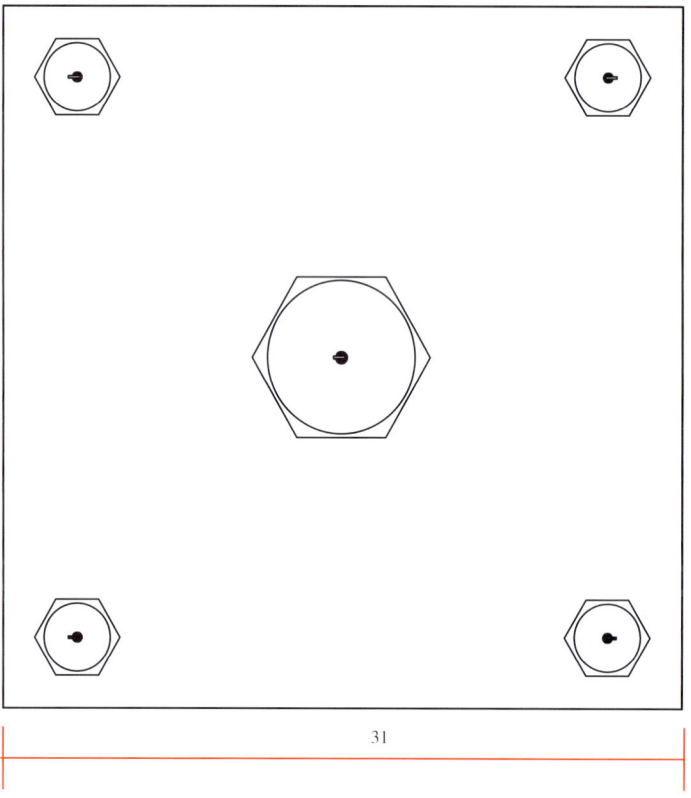

图四　撒拉族街子清真大寺平面图（单位：m）

图五　撒拉族街子清真大寺整体效果图1

图六　撒拉族街子清真大寺整体效果图2

图七　撒拉族街子清真大寺整体效果图 3

图八　撒拉族街子清真大寺局部分析图 1　　　　图九　撒拉族街子清真大寺局部分析图 2

图十　撒拉族街子清真大寺局部分析图 3

图十一　撒拉族街子清真大寺大门分析图

第一章　撒拉族传统建筑

撒拉族宣礼楼

图一 撒拉族宣礼楼主图

宣礼楼位于青海省循化撒拉族自治县白庄乡，始建于清代晚期，建筑结构保存完好。由于它具备鲜明的民族特征，2003年被移建到北京中华民族博物院。

宣礼楼是撒拉族的标志性建筑，又称邦克楼、唤礼楼、呼唤楼、唤拜楼、叫拜楼、唤醒楼、省心楼等，是清真寺的主要塔楼。

宣礼楼起源于宋元年间修建的尊经阁。元世祖在位时有两位阿拉伯传教士前来传教，即在阁上藏经。在宣礼楼东侧，俗称七间房，是穆斯林聚会的地方。礼拜时，清真寺的神职人员会登上塔顶进行宣礼，召唤穆斯林前来礼拜。如今有了扩音喇叭，宣礼员不用上去了，直接把喇叭挂在宣礼楼上就行了。

宣礼楼为砖木结构，长6.2米，宽6.2米，高16米，建筑面积约40平方米。地下的楼基由青砖和石头砌成，深约1米。一层平面呈四边形，由青砖和土坯砌成，东西两面开门。西门较大，安装了双扇木门；东门较小，只安装了单扇木门。四面均有砖雕花纹装饰，内部安装盘旋而上的木梯，供人上下。二层为木结构，飞檐斗拱，层次分明。二层以上为宝顶结构，飞檐挑出，青瓦覆盖，顶部为圆形。

宣礼楼一般设置在清真寺建筑群的中轴线上，借鉴了我国传统寺庙的建筑布局。有一些古老的清真寺还将百字圣赞碑亭、皇帝所赐的万岁碑、望月楼等也都放在建筑群体的中轴线上，这是因为，这样的建筑布局合乎封建社会的礼法，即上至帝王，下至百姓。唐代的西安清真大寺、宋朝的牛街礼拜寺、元代的杭州凤凰寺、通县清真寺、阜外三里河寺、济南大寺等都是按照这种样式建造的，其宣礼楼也都安排在中轴线上。

撒拉族宣礼楼古朴大方，独具特色。它是撒拉族从中亚地区移居到黄河流域后，吸收当地建筑文化而形成的具有本民族风格的宗教建筑。宣礼楼在撒拉族传统文化中有独特的宗教意义，因此历来被撒拉族所重视。其样式有规定的范式，既结合了中国古典建筑的风格，又体现了穆斯林的独特风采。它是穆斯林宗教文化的重要载体，也是撒拉族民族文化与中国传统文化兼容并蓄、互为促进的见证，值得更深入的研究，并可以作为当前穆斯林建筑的参考。

图片来源
图一　蔡克中　摄影
图二　蔡克中　制图
图三至图十一　蔡轩　制图

参考文献
赵川东. 撒拉族传统建筑亮相京城[N]. 人民日报海外版,2004-04-09(7).

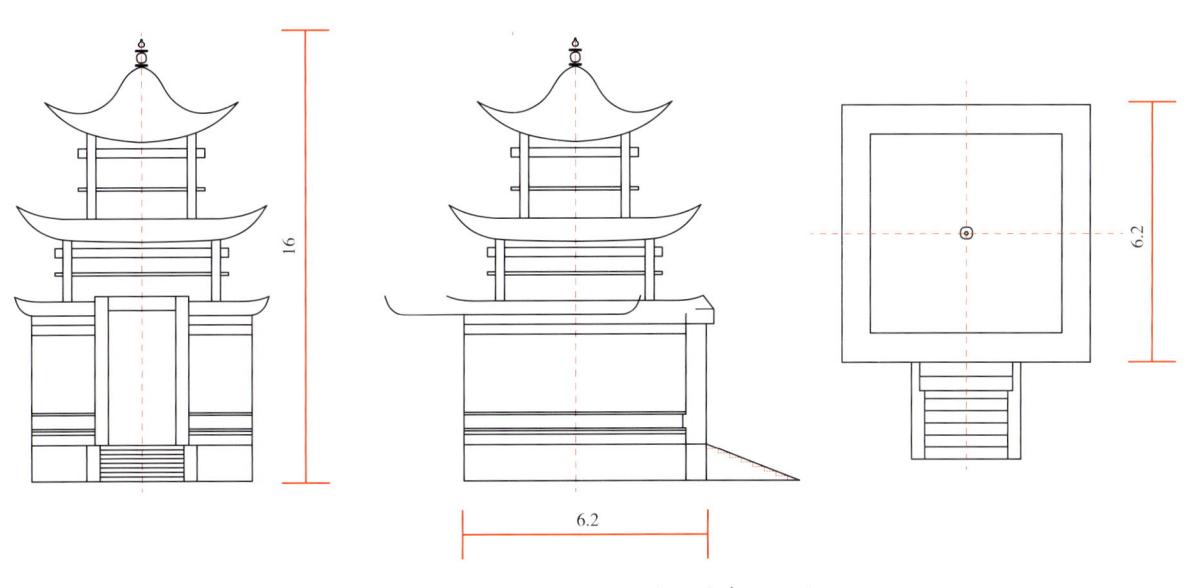

图二　撒拉族宣礼楼三视尺寸图（单位：m）

图三　撒拉族宣礼楼效果图1

图四　撒拉族宣礼楼效果图2

图五　撒拉族宣礼楼线描图

图六　撒拉族宣礼楼外墙局部放大图

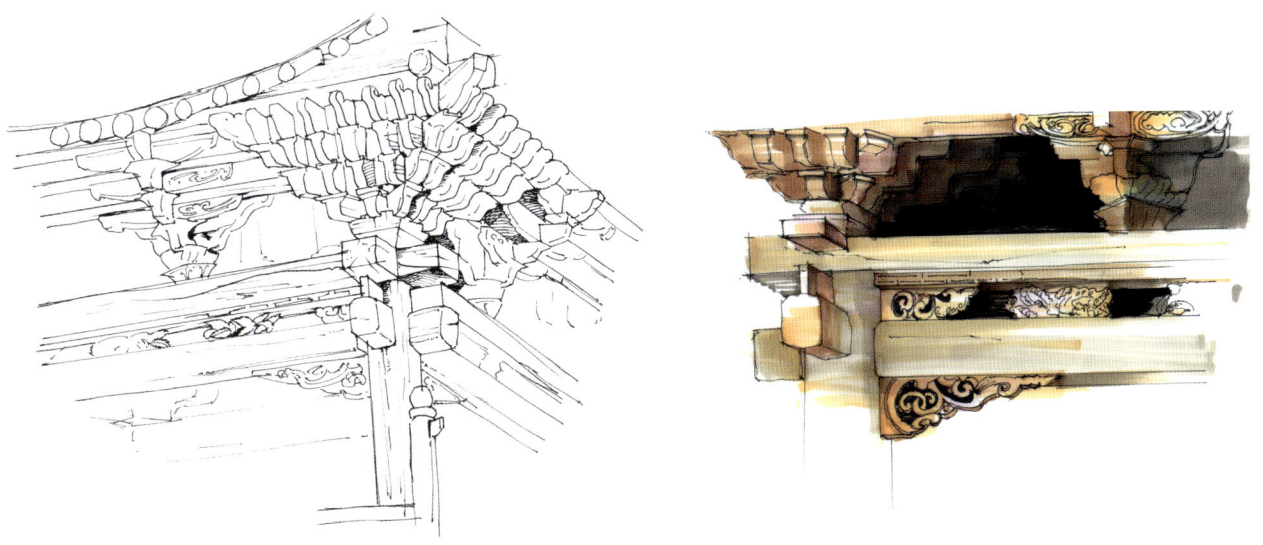

图七　撒拉族宣礼楼结构分析图·斗拱

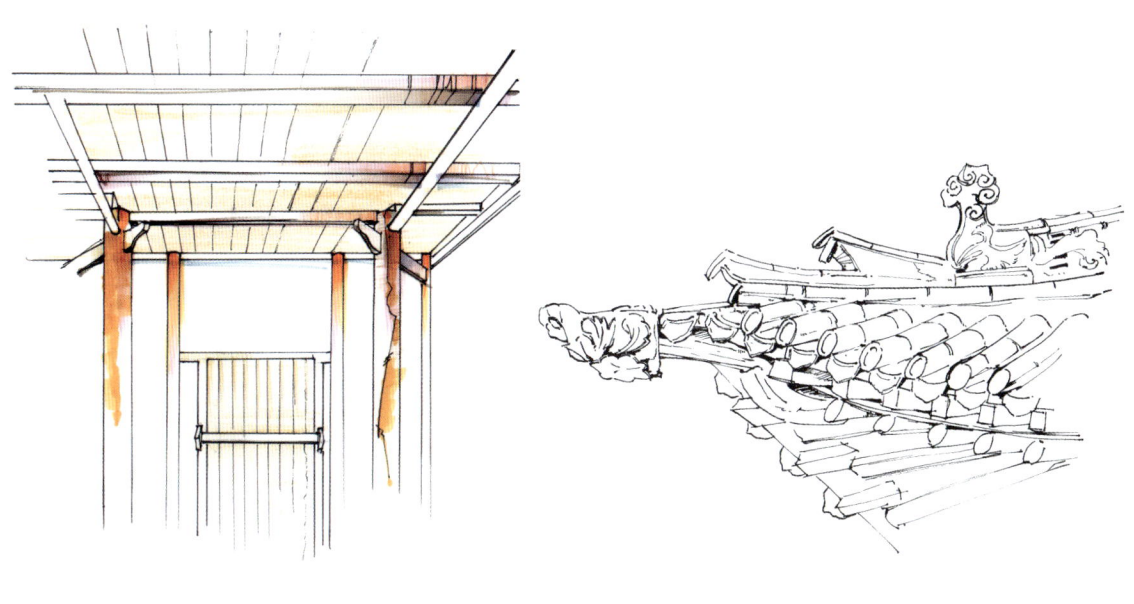

图八　撒拉族宣礼楼结构分析图·内部　　　图九　撒拉族宣礼楼结构分析图·飞檐

图十 撒拉族宣礼楼结构分析图·梁柱

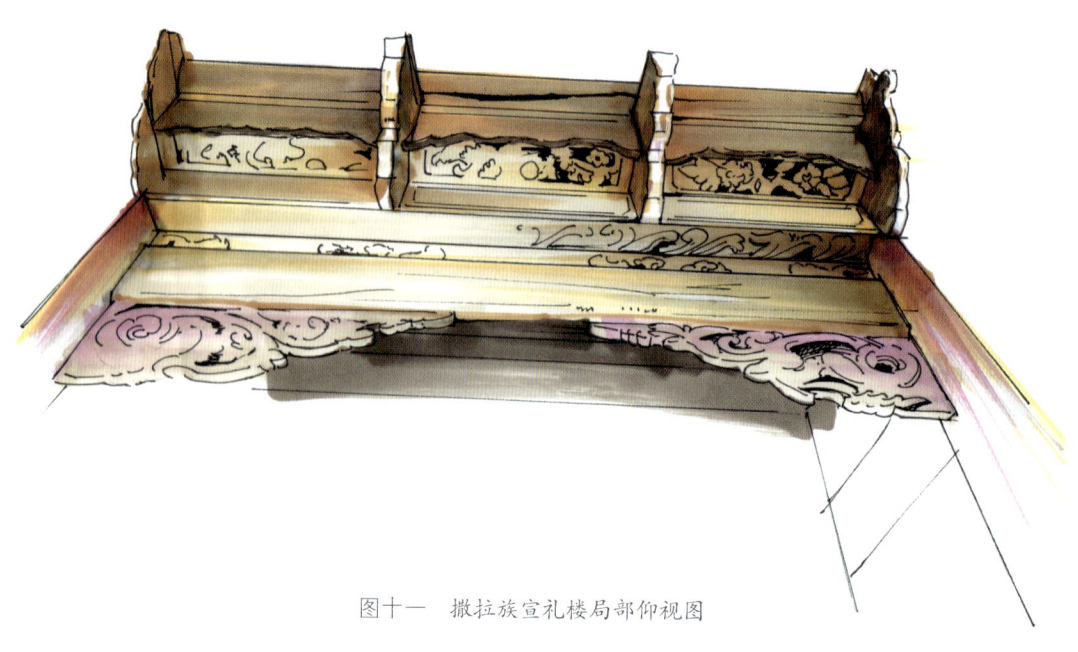

图十一 撒拉族宣礼楼局部仰视图

撒拉族篱笆楼

图一　撒拉族篱笆楼主图

篱笆楼曾是撒拉族人普遍居住的古老建筑形式，因墙体大部分采用篱笆而得名。随着生活方式与生活水平的改善，现存的篱笆楼已为数不多，到 21 世纪初，仅存于青海省东部循化撒拉族自治县孟达地区。孟达地区自古以来是甘肃与青海的交通要塞，经济发达，文化交流频繁。13 —14 世纪，生活在河关一带的撒拉族人辛勤劳作，并充分发挥他们的智慧，合理开发当地的林业资源，同时，积极吸收周边汉、藏、回、保安等民族的建筑文化，最终创造了篱笆楼这一建筑形式。

篱笆楼建筑布局因地制宜，形式多样，有拐角式、三合院式、横字式等。它通常分为上下两层，上层设卧室、客房等，一层多为畜圈、柴草间等。建造时一般采用松木作为框架，墙体则用杂木编织而成，内部中空，两面再抹上草泥，起到加固的作用。门窗和柱子常雕刻有各种图案，作为装饰。使用这种方法建造的楼房，既可以减轻楼房的重量，又大大节约了建筑材料,一举两得。此外,由于中空墙体的使用,使得篱笆楼冬暖夏凉,非常舒适。整体而言,篱笆楼牢固、经济、防风、防震、美观,这也是它得以传承至今的重要原因。

篱笆楼建筑群,对研究撒拉族的民族文化具有重要意义。遗憾的是,篱笆楼几经拆迁改建,从20世纪60年代的100多户锐减到21世纪初的14户,濒临消失。鉴于此,青海省文物保护部门采取了一系列措施,对这些古建筑加以保护。2008年撒拉族篱笆楼的建造技艺列入国家级非物质文化遗产目录,对它的保护提升到国家级层面,这也充分说明了它的重要性。同时,4处14世纪至19世纪的篱笆楼被列入青海省文物保护单位,1处保存较为完好的清代古民居楼被移建至北京中华民族博物院,得到了更加完善的保护。

图片来源

图一　蔡克中　摄影
图二　蔡克中　制图
图三至图十三　蔡轩　制图

图二　撒拉族篱笆楼三视尺寸图(单位:m)

图三　撒拉族篱笆楼整体效果图

图四　撒拉族篱笆楼效果图·厢房外景

图五　撒拉族篱笆楼效果图·正房走廊外景

图六　撒拉族篱笆楼效果图·厢房走廊外景

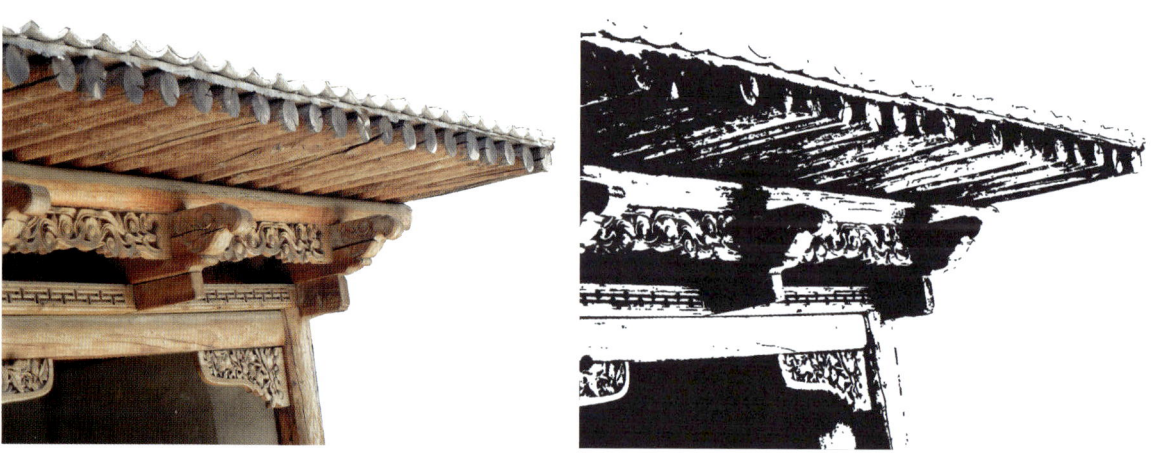

图七　撒拉族篱笆楼斗拱结构分析图

图八　撒拉族篱笆楼卧室布局图

图九　撒拉族篱笆楼二楼走廊透视图

图十　撒拉族篱笆楼二楼走廊仰视图

图十一　撒拉族篱笆楼篱笆墙分析图

图十二　撒拉族篱笆楼篱笆墙特写图

图十三　撒拉族篱笆楼梁柱结构分析图

撒拉族骆驼泉

图一　撒拉族骆驼泉主图

骆驼泉，青海省级重点文物保护单位，位于街子乡团结村，这里被称为撒拉族先民最早的定居地。骆驼泉是撒拉族传说中的一处圣迹，明清两代的撒拉族土司及宗教领袖尕最曾居于此处。

传说在中亚撒马尔罕有一个小部落，长期遭受当地土族的欺凌。被逼无奈，部落首领尕勒莽和阿合莽只好带领全族成员，牵着一峰白骆驼，驮着一部手抄本《古兰经》向东迁徙，最终来到循化境内。遗憾的是，白骆驼走失了。第二天，他们终于在街子乡东面的一汪泉水中发现了已化成石头的白骆驼。他们尝试了当地的水土，发现与故乡完全一致，便决定在此处定居下来，泉水也以"骆驼泉"命名。此后，"骆驼泉"和其中的"骆驼石"被撒拉族视为圣物，一些求雨、祈福仪式常在此举行。遗憾的是，"文化大革命"中"骆驼石"被砸碎。

20世纪80年代，政府重修了骆驼泉公园的围墙和大门，并新建水榭碑亭，自然景观大为改观。重修后的骆驼泉公园占地面积约为3500平方米,以泉眼为中心修建了长方形水池,长约40米,宽约20米,深约0.6米。附近还有撒拉族街子清真大寺和始祖尕勒莽、阿合莽拱北,堪称撒拉族的圣地。此后,撒拉族人为了进一步保护骆驼泉,在外围修建了围墙和铁栅栏,并在泉边雕塑了三座骆驼石雕像,象征着驼队。

骆驼泉与街子清真大寺、珍贵手抄本《古兰经》、拱北相互映衬,共同见证着撒拉族的历史。因其特殊的象征意义,骆驼泉被撒拉族人称为"圣泉",增强了民族的内聚力,它所承载的民族文化、宗教文化还值得更深入的研究。

图片来源
图一至图三　蔡轩　制图
图四至图十　钱安　制图

参考文献
齐前进. 宗教引导的伊斯兰城市[J]. 世界知识, 2004(9):35.

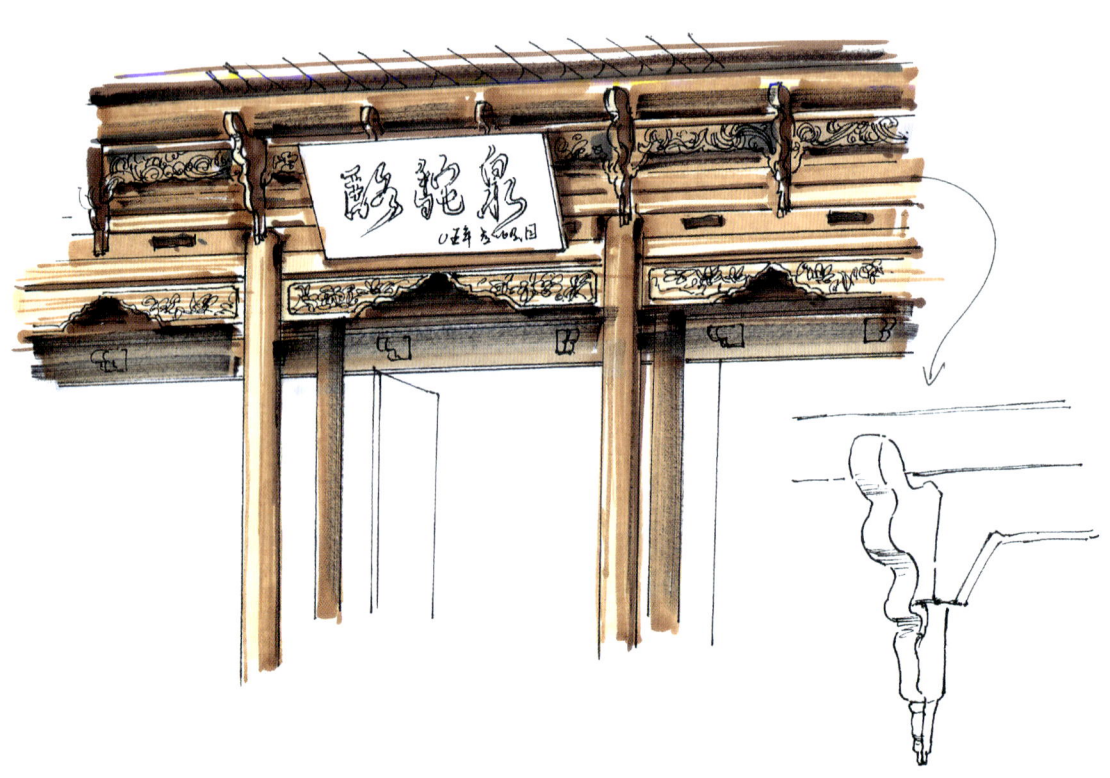

图二　撒拉族骆驼泉公园大门门额分析图

图三 撒拉族骆驼泉景观设施分析图

图四 撒拉族骆驼泉场景分析图 1

图五　撒拉族骆驼泉场景分析图 2

图六　撒拉族骆驼泉场景分析图 3

图七　撒拉族骆驼泉场景分析图 4

图八　撒拉族骆驼泉场景分析图 5

图九　撒拉族骆驼泉场景分析图6

图十　撒拉族骆驼泉出口分析图

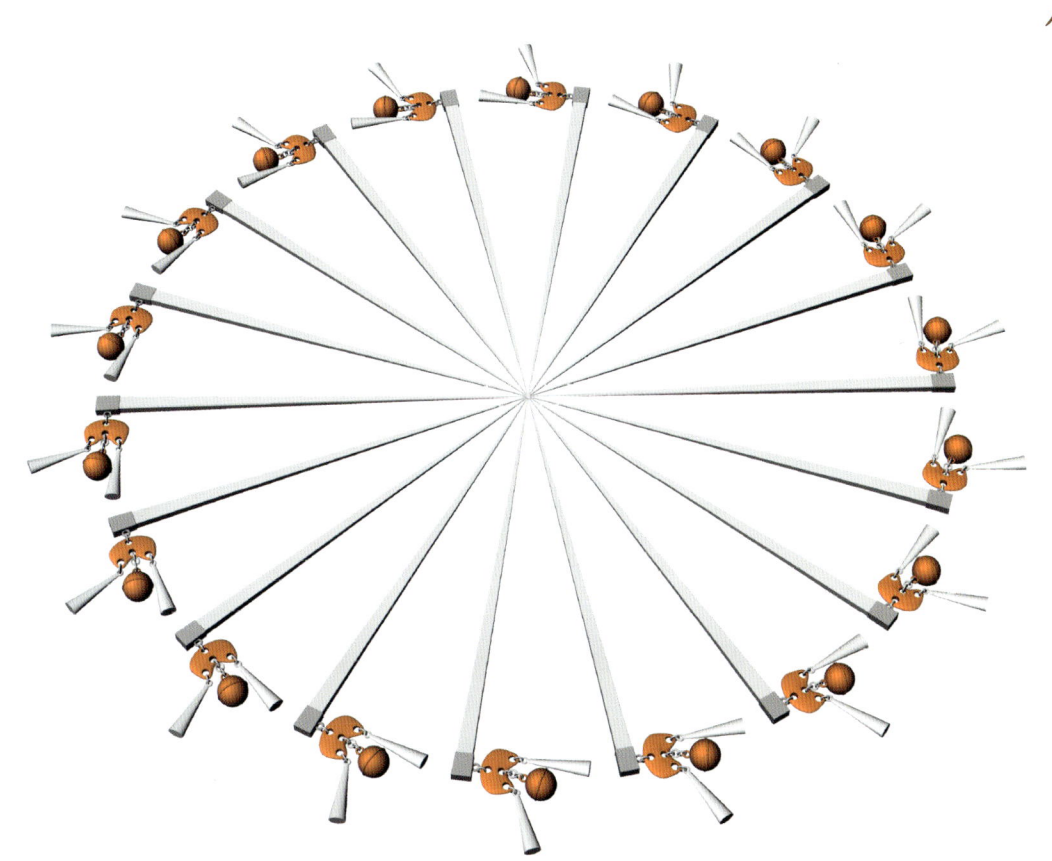

第二章 撒拉族传统服饰

撒拉族男装

图一　撒拉族男装主图

　　撒拉族的服饰，一方面具有伊斯兰教的特点，另一方面受回族、汉族、藏族等民族的影响较大。总体而言，撒拉族男子的服饰与回族大体相同，其区别在于撒拉族的上衣一般较为宽大，且腰间系布。在色彩方面，撒拉族男子的服装以黑、白、灰为主，忌用红色、黄色及花色服饰，且一般较为简洁。

撒拉族青年男子喜欢穿白色的对襟汗褂，腰系红色或绣花布带，干净利落。结婚时，青年男子腰部用蓝、红缎子缝制的"绣花围肚"加以装饰，脚穿布便鞋或绣花鞋，显得喜气洋洋。

　　本案例为青年男装，由帽子、上衣、坎肩、腰带、裤子组成。其中，帽子为白色，上衣也为白色，衣袖较为宽大，中间对襟，且对襟边缘、袖口、腰部均有几何条纹装饰；坎肩为藏青色，三排连扣，有两个口袋；腰带较宽，中间有红色的肚兜作为装饰，上面绘有精美的花卉图案，使得腰带的效果非常突出；裤子为藏青色，较为宽大，穿着舒适。

过去，撒拉族男子上衣均长于坎肩，腰部系绣花围肚，以露出衣边为美。他们冬天喜欢穿皮袄，夏天则穿一种长衫，袖子长且宽，方便做交易时在袖筒里讨价还价。改革开放后，随着生活水平的提高，人们逐渐改穿西服或制服，即便有人穿传统的皮袄，其袖子也没有从前宽了，讨价还价也就改在羊皮袄下面进行了。有些专门从事羊皮买卖的，就将羊皮往手上一盖，在羊皮下进行讨价还价。可以说，生活水平的提高，改变了撒拉族人的服饰，而服饰的改变，也对撒拉族人的交易产生了一定的影响。

这套撒拉族男装通过色彩、面料等的对比与协调，使得穿着舒适，整体效果良好。它既突出了撒拉族的民族特征，又展现了撒拉族男青年的精神风貌，彰显了男青年的朝气蓬勃、积极向上。

图片来源

图一　韦荣慧.中国少数民族服饰图典.北京：中国纺织出版社，2013.

图二至图九　蔡克中　制图

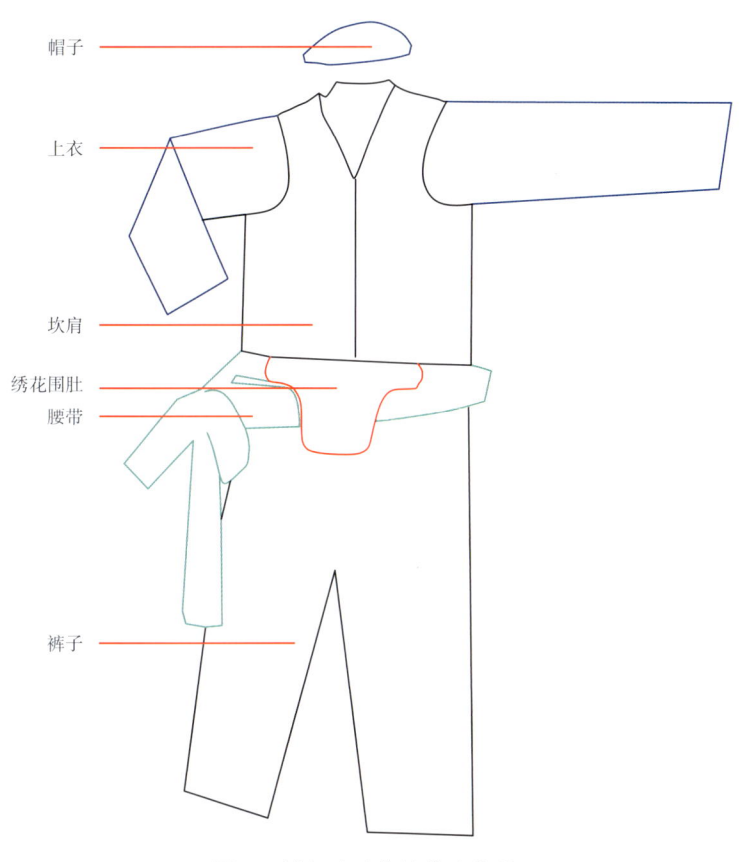

图二　撒拉族男装结构名称图

图三 撒拉族男装效果图1

图四 撒拉族男装效果图2

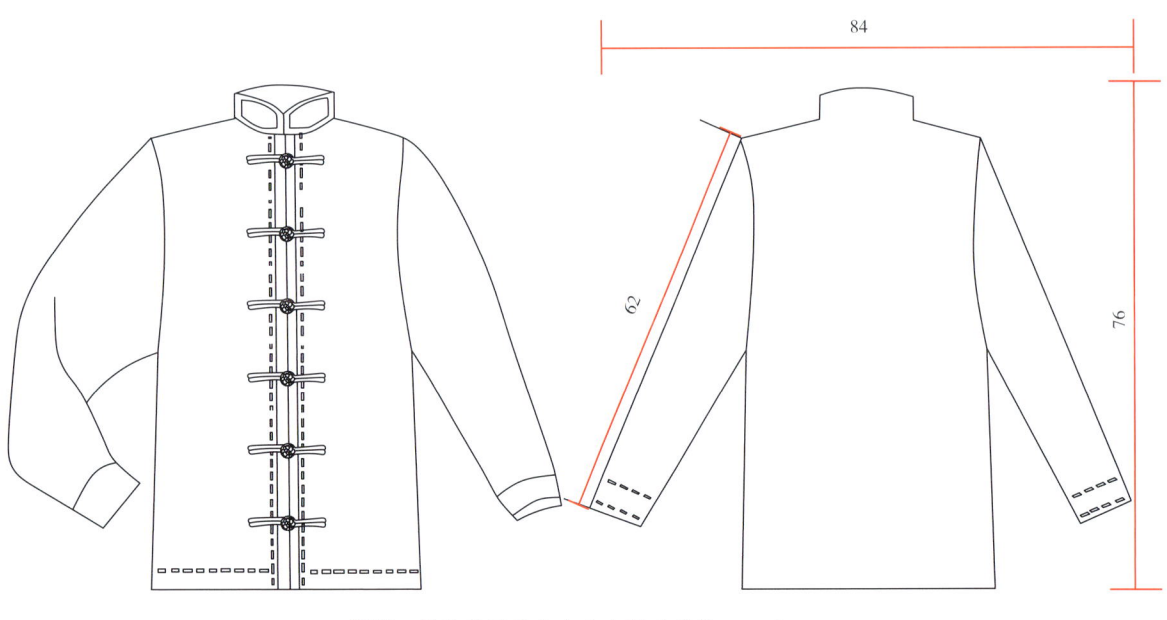

图五 撒拉族男装上衣尺寸图（单位：cm）

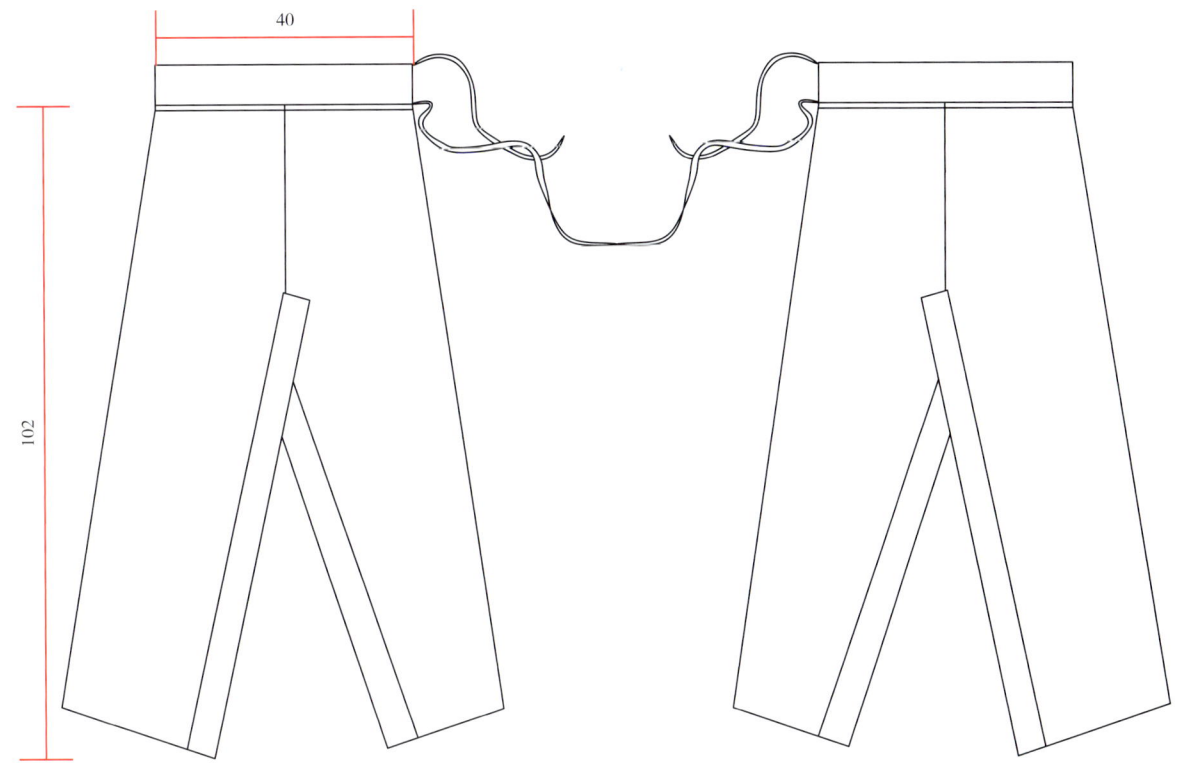

图六　撒拉族男装裤子尺寸图（单位：cm）

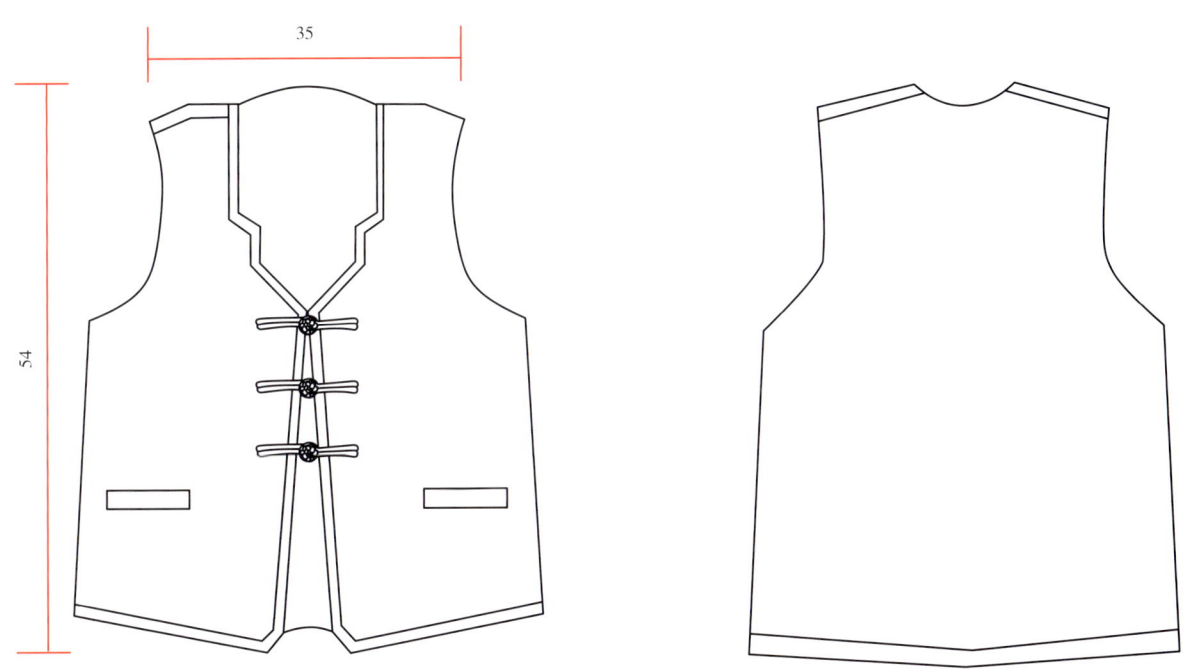

图七　撒拉族男装坎肩尺寸图（单位：cm）

图八　撒拉族男装腰带线描图

图九　撒拉族男装腰带效果图

撒拉族女装

图一 撒拉族女装主图

关于撒拉族女装的记载,历史上并没有太多的文献,只能从零星的资料中找到一些线索。据清乾隆年间《皇清职贡图》记载:"其民所居距州治二百余里,男子冠履与内地民人无异,著大领无衩衣,亦同民妇,饮食风俗,俱沿回习。"也就是说,这一时期的撒拉族妇女,既穿长裙,也穿大襟长衣。

本案例为撒拉族少妇所穿的女装,由盖头、长裙、坎肩组成,整体搭配和谐,舒适实用。盖头呈深绿色,并有浅绿色花纹装饰。长裙为蓝色,领口和袖口有艳丽的花纹,右衽斜襟且直达底部,整体较为宽松且长至脚面,脚部稍微收边。坎肩无领无袖,金黄色,在领口、对襟边缘、袖口、腰部均有规则的花纹,并以朱红、玫瑰红、深红、绿色点缀其中,加强了视觉效果。

在撒拉族的传统服饰中,一般不主张奇装异服,尤其不提倡穿瘦、窄的衣服,崇尚自然宽松,严禁衣着暴露。

撒拉族妇女头上的盖头、身上所穿的坎

肩、脚上的鞋子等，根据年龄的差异而各不相同。盖头一般有三种颜色，少妇戴绿色的盖头，象征青春活力；中年妇女戴黑色的盖头，象征成熟；老年妇女戴白色的盖头，象征朴素。撒拉族妇女的坎肩也五颜六色，一般用于春秋冬三季，它没有袖子也没有领子，用三角布头做成，并以各种颜色相搭配，风韵十足。一般情况下，老年妇女穿黑色的坎肩，中年妇女穿灰色或蓝色的坎肩，年轻妇女则穿红色或几种颜色搭配的较绚丽的坎肩。在日常生活中，撒拉族妇女的服饰色彩一般较为鲜艳，并以黑色或紫色的坎肩搭配，非常妩媚，至于参与宗教仪式时则有所不同。

关于衣服的缝制，撒拉族妇女一般在耳濡目染中都会自学成才，独立完成。

这款撒拉族少妇所穿的女装整体上大方得体，通过蓝色与黄色的对比，使得视觉效果非常明快，同时又以深绿色的盖头作为调和，使得整体效果既合宜又充满了活力，是非常优秀的服装设计。

图片来源

图一　韦荣慧.中国少数民族服饰图典.北京：中国纺织出版社，2013.

图二、图四、图八　张宛楠　制图

图三、图五　杜鹃　制图

图六、图七　蔡克中　制图

参考文献：

（清）傅恒等.皇清职贡图[M].扬州：江苏广陵书社有限公司,2008(04):65.

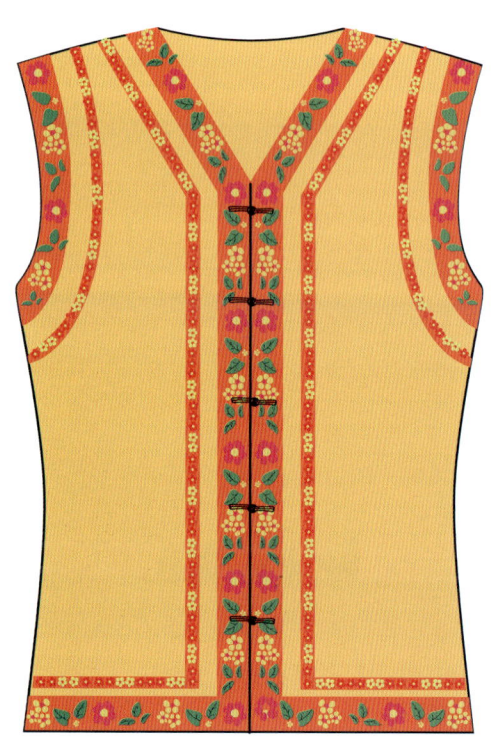 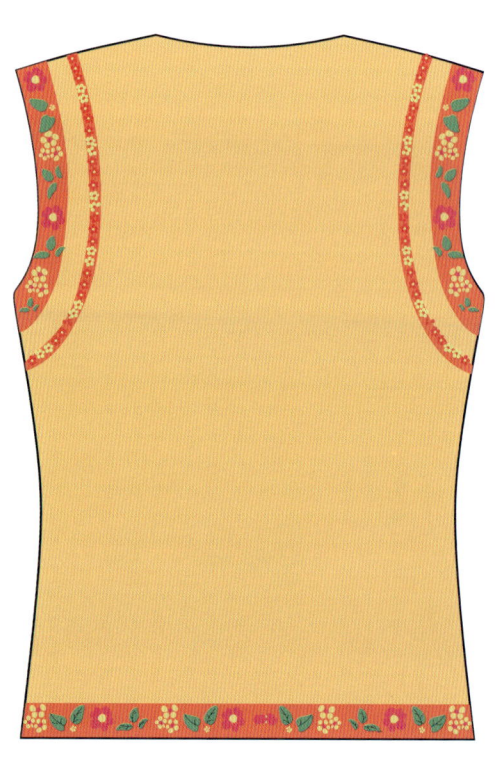

图二　撒拉族女装展示图·坎肩

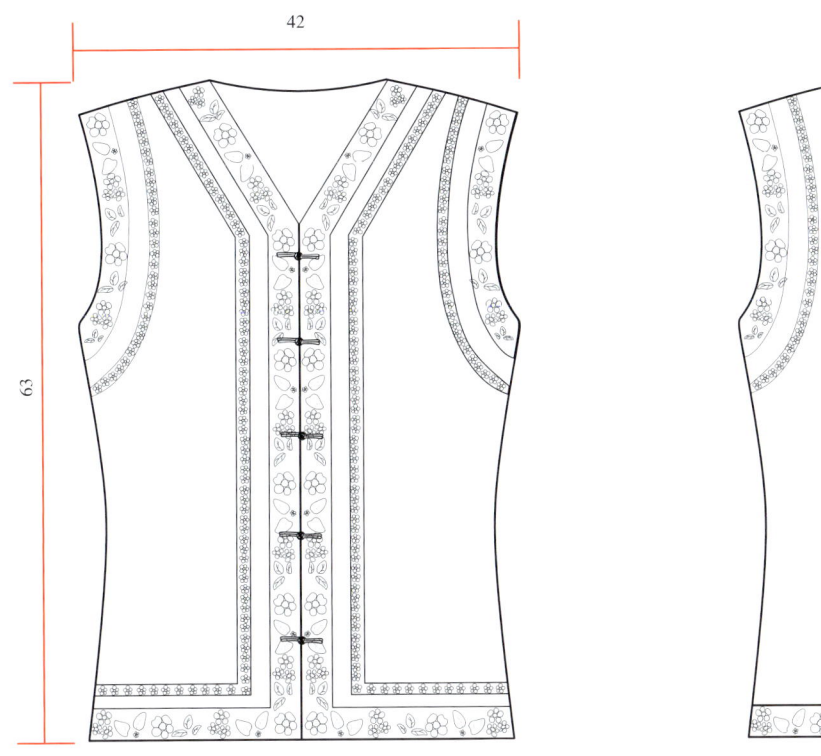
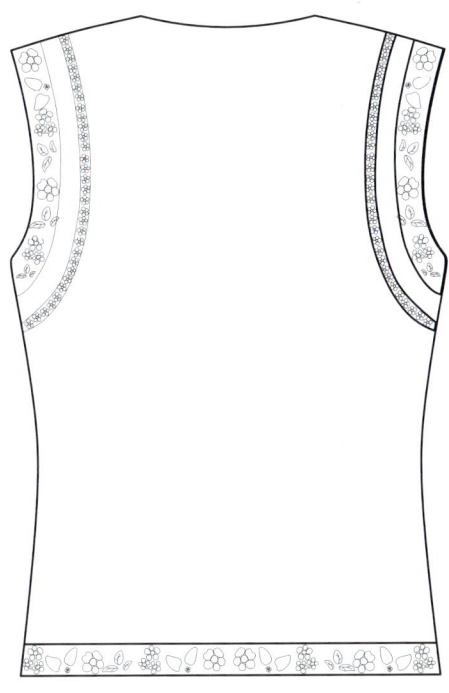

图三 撒拉族女装尺寸图·坎肩（单位：cm）

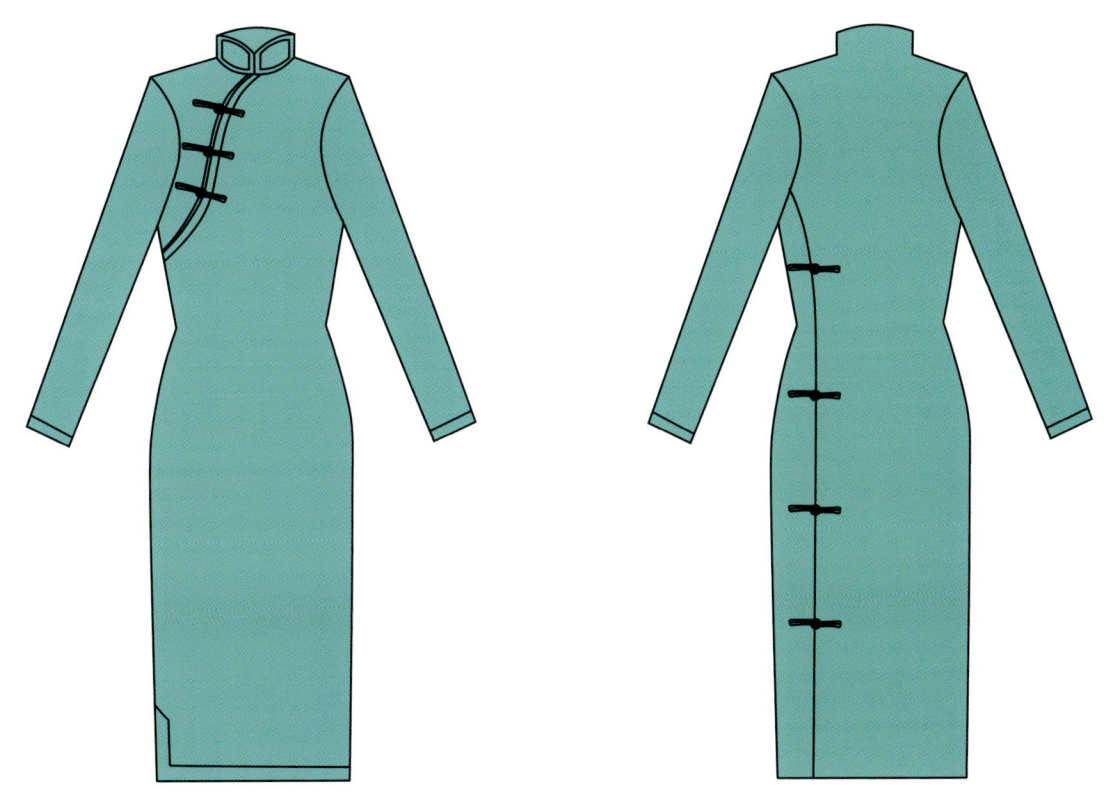

图四 撒拉族女装展示图·裙子

第二章 撒拉族传统服饰

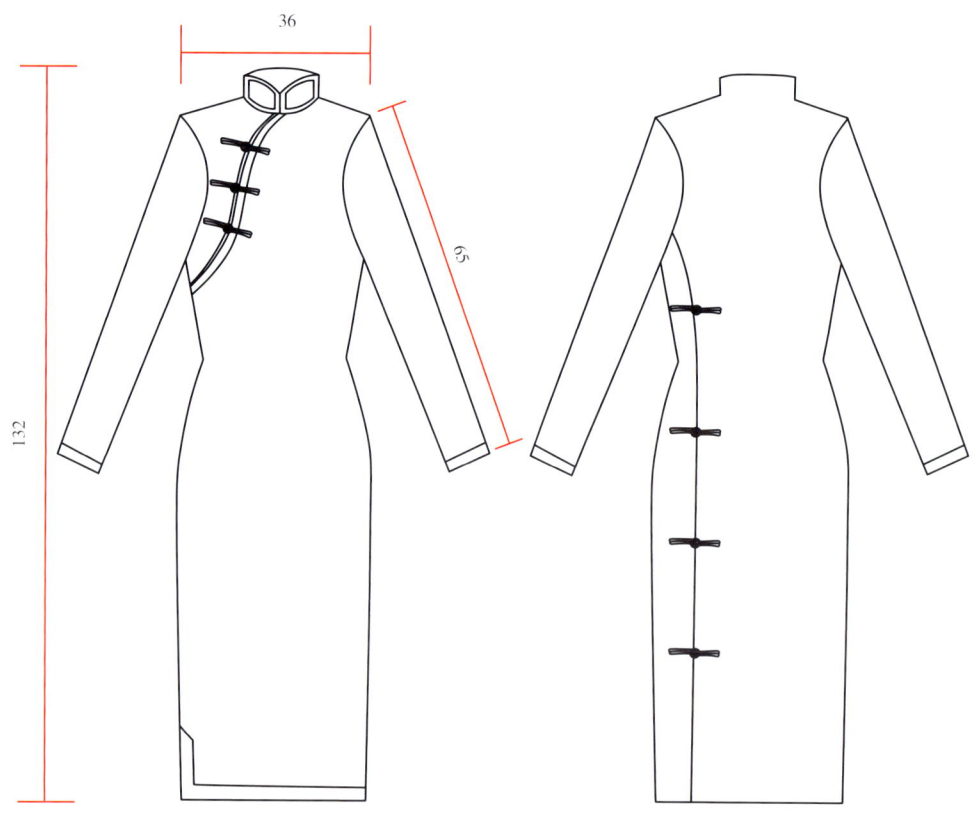

图五 撒拉族女装尺寸图·裙子（单位：cm）

图六 撒拉族女装坎肩图案分析图1

图七　撒拉族女装坎肩图案分析图2

图八　撒拉族女装着装线描图

第二章　撒拉族传统服饰

撒拉族中年女装

图一 撒拉族中年女装主图

撒拉族的服饰文化一方面体现了它的宗教信仰，另一方面也表现了它的审美特性，二者有机结合。在色彩上，撒拉族中年妇女通常穿较为艳丽的服装，再配上紫色或黑色的坎肩，显得俏丽且具有民族特色。但参加宗教仪式的时候，其穿着严格遵守伊斯兰教义，喜用黑色。在不影响宗教信仰的前提下，撒拉族适当接受了回、汉、藏族的服饰文化，并形成了自身的特色。

本案例为撒拉族中年女装，款式大方得体，色彩搭配合理，深受撒拉族中年妇女的喜爱。盖头为朱红色，边缘有穗状装饰，穿着时以顺时针或逆时针的方式裹住头部，露出脸部；长袍呈玫瑰红，长度达膝盖以下，并用金色花卉图案装饰，显得雍容华贵；马甲整体呈黑色，中间有蓝色、金色几何图形，底部及袖口也有金色几何图形，金色与黑色对比鲜明，装饰效果良好；裤子为蓝色，裤脚较长，并且较为宽松。

撒拉族人依据不同的时代和环境差异，及不同的生产生活方式，创造出了颇具特色的民族服饰，并随年龄的不同而有所区别。

中年妇女的衣服一般较长，裤脚一直拖到地上，脚穿"古古儿鞋"，即绣花鞋。青年妇女的衣服用色较为大胆，一般选择色泽艳丽的大襟花衣服，显得青春而有活力。撒拉族中年妇女也喜欢穿大襟花衣服，只是颜色上更为稳重，外套绿色、黑色的坎肩，显得干练而又俊俏。

明末清初，撒拉族中年妇女外出劳动时，喜欢用青布缠头，遇有重大节日或喜庆日时则身披宽敞的绣有花边的披风。发展到后来，撒拉族中年妇女改戴盖头，披在后面，这样既遵守了教规，又便于劳动。盖头的制作和穿戴颇为讲究，中年妇女一般戴黑色的，透出一种成熟美。

撒拉族中年女装既符合中年女性的生理及心理特征，更反映了撒拉族的民族特质。

图片来源
图一　白艳明　摄影
图二至图九　蔡克中　制图

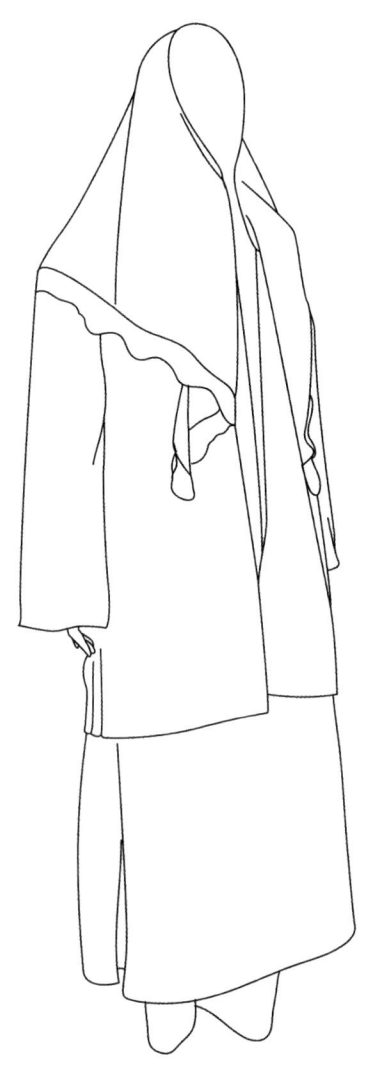

图二　撒拉族中年女装线描图

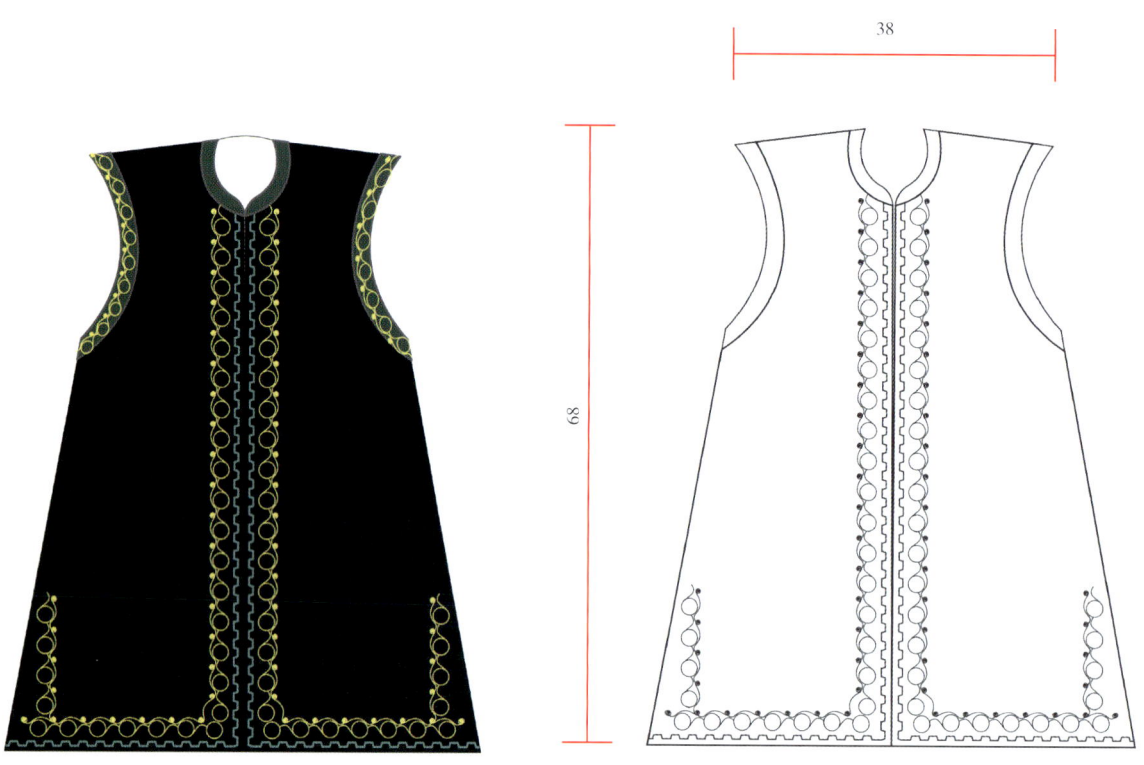

图三 撒拉族中年女装效果图·马甲　　图四 撒拉族中年女装样板尺寸图·马甲（单位：cm）

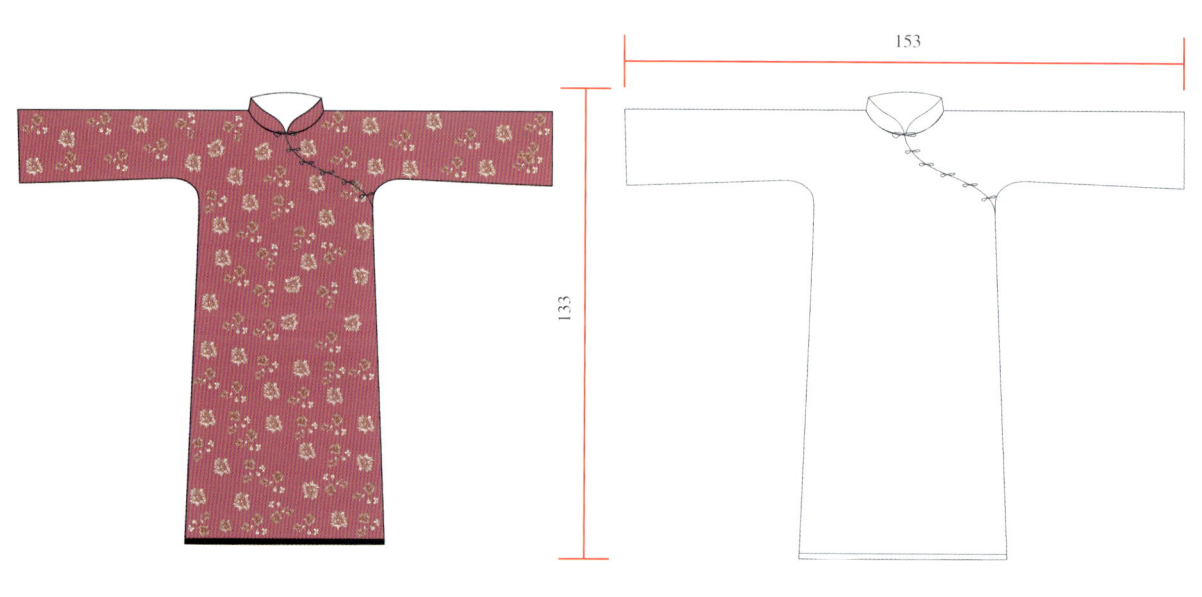

图五 撒拉族中年女装效果图·长袍　　图六 撒拉族中年女装样板尺寸图·长袍（单位：cm）

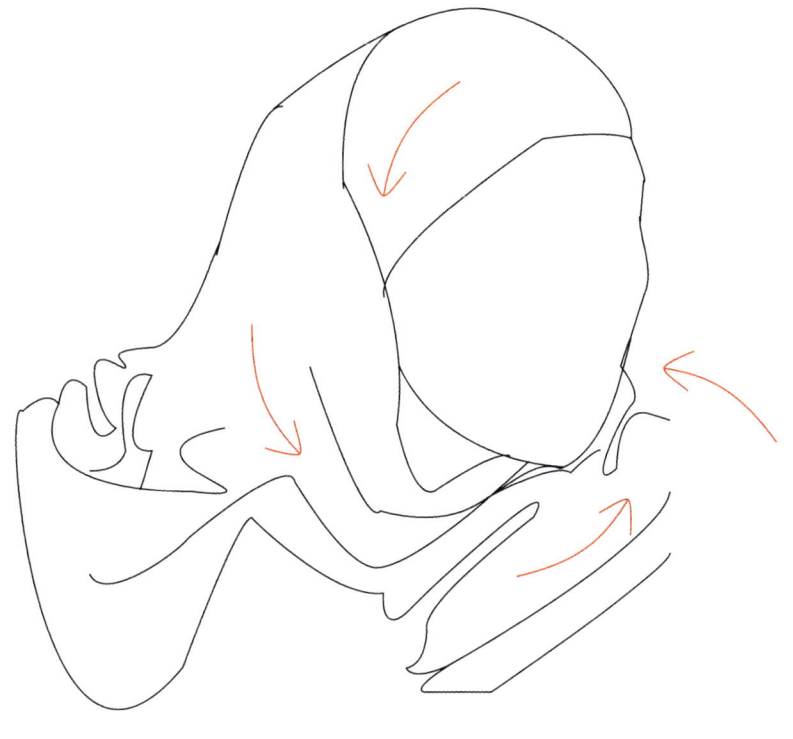

图七　撒拉族中年女装效果图·盖头

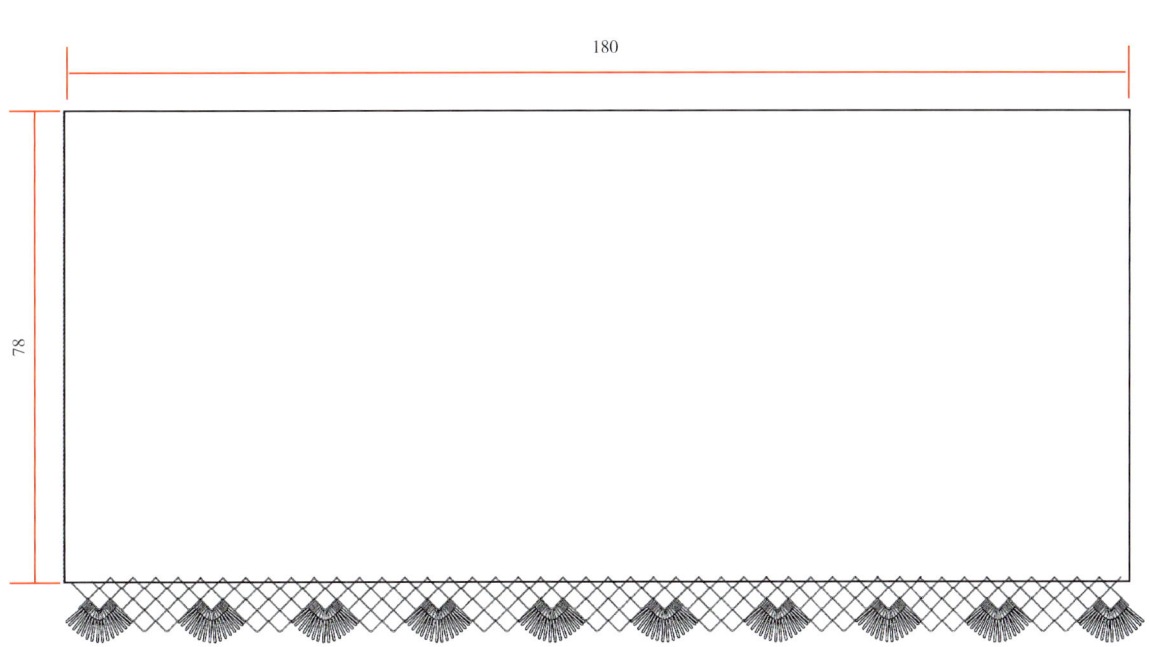

图八　撒拉族中年女装样板尺寸图·盖头（单位：cm）

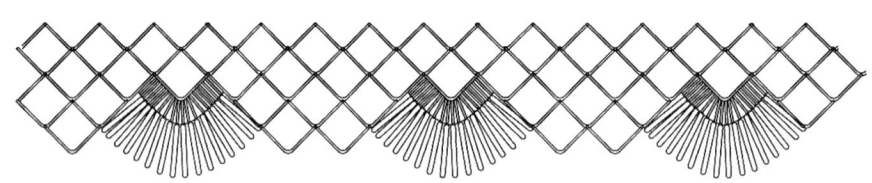

图九　撒拉族中年女装·盖头纹饰示意图

撒拉族大襟衣

图一 撒拉族大襟衣主图

服饰文化，是一种最直观的文化现象，同时也是一个民族政治、历史、经济等的反映。撒拉族女性服饰也不例外，其特征的形成和宗教、文化、审美等密不可分。

本案例为撒拉族大襟衣，属于女性服饰。大襟衣面料为简洁的斜排几何形暗纹，领口较小，穿着方式为右衽且直达脚部；领口、袖口皆有黑色及金色几何线条装饰；扣子为黑色蝴蝶状，样式非常逼真；背部无任何装饰，比较简洁。大襟衣整体宽松，穿着舒适，以黑色及少量的金色图案作为装饰，既美观大方又不失稳重典雅，符合撒拉族妇女的宗教信仰及心理特征。

最初的撒拉族服饰基本保留了中亚撒马尔罕人的服饰风格，这与撒拉族先民们的游牧生活环境有关。定居以后，撒拉族妇女的服饰逐渐改变。民间流传一首《撒拉曲》，其中唱道："撒拉婆，头上呀戴的是绿盖头，身上呀穿的是青夹夹，脚上呀穿的是阿拉鞋呀。"从中可以看出，撒拉族妇女的服饰已经开始发生变化了，明显具备农耕时代的特征。撒拉族妇女普遍喜欢戴盖头，青年妇女喜欢穿颜色鲜艳的大襟衣，下身穿各色长裤，脚穿布鞋或绣花鞋。中华人民共和国成立以前，撒拉族妇女服装的质地非常差，衣料大多是平布或白市布，极少人能穿上毛蓝布。中华人民共和国成立后，衣料的质地越来越好。20世纪60年代流行灯芯绒，20世纪70年代则是涤卡、毛呢、毛涤、涤棉等。随着时代的变迁，撒拉族妇女的服饰继续在改变。

大襟衣既保留了伊斯兰教的特征，又受到汉族、回族、蒙古族等民族的影响。不过，撒拉族的服饰更接近回族，其区别在于上衣较为宽大，这一点，值得更深入的研究。

图片来源
图一、图六　韦荣慧.中国少数民族服饰图典.北京：中国纺织出版社，2013.
图二、图三、图五、图八、图九　林莉　制图
图四、图七　蔡克中　制图

参考文献：
朱和双，谢佐.撒拉族：青海循化县石头坡村调查[M].昆明：云南大学出版社，2004:330.

图二　撒拉族大襟衣效果图

图三　撒拉族大襟衣线描图

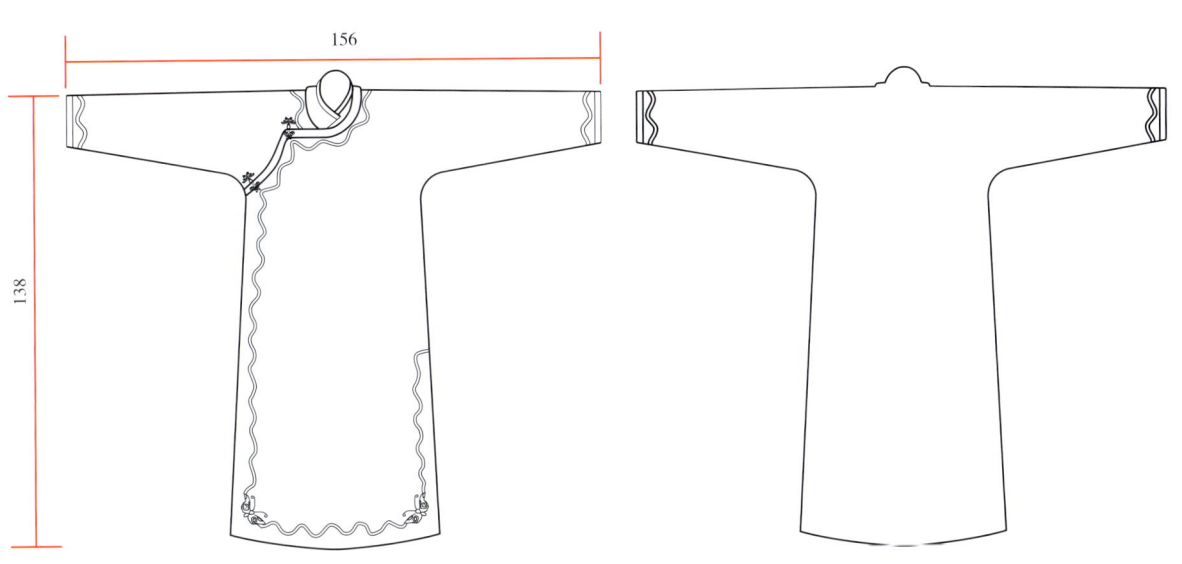

图四　撒拉族大襟衣尺寸图（单位：cm）

第二章　撒拉族传统服饰

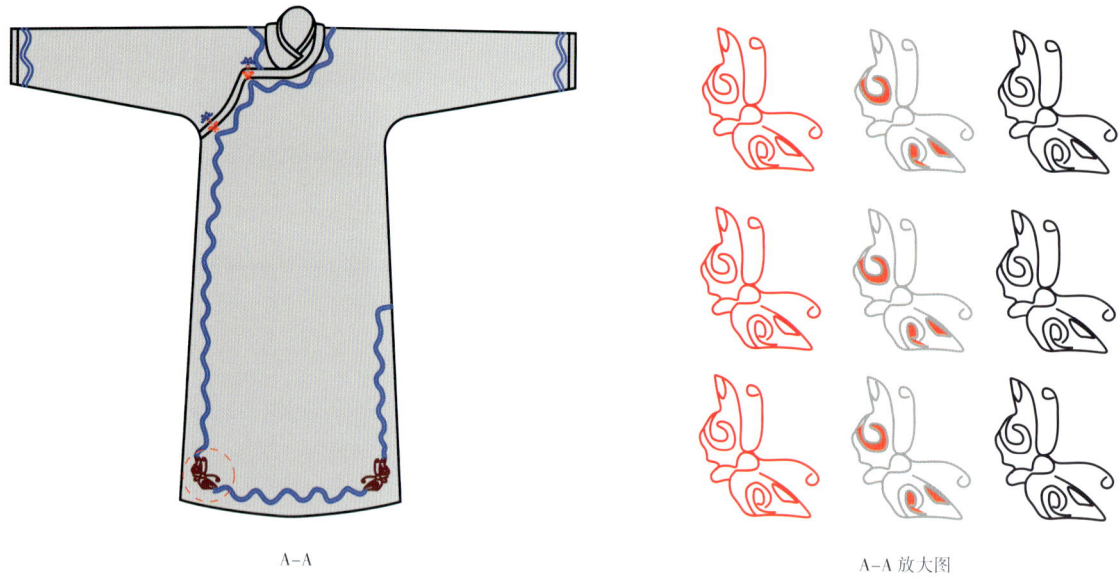

A-A A-A 放大图

图五 撒拉族大襟衣图案分析图

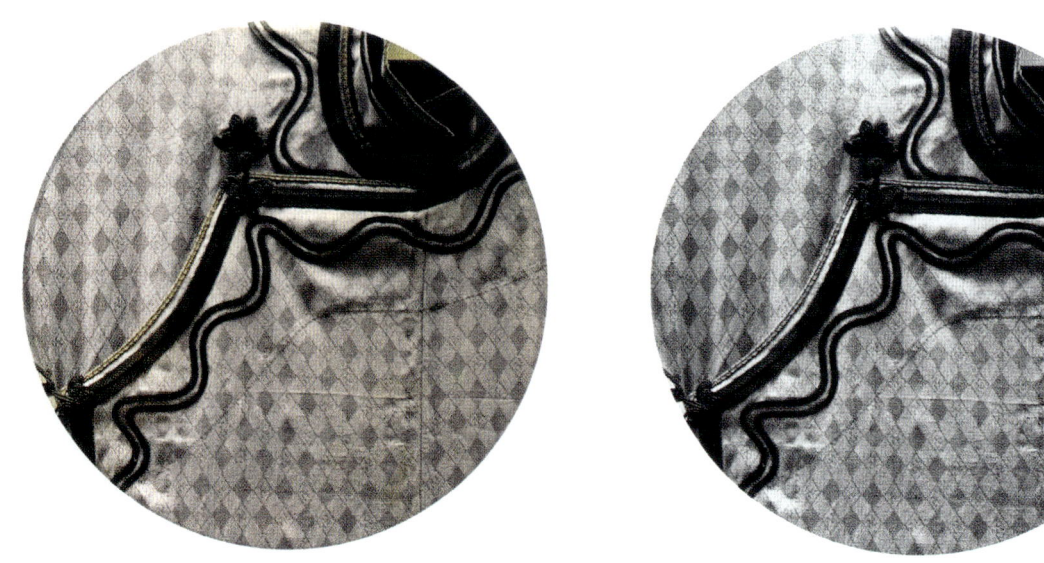

图六 撒拉族大襟衣领口分析图

  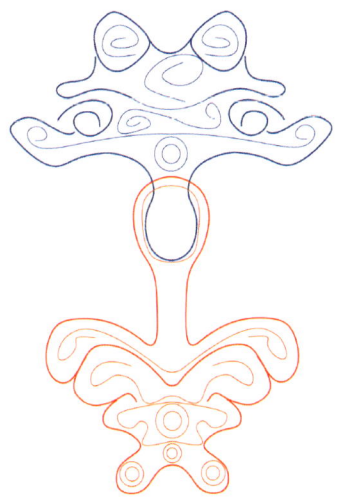

图七　撒拉族大襟衣扣子分析图

图八　撒拉族大襟衣纹理分析图

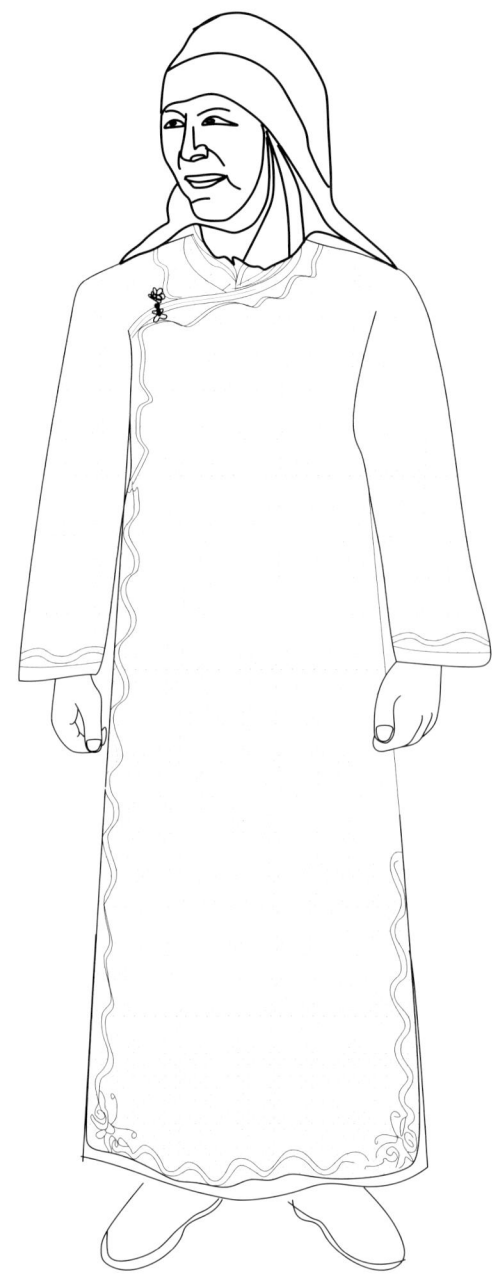

图九 撒拉族大襟衣穿着示意图

撒拉族女鞋

图一　撒拉族女鞋主图

　　撒拉族妇女喜欢穿"阿拉鞋",也称"古古儿鞋",是一种色彩艳丽的绣花鞋。

　　本案例为中年妇女所穿的绣花鞋,盛行于清末民初。绣花鞋长26厘米,最高处为5.8厘米,最宽处为9.3厘米,比例适中,穿着舒适。外形酷似小船,鞋尖上翘,显得纤细小巧,鞋帮、鞋面绣有各种花卉图案,深受撒拉族妇女的青睐。鞋底用麻线缝成,厚度在1.75—3.3厘米之间,非常舒适。绣花鞋自上而下可分为红色的鞋边条、绿色的鞋面、黑色的鞋垫、金色的鞋底几个部分。鞋边条较细,精致缜密;鞋面内衬为蓝色花布;鞋面前端绣有精美的梅花图案,并以白色、玫瑰红、深红、金黄色点缀其中,色彩艳丽;鞋底为千层底,结实耐用。

　　制作鞋子时,将鞋底朝上,置于膝盖,用针线细细地将鞋面与鞋底缝在一起,一双精美的女鞋即告完成。

　　撒拉族妇女喜欢在鞋帮等处精心绣上各种花卉图案,作为点缀。这些装饰性元素包括月季花、菊花、梅花、马蹄莲、牡丹等，象征美丽与吉祥。

撒拉族绣花女鞋的制作反映出撒拉族女性精湛的刺绣技艺。此外，这款绣花女鞋穿着舒适、美丽大方，具有非常明显的民族特征，是一款成功的设计。

图片来源

图一　韦荣慧.中国少数民族服饰图典.北京：中国纺织出版社，2013.

图二、图五、图七、图八　贾庭伟　制图

图三、图九、图十一　蔡克中　制图

图四、图六、图十　张宛楠　制图

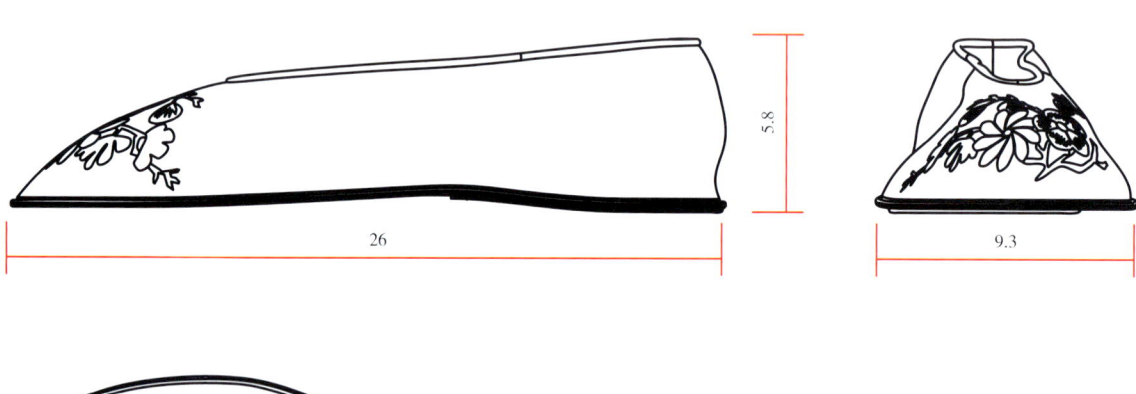

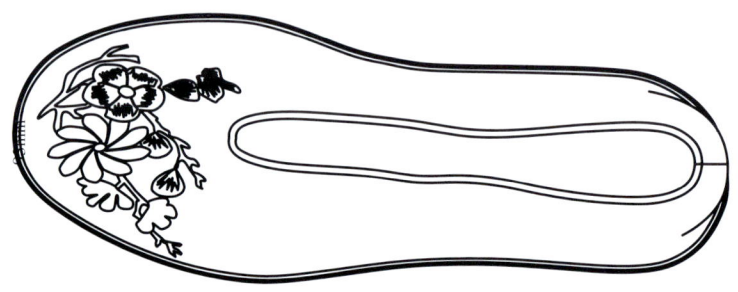

图二　撒拉族女鞋三视尺寸图（单位：cm）

图三 撒拉族女鞋效果图1

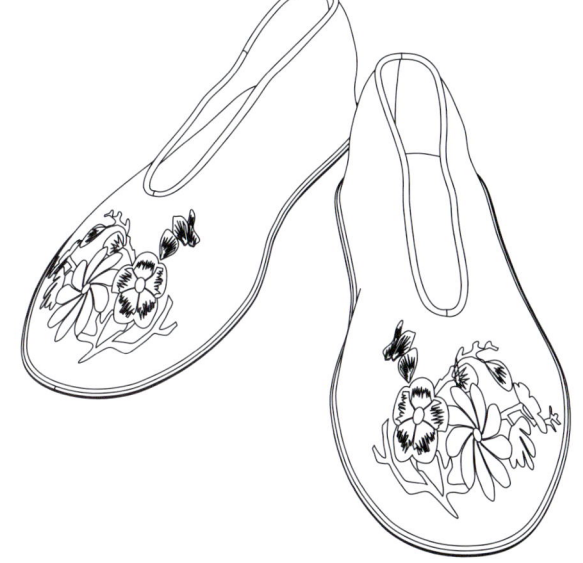

图四 撒拉族女鞋线描图1

图五 撒拉族女鞋效果图2

图六 撒拉族女鞋线描图2

第二章 撒拉族传统服饰

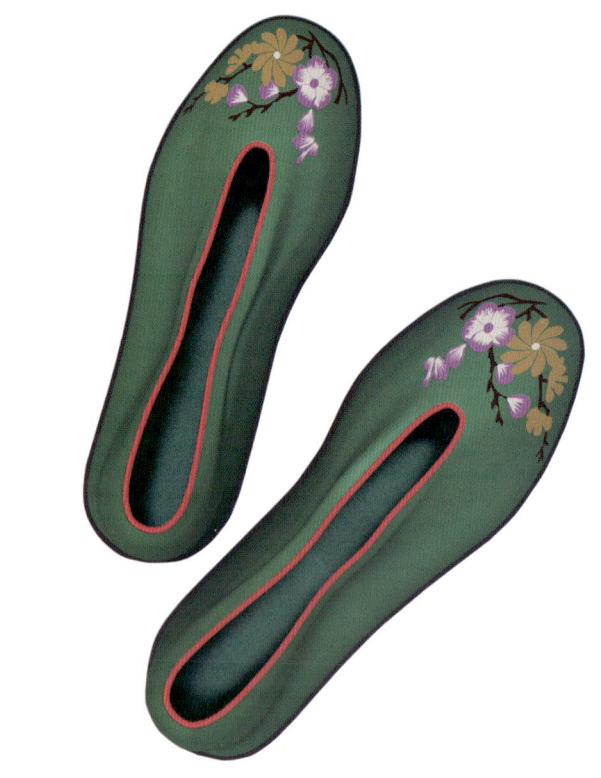

图七　撒拉族女鞋效果图 3

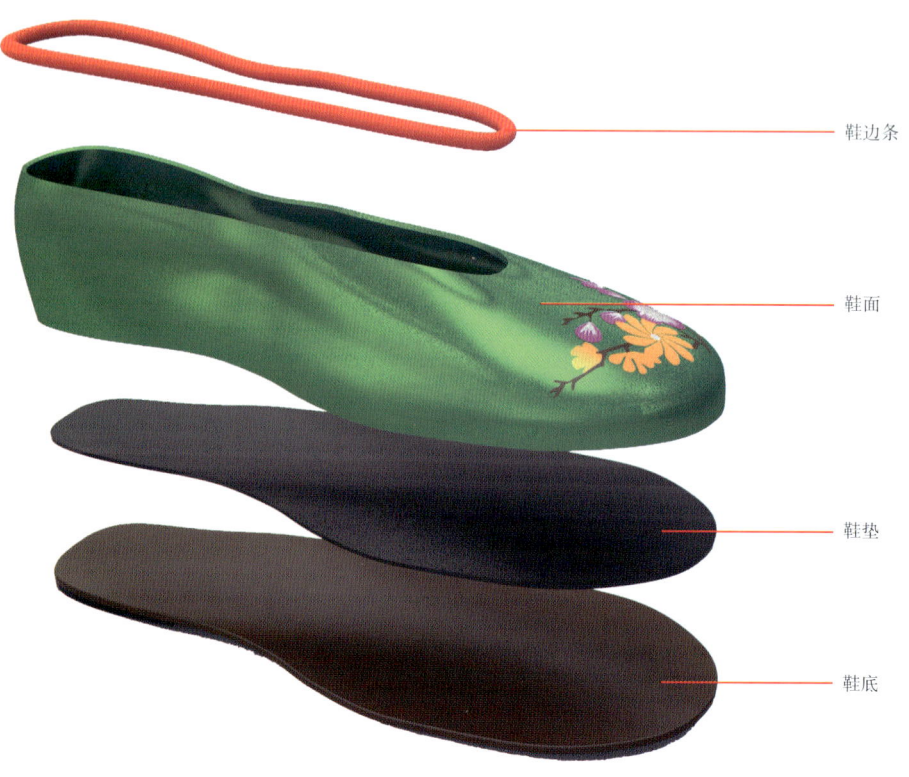

鞋边条

鞋面

鞋垫

鞋底

图八　撒拉族女鞋结构名称图

图九　撒拉族女鞋鞋面展开图

图十　撒拉族女鞋图案分析图

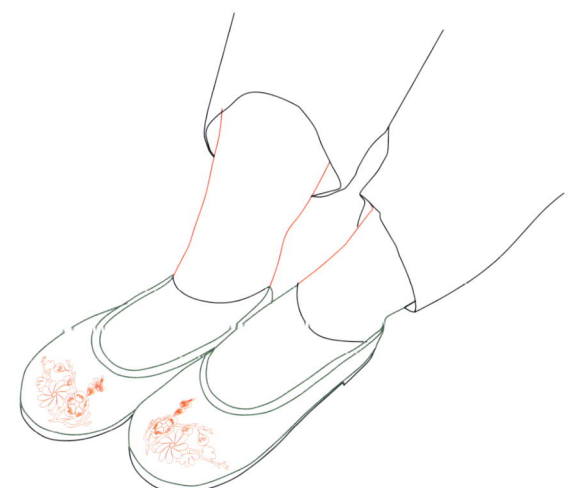 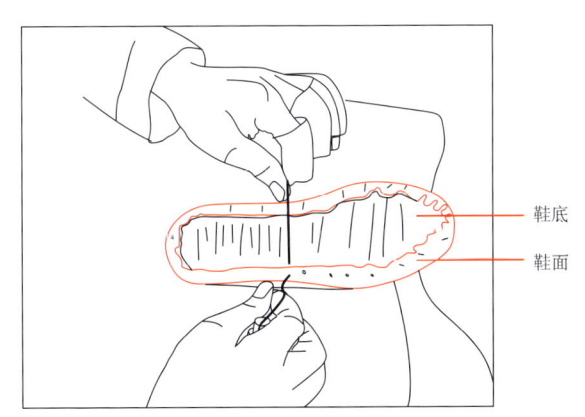

图十一　撒拉族女鞋穿戴示意图　　　图十二　撒拉族女鞋制作过程示意图

鞋底
鞋面

第二章　撒拉族传统服饰

撒拉族银手镯

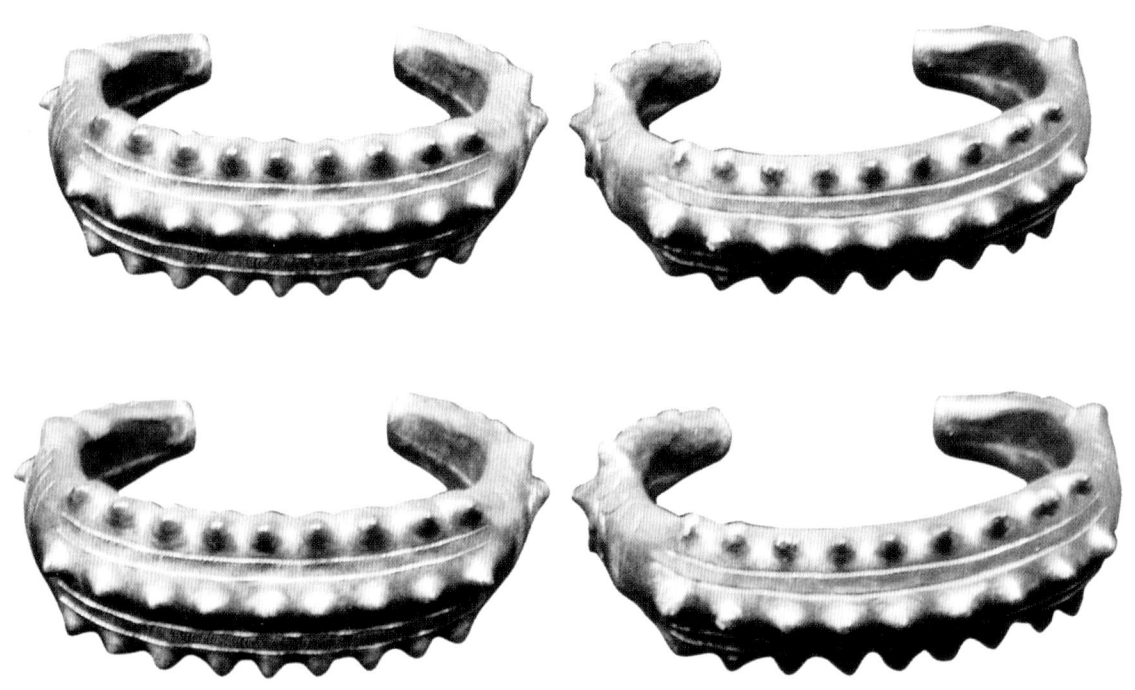

图一 撒拉族银手镯主图

手镯，撒拉语叫"盘吉日答痕"，是撒拉族妇女的常用配饰。撒拉族女性非常喜爱佩戴银手镯，以拥有一副银手镯而自豪。手镯一般有特殊的含义，有些是"送定茶"时男方送的，有些是丈夫后来送的，作为夫妻之间爱情的见证，所以撒拉族女性都非常珍惜。成家后的妇女在做家务时，手镯发出有节奏的碰撞声，为家庭增添了不少欢乐，非常有趣。

本案例为银手镯。整个手镯呈圆环形，表面有大量的点状突起，中间和两端间以简单的几何线条装饰，显得简洁大方。直径为10厘米，最窄处为3.6厘米，尺寸合理，既方便穿戴，又不容易脱落。

与其他民族一样，撒拉族女性也非常爱美，喜欢戴手镯、戒指等饰品，并将此作为展示审美情趣、文化内涵和宗教信仰的载体。大多数女性从小就要扎耳朵眼儿，七八岁时开始戴耳环，有的还会点额、染指甲等。早先，撒拉族女性一般佩戴塑料制成的手镯，随着生活水平的提高，撒拉族女性开始佩戴铜质或银质的手镯。

此外，撒拉族女性佩戴手镯和戒指是有讲究的，包含一定的寓意。手腕上戴一只镯子表示还没有成亲，戴一对镯子表示已成婚。撒拉族女性的爱美情结除了表现为喜欢佩戴饰品外，已婚妇女还要开脸等，显得清秀、干净。

撒拉族银手镯的设计非常精巧，穿戴方便、舒适。它充分体现了银质材料的特点，突出了银质材料天然的光泽，装饰着重体现民族特色，并与宗教相结合，既美观大方，又有着深层次的宗教寓意，现代手镯的设计可以从中获得启示。

图片来源

图一　韦荣慧.中国少数民族服饰图典.北京：中国纺织出版社，2013.

图二、图三、图五、图七、图九　蔡克中　制图

图四、图六、图八　贾庭伟　制图

图十　张宛楠　制图

参考文献：

马明良.中国撒拉族[M].银川：宁夏人民出版社，2012:65.

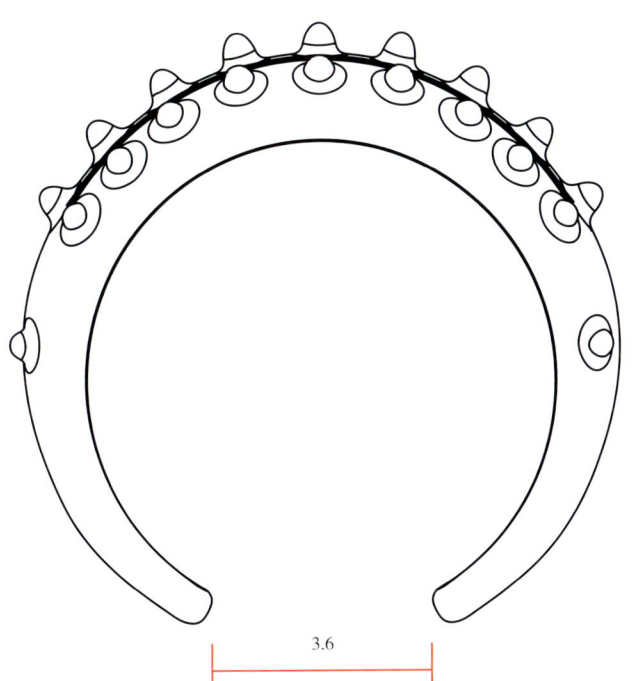
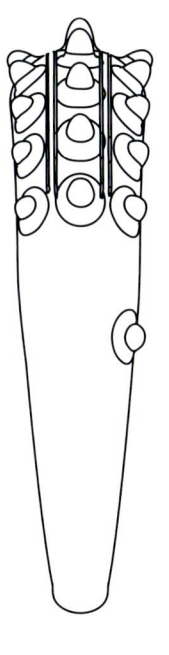
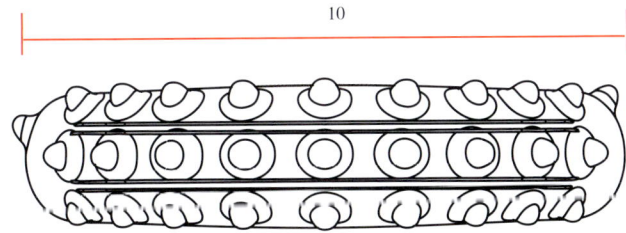

图二　撒拉族银手镯三视尺寸图（单位：cm）

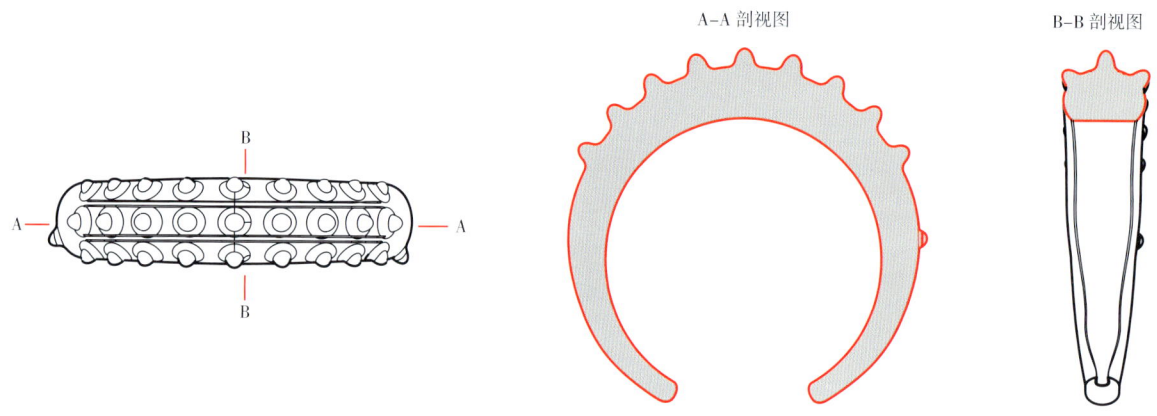

图三 撒拉族银手镯剖视图

图四 撒拉族银手镯效果图1

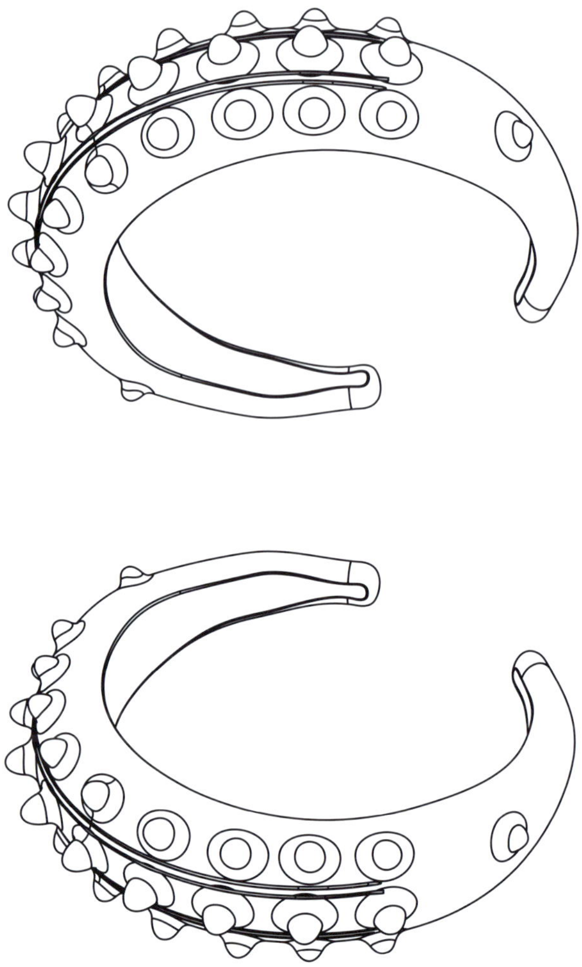

图五 撒拉族银手镯结构图1

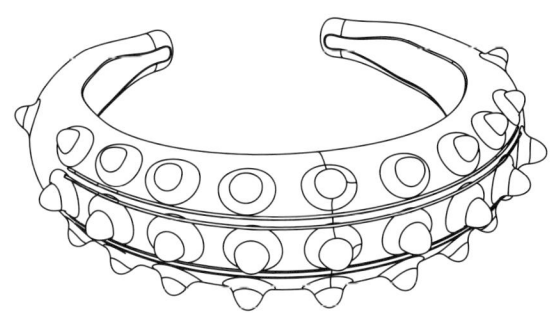

图六　撒拉族银手镯效果图 2　　　　　　　　　图七　撒拉族银手镯结构图 2

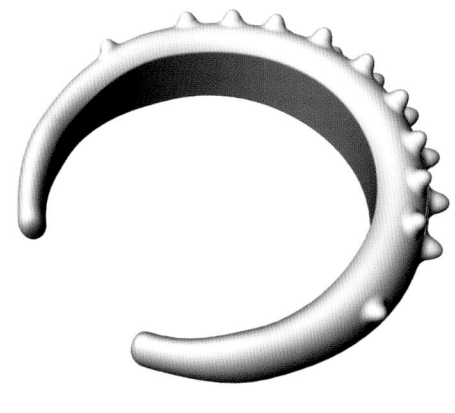
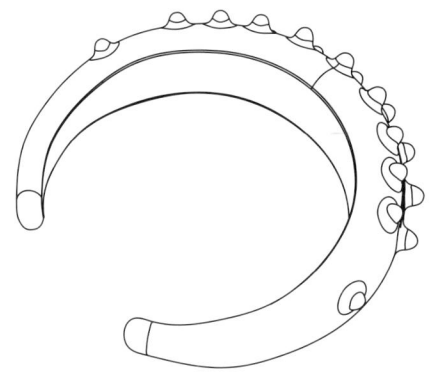

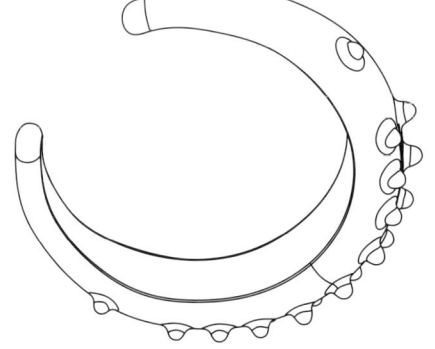

图八　撒拉族银手镯效果图 3　　　　　　　　　图九　撒拉族银手镯结构图 3

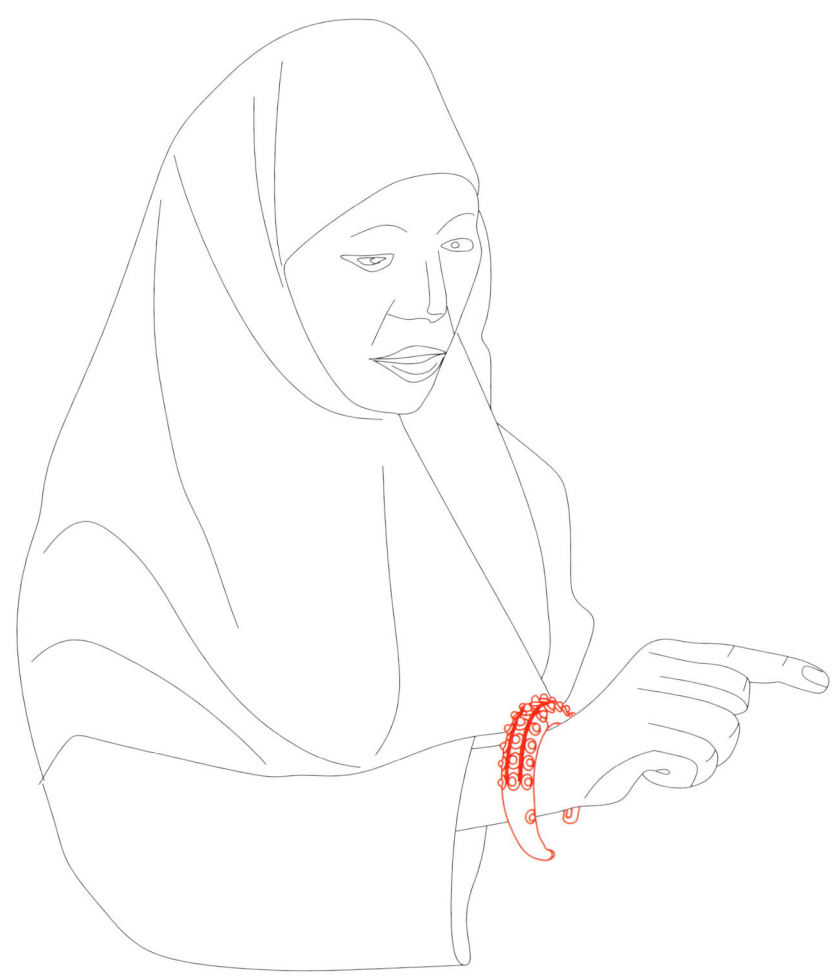

图十 撒拉族银手镯佩戴示意图

撒拉族银头簪

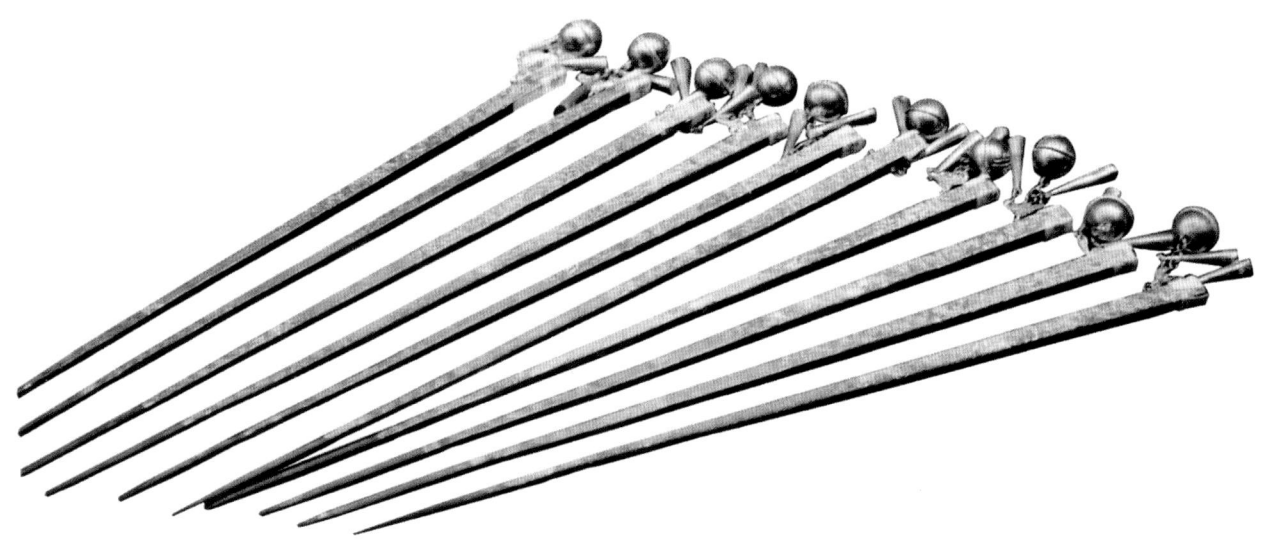

图一 撒拉族银头簪主图

头簪的原意是连缀,是妇女用来绾住头发的一种工具,后来逐步演变成为妇女头上的装饰用品。

撒拉族妇女的头饰形式多样,一般有头簪、头钗、发卡、髻扣等,且通常都镶嵌有银牌、银钉、银穗子等,样式精美。其中,银簪是撒拉族女性最为常用的饰品之一,用来绾束头发,常见的样式有单发柳叶、双柳叶、三柳叶、蝴蝶结、连环结等,精美俏皮,很容易使撒拉族女性成为人群中的焦点。撒拉族头簪的传统样式也较有特色,有银福寿头簪、鎏金万事如意头簪、银点蓝蝶恋花头簪、银菊花纹头簪等。这些头簪,既古朴大方,又体现了撒拉族女性的装扮特色。

本案例为银头簪,是撒拉族女性常用的饰品之一。主体部分呈细长条状,截面呈长方形,前端尖锐,方便插入头发;后部有玉锁状装饰,并有小铃铛,走动时能发出悦耳的声音,非常有趣。银头簪本身并无太多的装饰,简洁大方。撒拉族妇女绾发时可以用一根银头簪,也可以用多根,装饰效果更好。

银饰是撒拉族人最值得骄傲的物品之一,它特有的工艺,精美的造型,吸引了无数人的目光。撒拉族先人从中亚带回了许多技艺,其中就有银器,撒拉族匠人非常擅长打制银器。银匠一般采用锻打、铸炼、编结、錾刻、雕刻、镂空等各种各样的工艺,在装饰品上刻出古老精美的纹样。纹样内容丰富,细致精美,有几何纹、阿拉伯文、云纹、花卉等。而银头簪是撒拉族银饰中的精品。

撒拉族银头簪在撒拉族生活中较为常见,它美化了日常生活,体现了妇女对美的追求。随着时间的推移,撒拉族银饰品的工艺一直在挑战新的高度,并根据审美情趣、传统习俗等，不断创新。从这一点上看，银头簪见证了撒拉族银饰品不断完善的历史，也反映了撒拉族人对美好生活的无限向往。

图片来源

图一　韦荣慧.中国少数民族服饰图典.北京：中国纺织出版社，2013.

图二至图八　蔡克中　制图

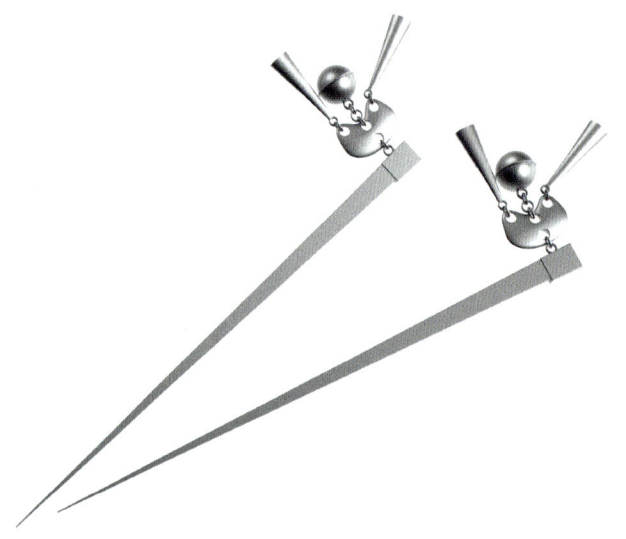

图二　撒拉族银头簪效果图

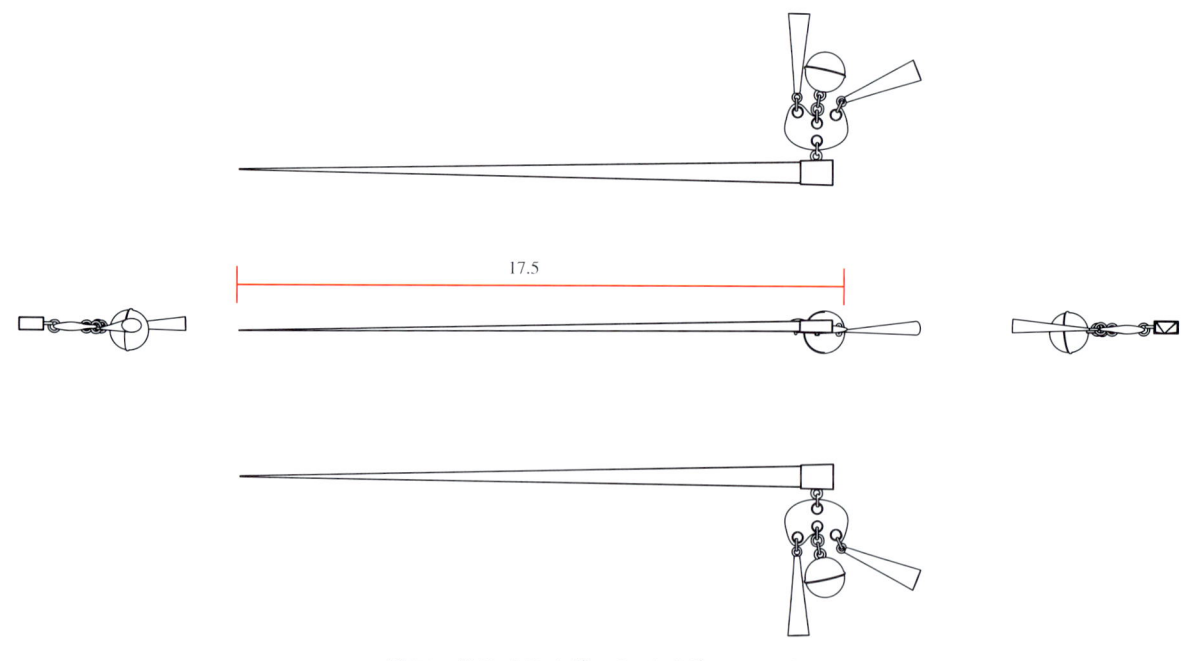

图三　撒拉族银头簪五视图（单位：cm）

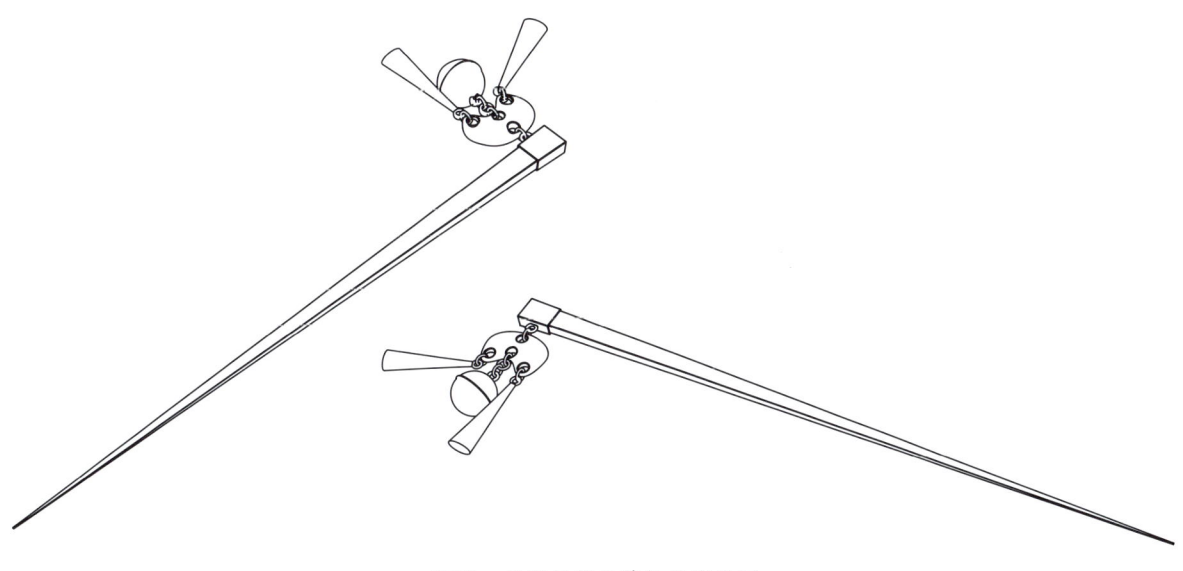

图四 撒拉族银头簪结构线描图

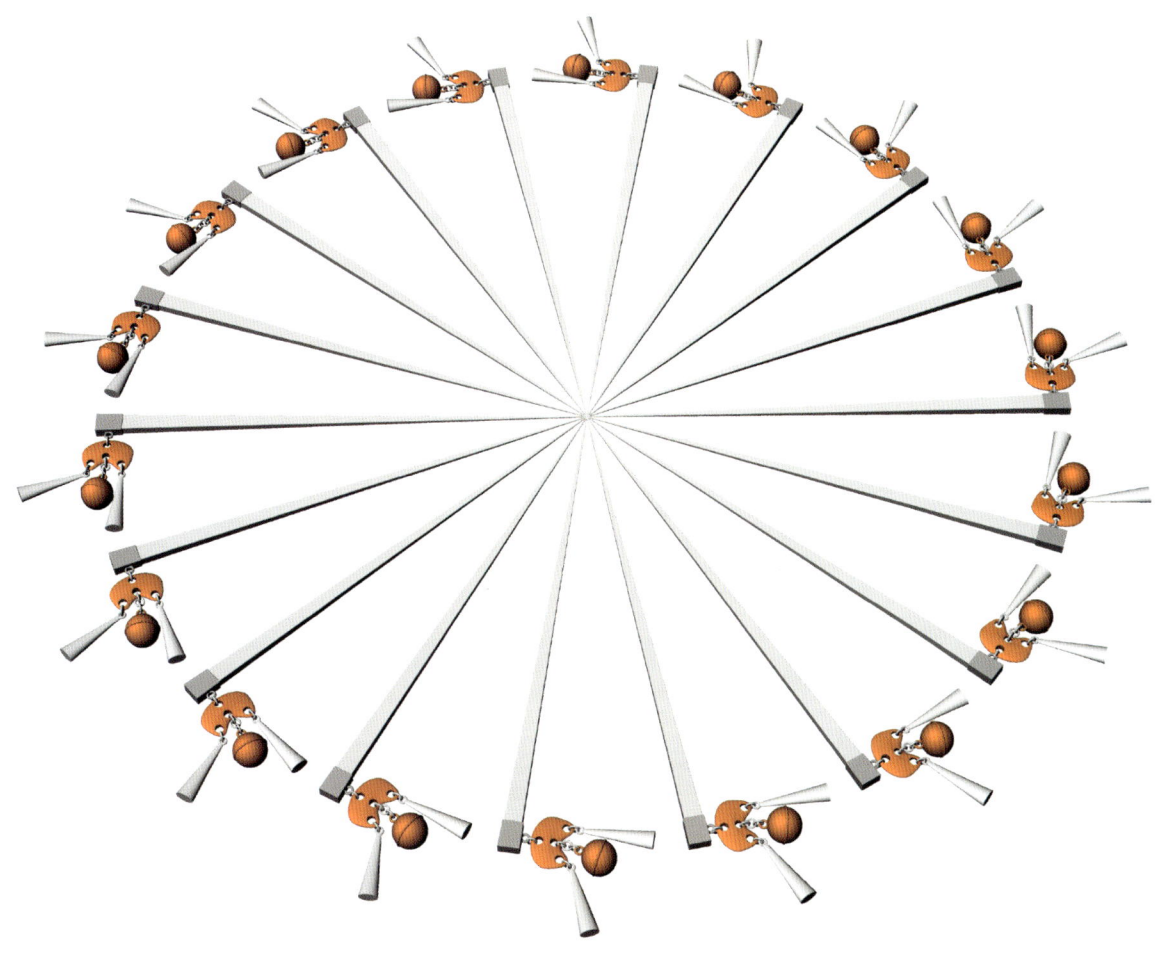

图五 撒拉族银头簪展示图

第二章 撒拉族传统服饰

059

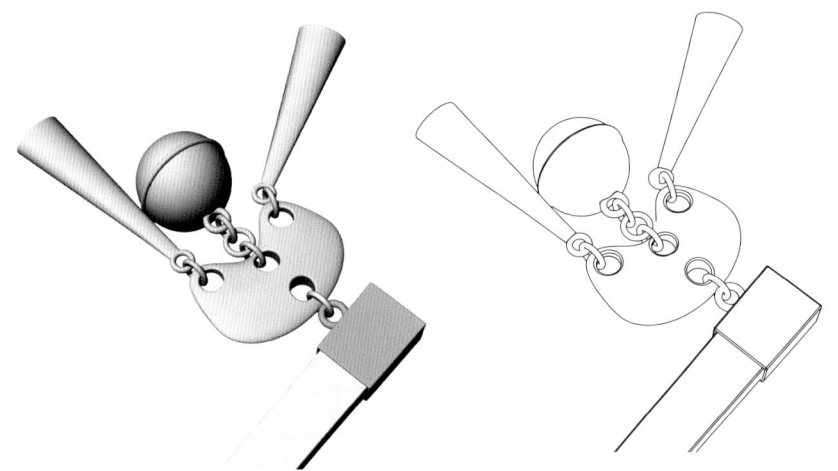

图六 撒拉族银头簪局部放大图

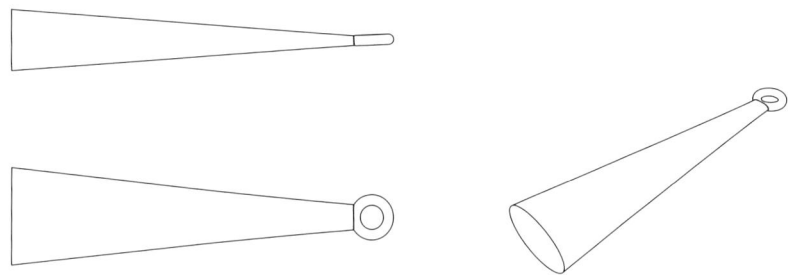

图七 撒拉族银头簪小挂件分析图

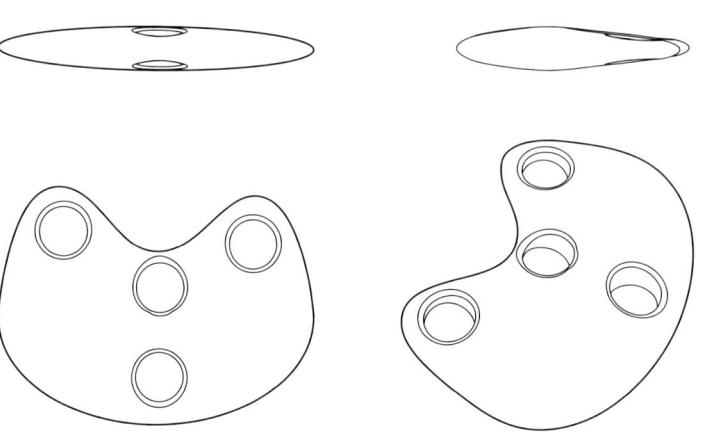

图八 撒拉族银头簪连接件分析图

撒拉族耳坠

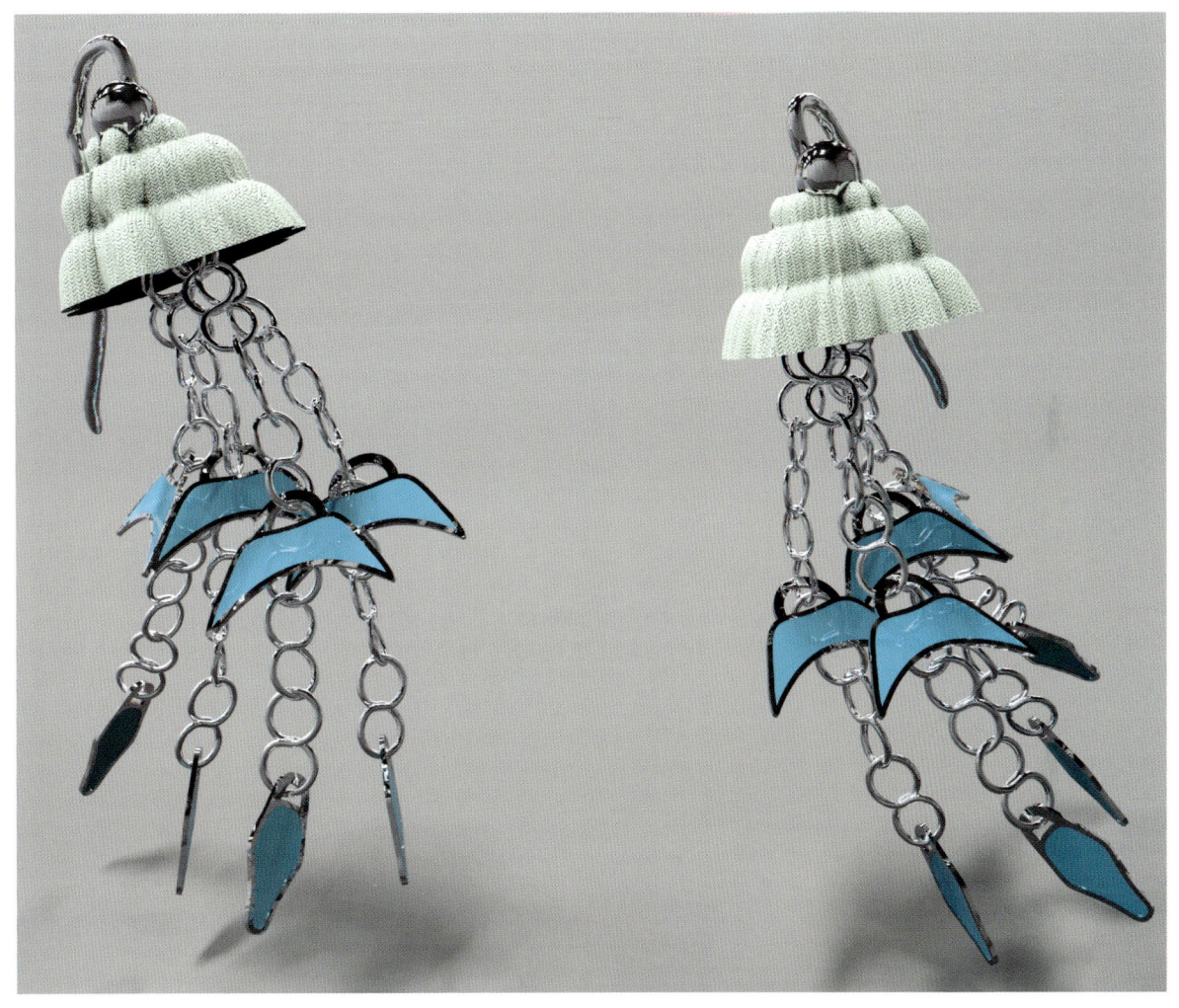

图一　撒拉族耳坠主图

撒拉族女孩有戴耳坠的习俗。很小的时候，母亲会用较软的铁丝卡住撒拉族女孩的耳垂，时间长了自然形成耳洞，就可以戴上耳坠了。过去，撒拉族人的生活水平较低，买不起金耳坠，便用银耳坠代替。女孩逐渐长大成人，与男方定亲后，男方"送定茶"时会送一对耳坠，这时才开始正式戴上耳坠，表示已经许配人家了，这也是婚俗的一部分。

本案例为银耳坠，做工精巧，装饰美观、大方。其部件从上往下为挂钩1个、花冠饰件1个、蝶形饰件4个、长形叶片4个，由若干银链连接。其中最为精巧的要数花冠饰件，它的整体呈花冠状，精致漂亮，符合女性的审美心理，而且采用了较为柔软的材料，不伤耳朵。银链重在表现银的质感，光泽效果良好，且长短比例适中，既是连接件，也是装饰。蝶形饰件中间通常嵌有玛瑙、翡翠之类，再用银质材料镶边，对比效果突出。长形叶片仿自然形，中间同样嵌以玛瑙、翡翠，周边用银镶边，进一步强化了视觉效果。由于银质材料的使用，撒拉族女性走路时，耳坠会发出悦耳的声音，非常招人喜欢。加上玛瑙等材料的点缀，使得银耳坠更加夺目。

银耳坠制作工艺精湛，既考虑了佩戴的舒适性，又通过银质材料与其他材料的对比，突出了耳坠的整体效果。造型上，以花冠作为主体饰件，并以蝶形饰件、长形叶片等作陪衬，效果良好。这些元素的选取与搭配，充分考虑了女性的审美心理，所以深受撒拉族女性的喜爱。此外，其模仿自然的造型，体现了一定的宗教色彩。

撒拉族妇女对耳坠的喜爱，一方面表现了她们对审美的追求，另一方面也表现出她们对花卉和自然纹样的偏爱。此外，在银耳坠的设计中，撒拉族匠人对设计元素进行了恰当的取舍，充分映衬出女性的俏皮柔美，展示了撒拉族的宗教特色和民俗文化特征。

图片来源
图一　贾庭伟　制图
图二至图十一　蔡克中　制图

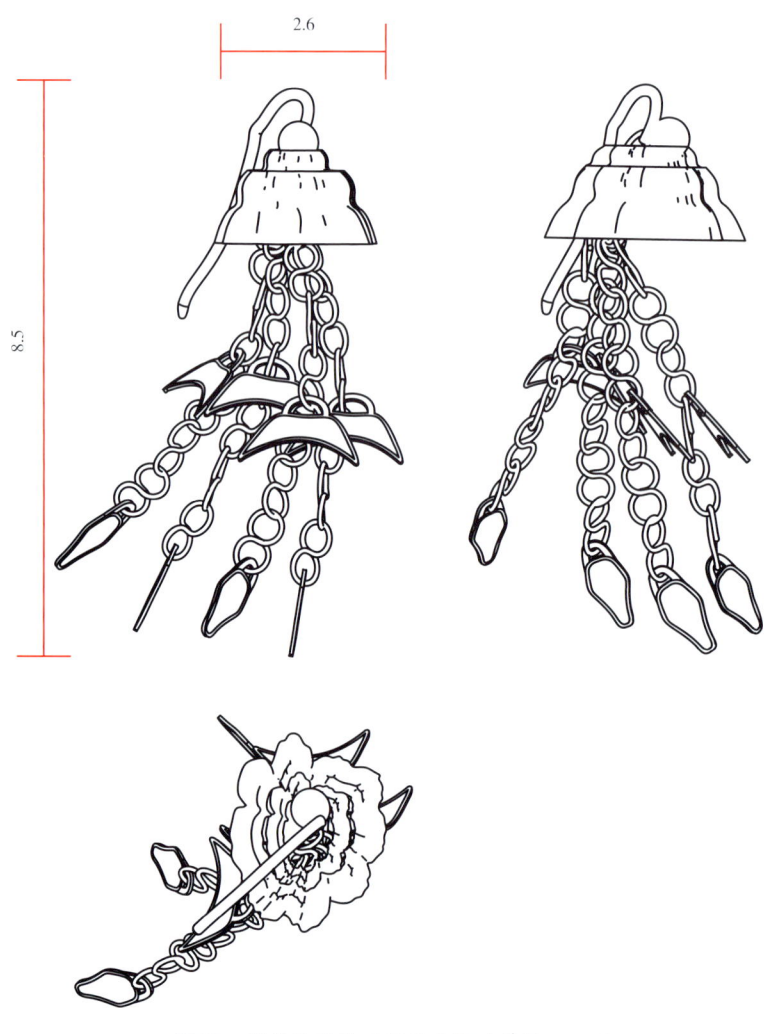

图二　撒拉族耳坠三视尺寸图（单位：cm）

图三 撒拉族耳坠线描图

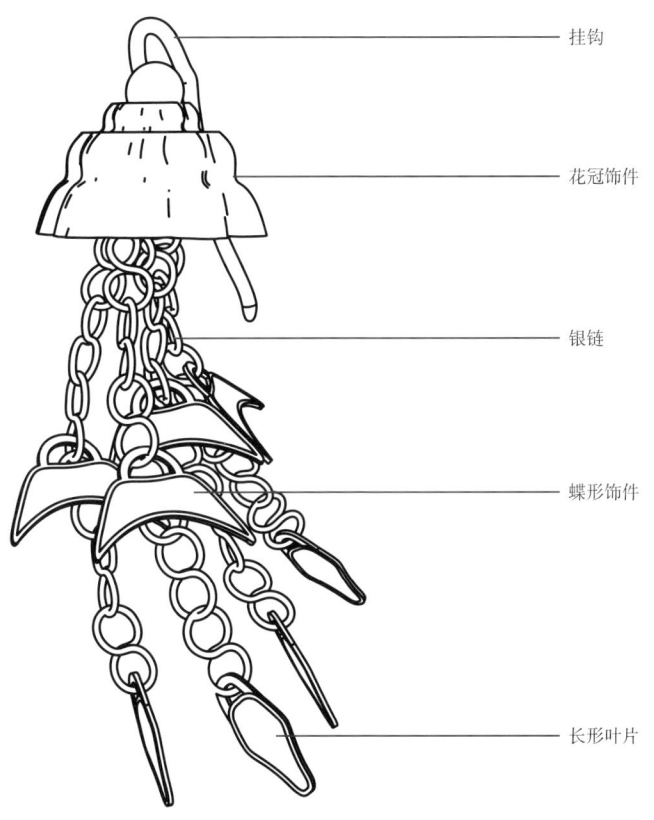

图四 撒拉族耳坠结构名称图

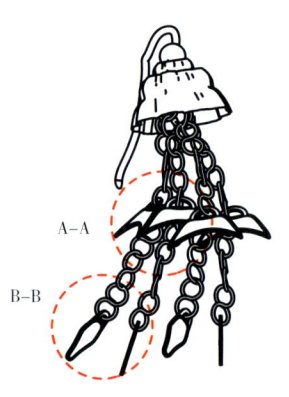 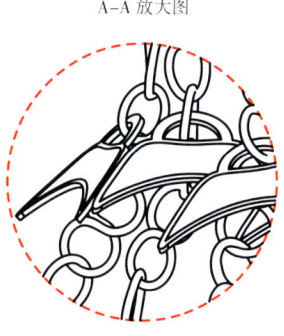 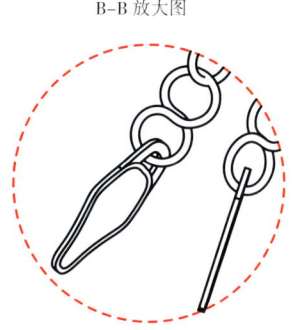

图五　撒拉族耳坠细节放大图

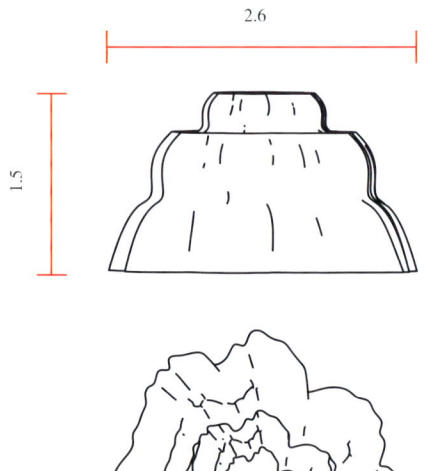

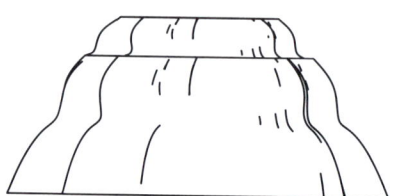

图六　撒拉族耳坠花冠饰件三视尺寸图（单位：cm）

图七　撒拉族耳坠花冠饰件分析图

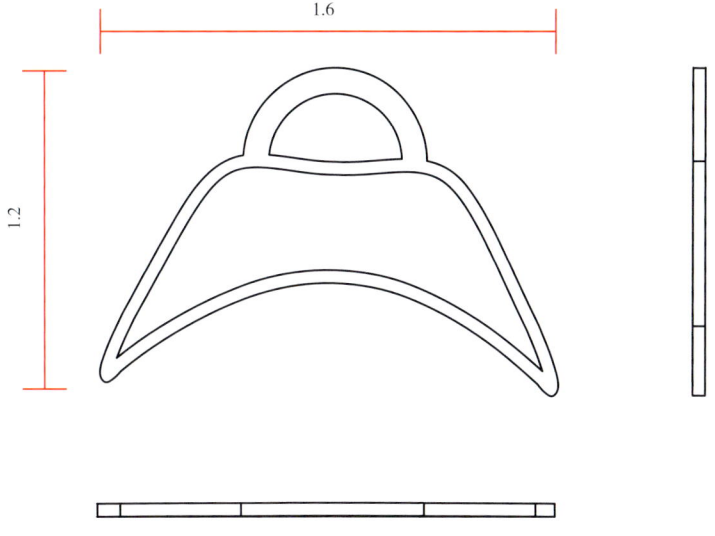

图八　撒拉族耳坠蝶形饰件三视尺寸图（单位：cm）

图九　撒拉族耳坠蝶形饰件分析图

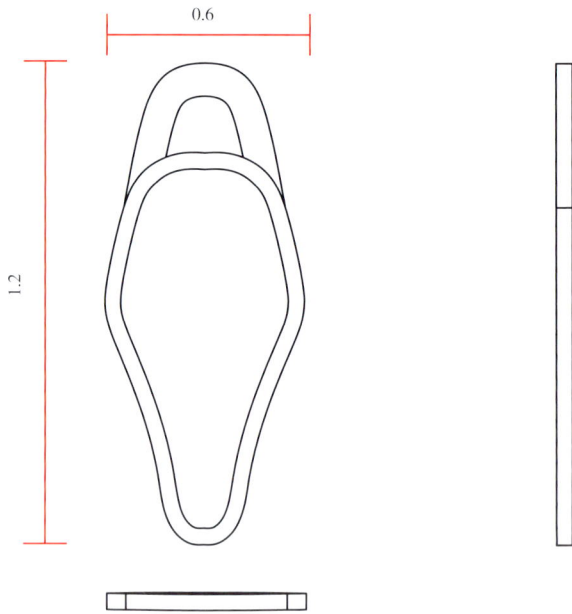

图十 撒拉族耳坠长形叶片三视尺寸图（单位：cm）

图十一 撒拉族耳坠长形叶片分析图

第三章 撒拉族传统餐饮

撒拉族大焜锅

图一　撒拉族大焜锅主图

　　大焜锅是一种平底锅，锅壁较厚，受热均匀。制作焜锅的材料多样，有铜质的，有铁质的，也有铝质的；外形也富有变化，有圆形的，也有长方形的，分别满足不同的需要。用焜锅烤制的食品称之为焜锅馍馍，也叫"焜锅"。焜锅馍馍是清真食品的一大特色，烤熟的焜锅馍馍外焦里嫩，是撒拉族人最喜爱的食品之一。

　　本案例为铁质大焜锅，顶径40厘米，底径31厘米，高18.6厘米，一般用于室内。这件大焜锅为圆形，由锅盖和锅体组成，锅体两侧的双耳较长，既方便提携，也利于密封，一举两得。锅体较厚，导热均匀。锅盖的密封性能较好，进一步保证了焜锅馍馍的品质。与普通焜锅的不同之处在于，使用时并不是将它直接埋在草灰中，而是放置于灶膛中，底部用木材等燃烧加热，这样避免了草灰污染焜锅馍馍的问题。大部分撒拉族家庭都垒有这种特殊的灶膛，用来制作焜锅馍馍及烤制其他食品。

　　焜锅馍馍制作较为简单，先在普通发面里卷进菜油（也有在和面时掺入鸡蛋和牛奶的），再抹上香豆、胡麻、红糖、红曲、姜黄等，卷成层叠交织的面团，然后把面揉成与焜锅大小相近的圆形。面团做好后，放入焜锅，慢慢加热。由于焜锅的内壁较厚，受热均匀，烤熟的馍馍会像花儿一样展开，色彩艳丽，非常诱人；口感外焦里嫩，异香扑鼻。

此外，它的特点还在于制作方便，易于保存，携带也很便利。

现在很多撒拉族人改用电烤箱制作焜锅馍馍，比以前省时省力，品质也不错。但这种作为烤馍用具的焜锅，仍然几乎家家必备。

本案例可以视为焜锅的系列化设计之一，它解决了室内制作焜锅馍馍的问题。

图片来源
图一　陈俊舟　摄影
图二至图九　蔡克中　制图

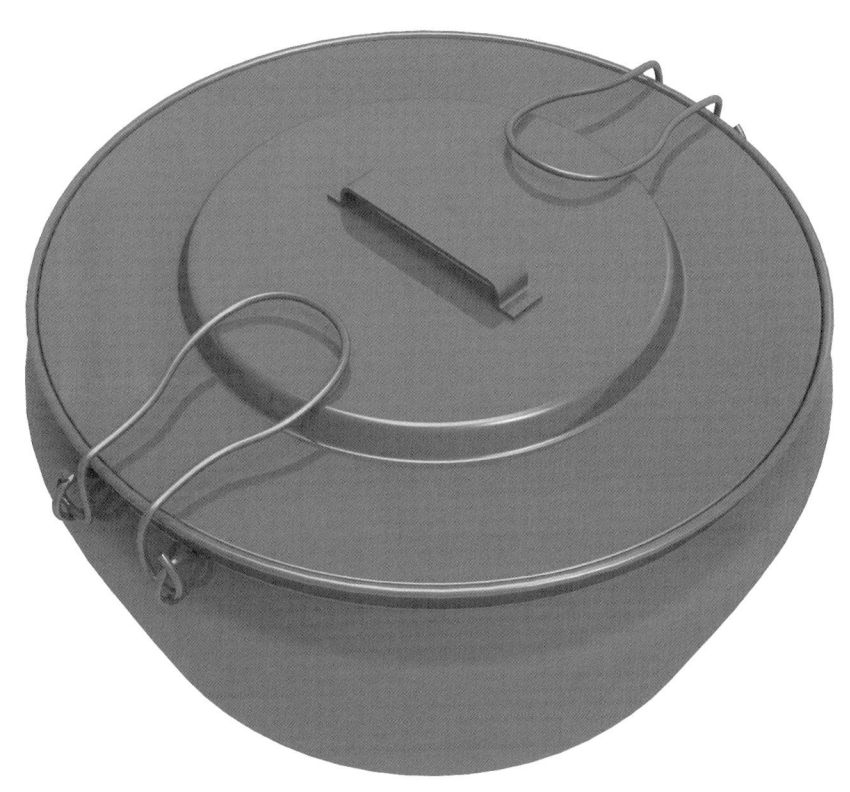

图二　撒拉族大焜锅效果图

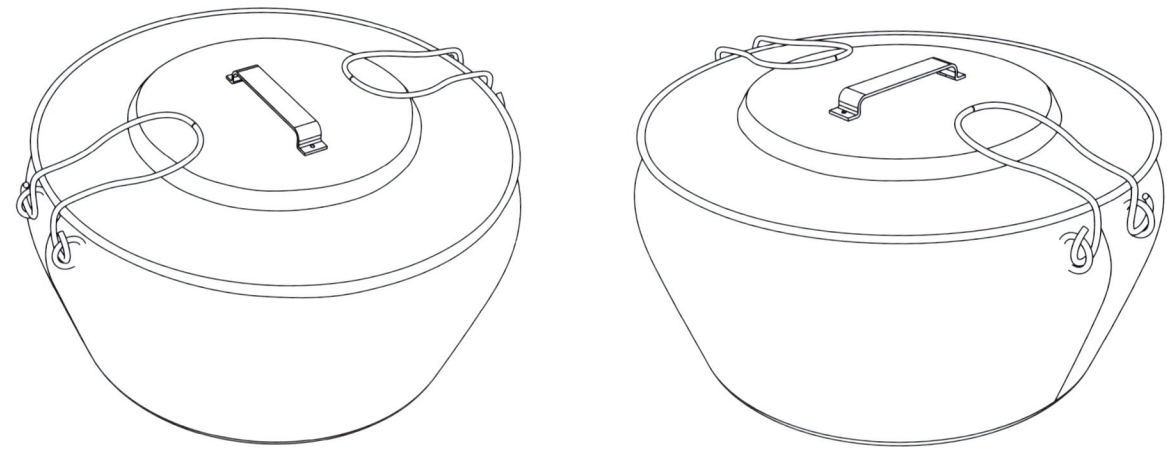

图三　撒拉族大焜锅线描图

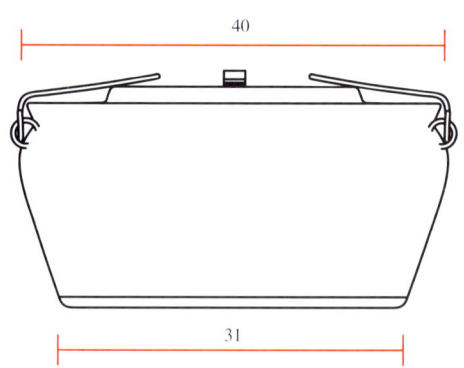
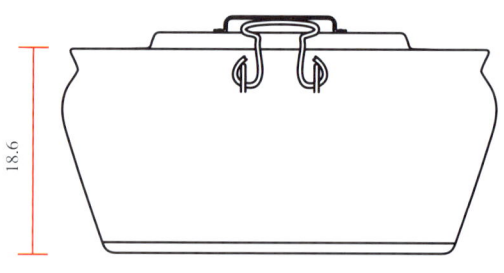

图四　撒拉族大焜锅三视尺寸图（单位：cm）

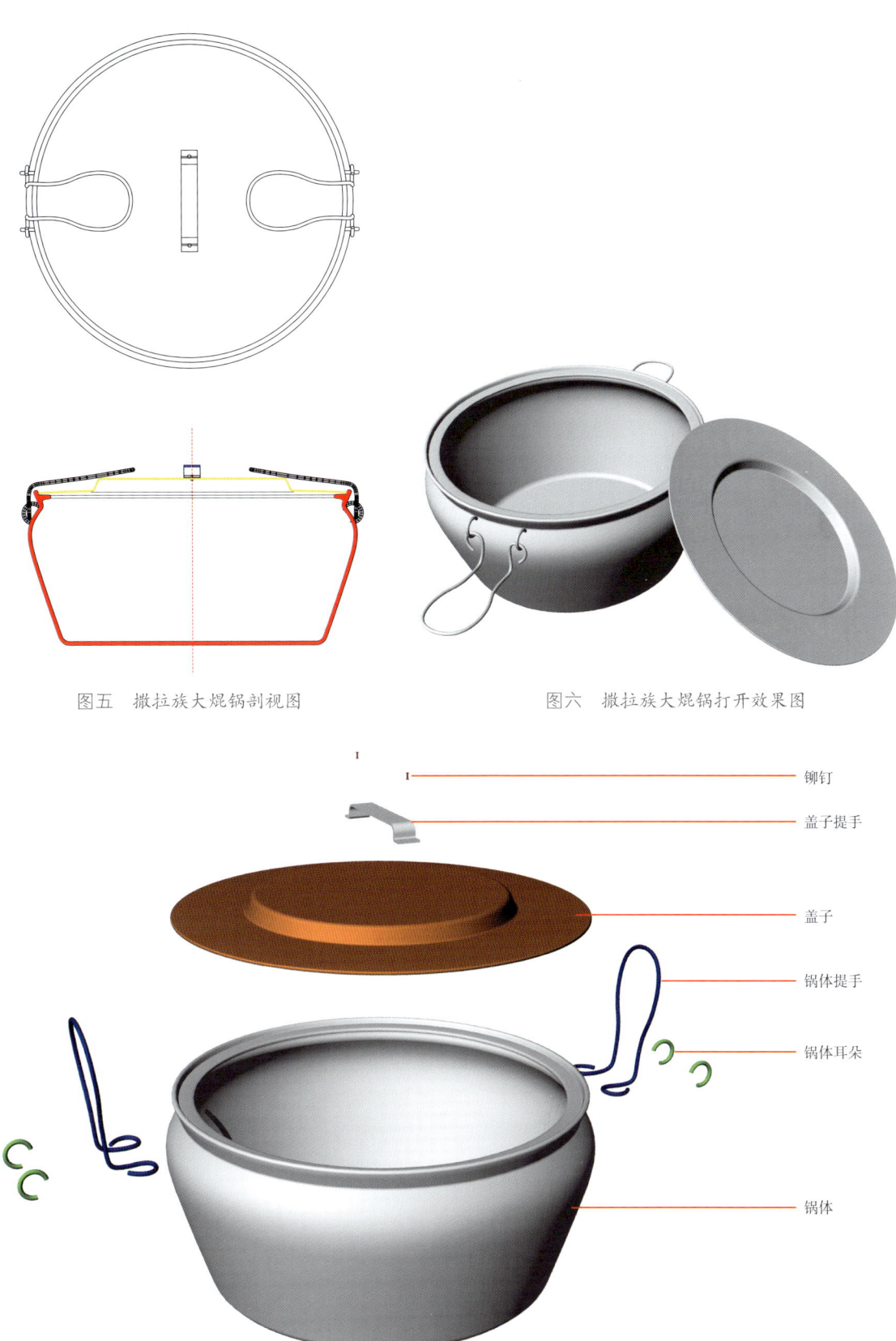

图五 撒拉族大焜锅剖视图

图六 撒拉族大焜锅打开效果图

铆钉
盖子提手
盖子
锅体提手
锅体耳朵
锅体

图七 撒拉族大焜锅结构名称图

第三章 撒拉族传统餐饮

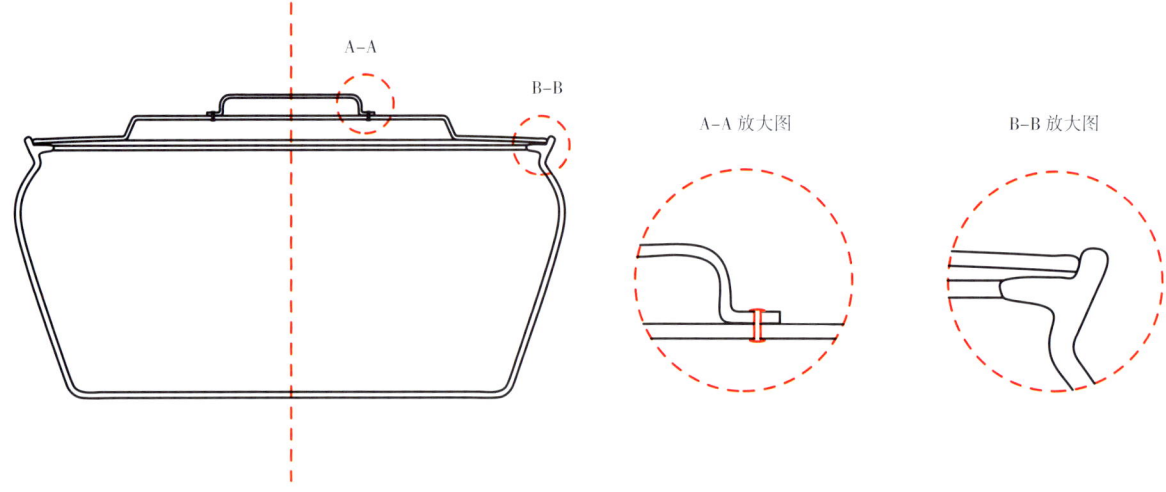

图八 撒拉族大焜锅局部放大图

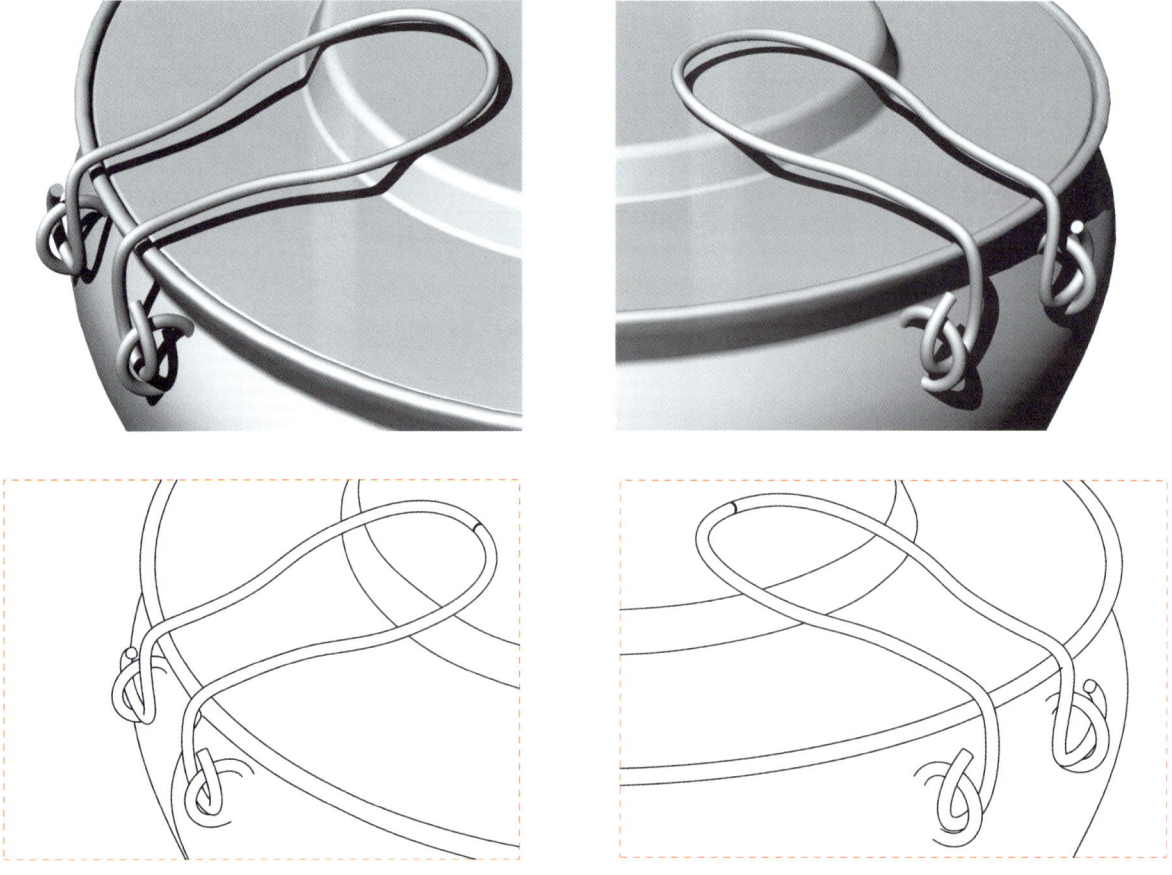

图九 撒拉族大焜锅细节图

撒拉族小焜锅

图一 撒拉族小焜锅主图

小焜锅尺寸较小，形似圆形饭盒，一般用于室外，用它做成的馍馍也叫焜锅馍馍。

本案例为铁铸小焜锅，锅盖上部有耳，方便提携；锅身口部有内沿，便于密封，防止草灰之类掉入；锅身外部有双耳，且较厚，便于从草灰中取出。该焜锅的壁较厚，散热缓慢，加热均匀，烤制焜锅馍馍一般半个小时即可出锅。作为一种简易的炊具，小焜锅的体型较小，方便长途旅行时携带。

对于撒拉族人来说，"馍馍"是一个总称，包括焜锅馍馍、炉馍馍、油包、油饼、油香、花卷等。制作小焜锅馍馍时，先将面粉发酵，再加入花椒、食盐等调味品，成型后放在小焜锅中，将小焜锅放在燃烧后的麦草灰中，烤制半小时即成。小焜锅馍馍色泽微黄，椒盐味较浓。撒拉族小焜锅馍馍制作简单，口感好，香味浓，而且价格低廉，易长期保存，它既是撒拉族人餐桌上的常见主食，也是馈赠亲友的上好礼品。此外，由于它体量较小，且不易变质，所以也便于出门携带。

关于焜锅馍馍的起源，民间有许多传说，大同小异，但都与回族的生活习惯有关。有一种说法大家比较认同，明朝初年，部分回族同胞生活在回汉杂居地区，经常外出贩运牛羊。为严守教规，他们出门时不得不带上锅碗瓢盆等，生活十分不便。一次偶然的机会，一位回族老人将盛有面团的铜罐放在草木灰中烧，结果创造出了这种携带、食用都方便的焜锅馍馍。撒拉族的饮食与回族基本一致，他们逐渐接受了这种焜锅馍馍。撒拉族人擅长做生意，但外出过程中不能随便在外面吃饭，饮食必须为清真食品。为了饮食方便，人们将干粮制作好以后随身携带，其中以焜锅馍馍为主。焜锅馍馍的保存时间较长，味道又香脆可口，且容易吃饱。

此外，由于小焜锅较为轻便，撒拉族人出远门时也会带上，路上可以吃上新鲜的焜锅馍馍。焜锅馍馍以其简单方便的制作工艺在撒拉族中广为传播，甚至影响到了周边的汉族。

小焜锅的妙处在于尺寸合理，密封性较好，可以放入草灰中烤制；金属壁较厚，受热均匀，保证了焜锅馍馍的品质。本案例可视为焜锅的系列化设计之一，它解决了室外烤制焜锅馍馍的问题，为撒拉族人的出行解决了一大难题。

这是小焜锅的起源，大焜锅也用于烤制焜锅馍馍，区别在于烤制过程不一样。

图片来源
图一　陈俊舟　摄影
图二至图九　杨爱俊　制图

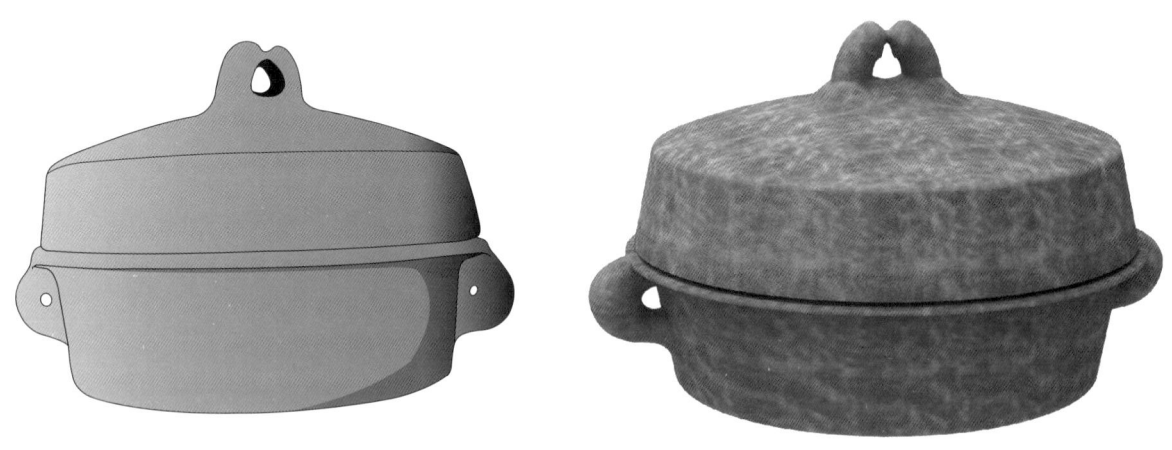

图二　撒拉族小焜锅效果图

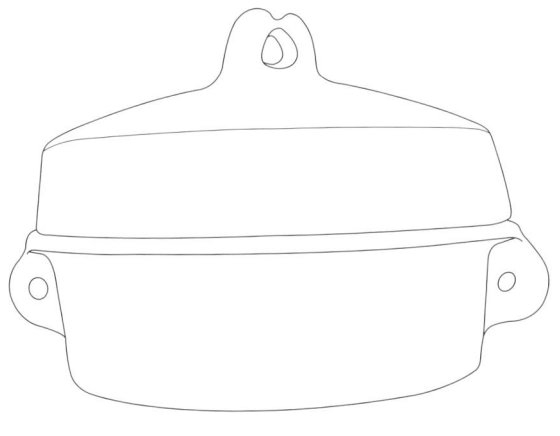

图三　撒拉族小焜锅线描图

图四 撒拉族小焜锅结构名称图

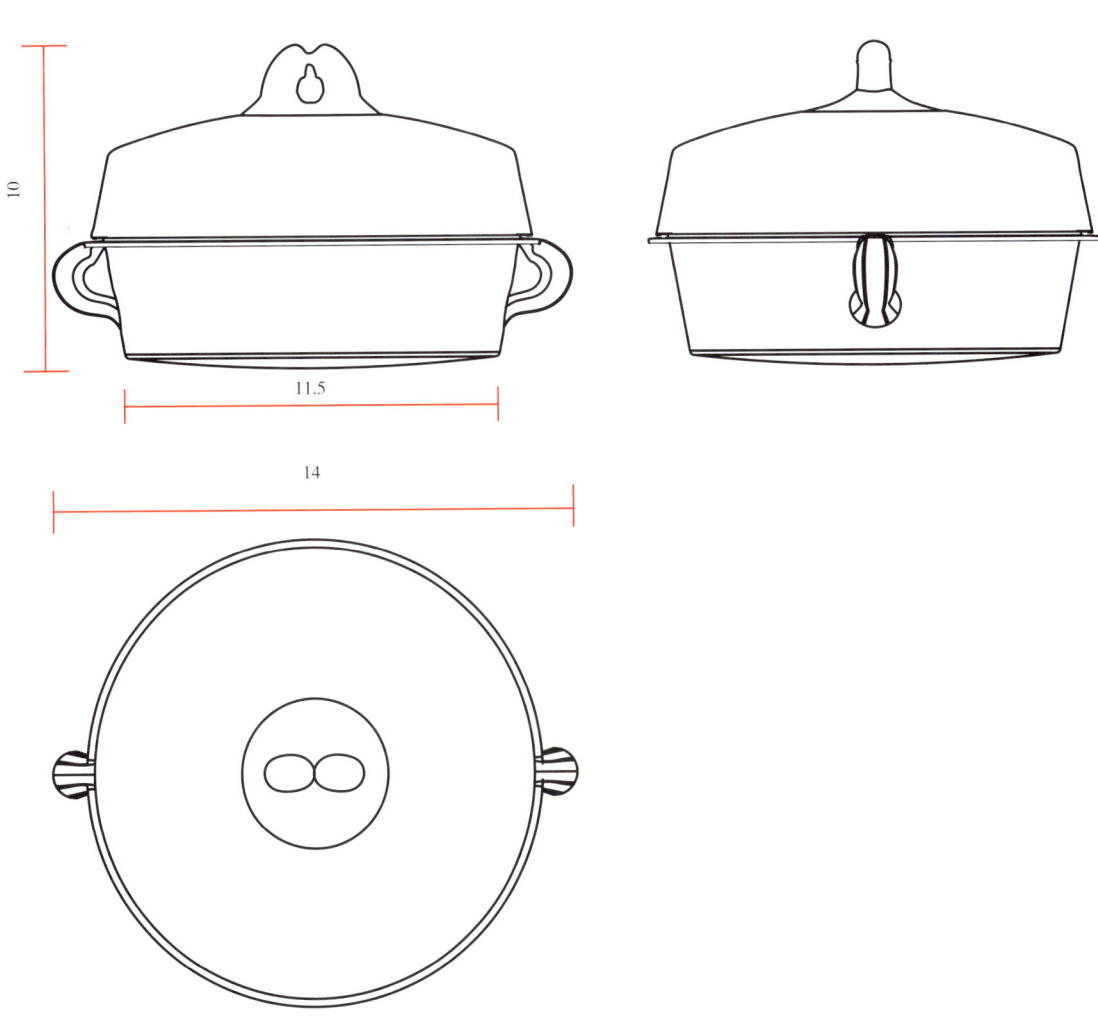

图五 撒拉族小焜锅三视尺寸图（单位：cm）

第三章 撒拉族传统餐饮

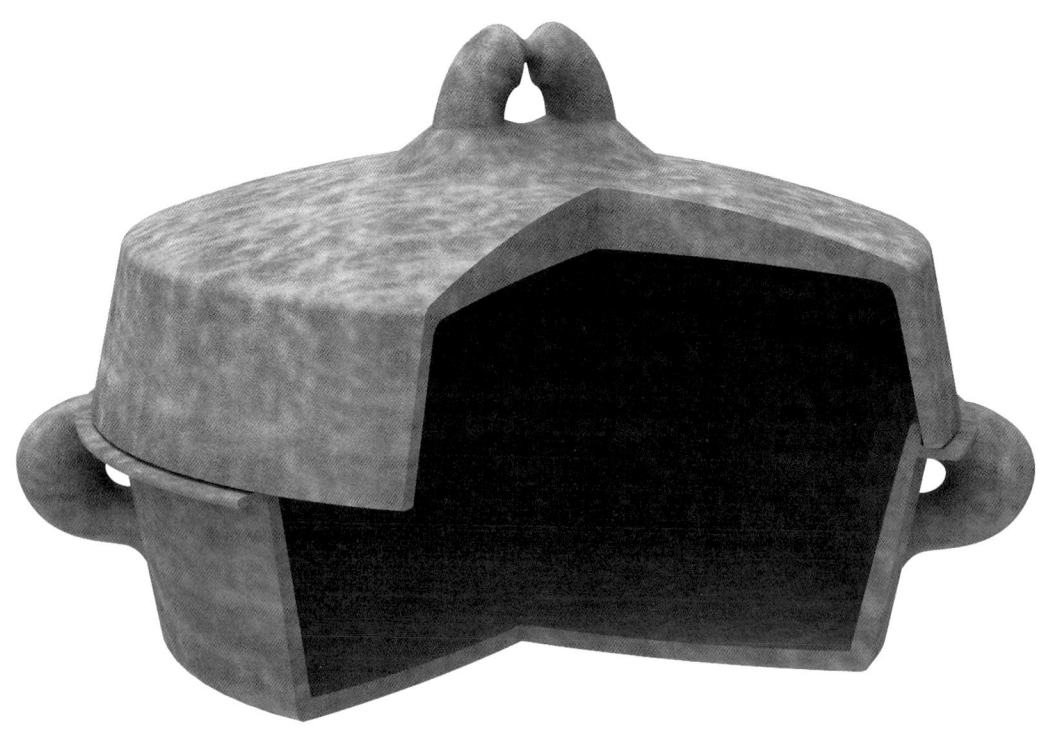

图六　撒拉族小焜锅剖视图

图七　撒拉族小焜锅制作工艺图

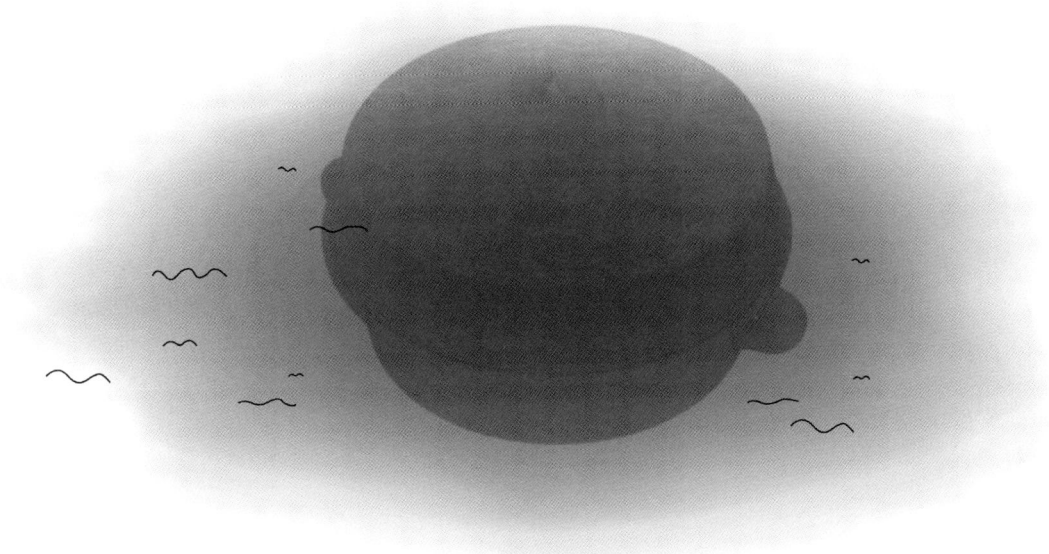

图八　撒拉族小焜锅使用示意图1

图九　撒拉族小焜锅使用示意图2

撒拉族油壶

图一　撒拉族油壶主图

油壶是撒拉族家庭常见的厨房用品之一。本案例整体呈圆锥体,高约15厘米,底部直径约18厘米,把手较大,带盖子。盖子用绳子系在把手上,防止丢失。把手较长,轻轻一提,油便溢出。上部为倒圆锥,开口较大,以方便注入食用油,另一方面也可避免油意外溢出,一举两得。壶口部分外折,顾及了使用的方便性。油壶的尺寸与容积恰到好处,充分考虑了撒拉族家庭的饮食习惯。

本案例为铁皮制品,使用焊接工艺。壶身采用了整体造型,用一块铁皮焊接而成,壶身与把手部分、上部倒圆锥与下部大圆锥的接口都使用焊接工艺。把手的焊接较为简单,底部焊接较细致精密,防止食用油漏出。

撒拉族信仰伊斯兰教,其饮食文化表现为伊斯兰特色和高原风味。他们注重养生,以面食、肉食、饮品和小吃为主。对于食用油的选用,撒拉族也有自己的特色。他们喜欢食用胡麻油,而且烹调时用油较少,以避免摄入过量的脂肪和胆固醇。撒拉族人的饮食较为讲究,花样较多,对盛放食物的器皿也颇为注意,注重干净整洁。其器皿的装饰一般倾向于现代极简主义的设计风格,通常以简单的几何图案、阿拉伯文字略加装饰,风格独特。

该油壶没有任何装饰,这与撒拉族人追求简洁的审美习惯是一致的。其造型简约,设计合理,工艺简单,方便实用,是一款优秀的实用型设计。

图片来源
图一　蔡克中　摄影
图二至图九　蔡克中　制图

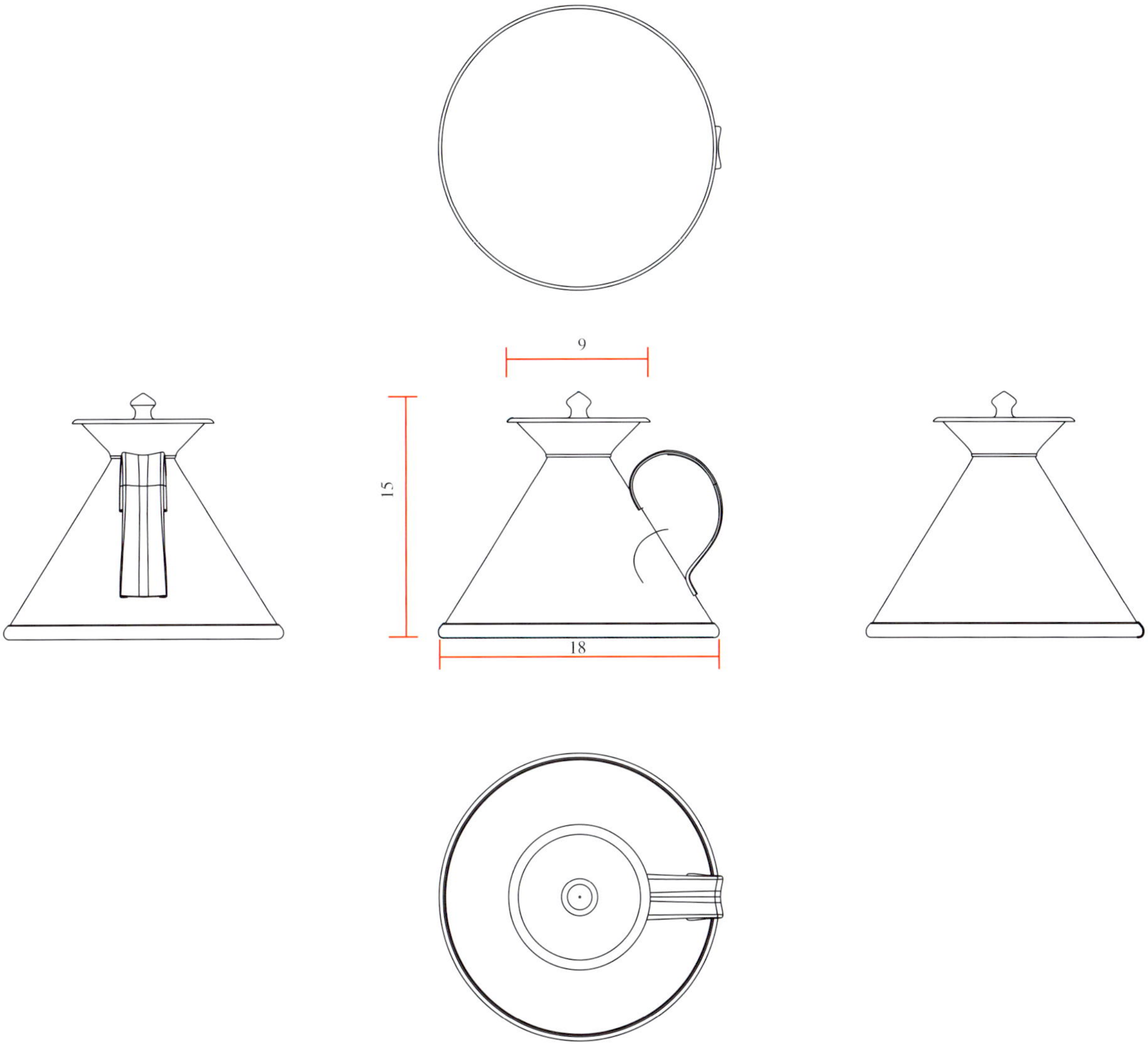

图二　撒拉族油壶五视尺寸图（单位：cm）

图三　撒拉族油壶效果图

第三章　撒拉族传统餐饮

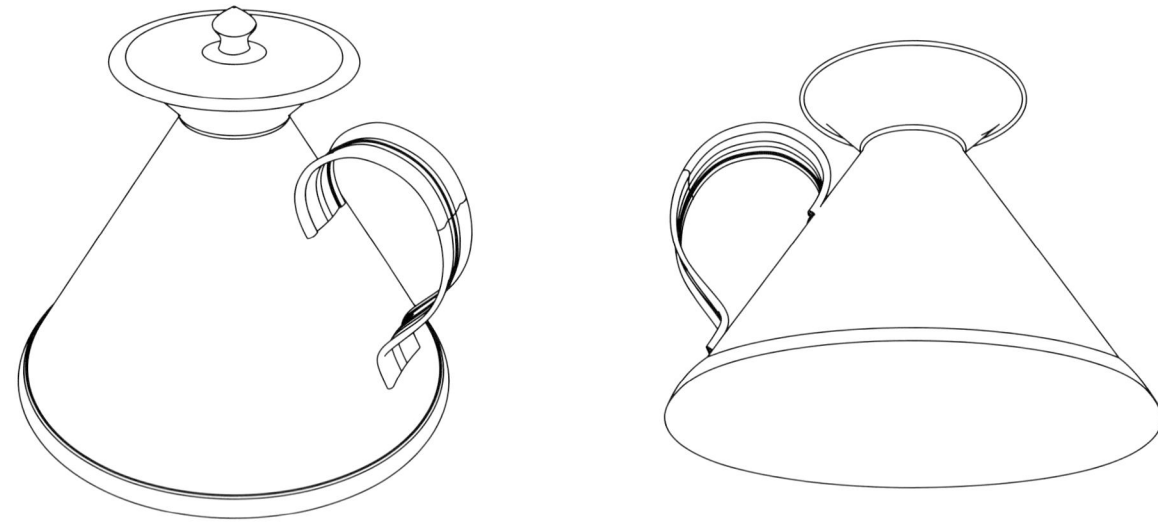

图四 撒拉族油壶线描图

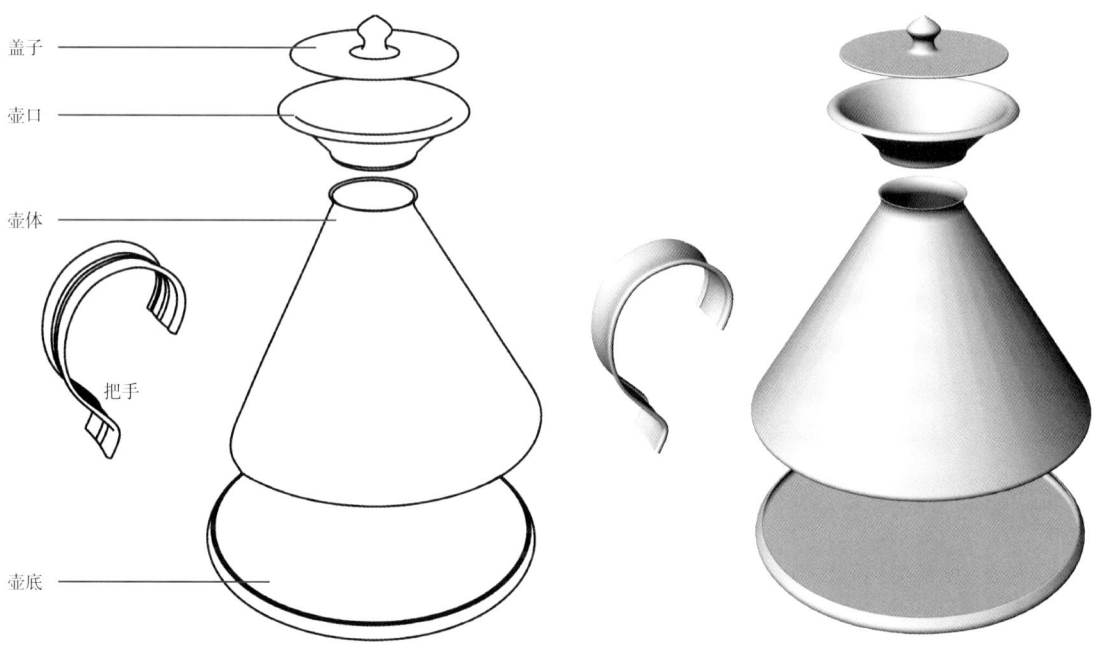

图五 撒拉族油壶结构名称图

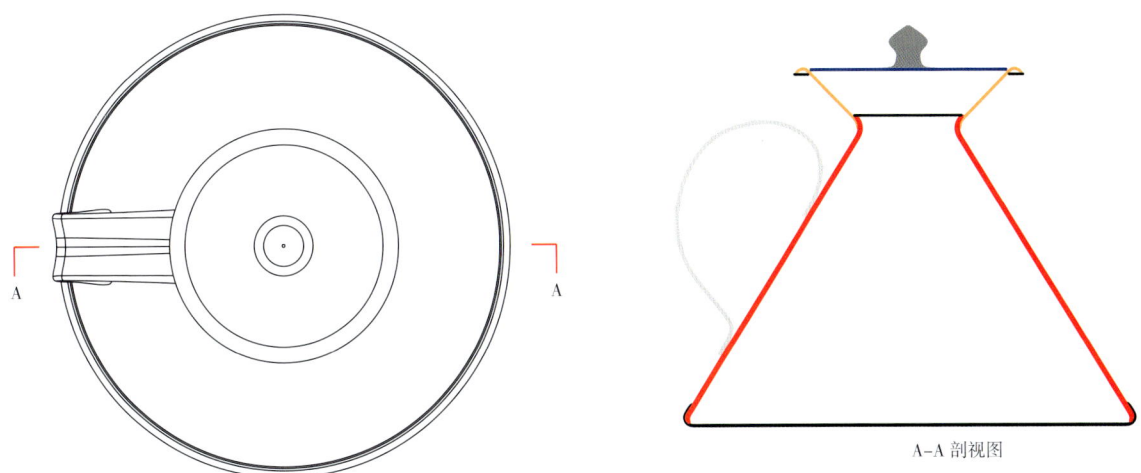

图六　撒拉族油壶剖视图

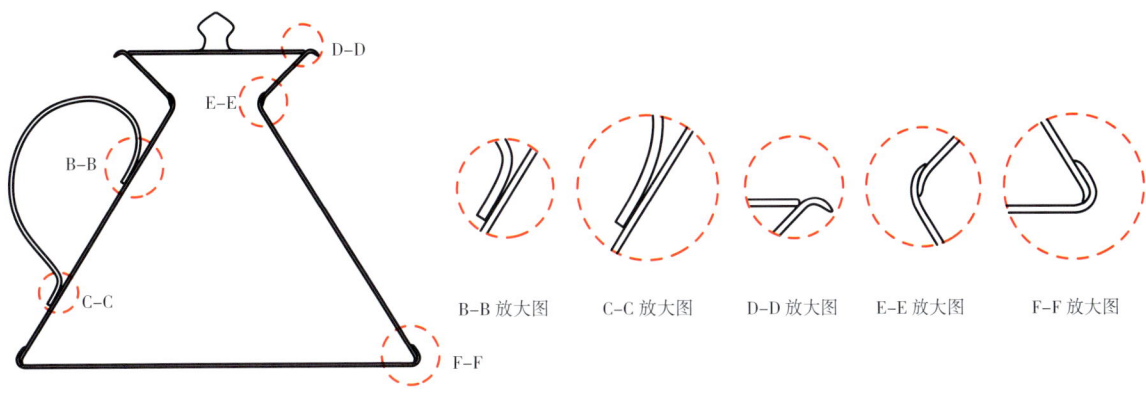

图七　撒拉族油壶局部放大图

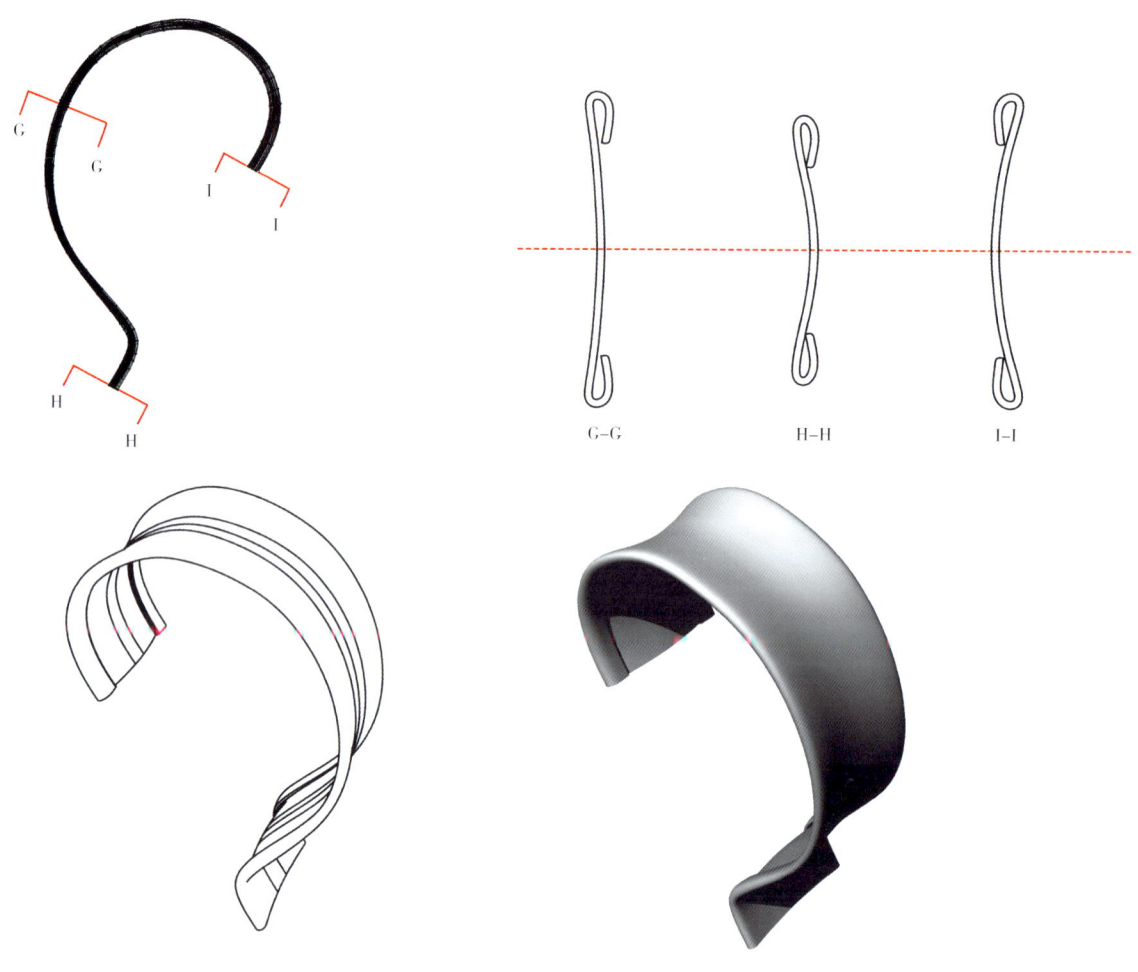

图八　撒拉族油壶把手分析图

食用油

图九　撒拉族油壶使用示意图

撒拉族宽口壶

图一 撒拉族宽口壶主图

宽口壶，是撒拉族用来盛水的一种容器。本案例为铁制品，敞口，高约30厘米，口径约16厘米。壶身顶部有一圈几何纹样装饰，底部无装饰。

就造型而言，该宽口壶与汤瓶十分相似，区别在于嘴部，宽口壶嘴部较大，且没有盖子，方便注水，也可防止水溢出。此外，它的把手也与汤瓶非常接近，把手较长，曲线弧度优美，且接近壶的顶部，倒水时轻提把手，水即可流出。

就外观而言，该宽口壶也与普通的汤瓶相似，没有过多的繁缛装饰，讲求简洁，并严格遵守伊斯兰教义，采用了几何纹样略加点缀。

就功能而言，宽口壶是一种盛水的用具，用途分明。

几百年来，撒拉族生活在汉族、藏族的文化环境中，其饮食器具仍能保持本民族传统文化的特征，让人称赞。

总体而言，宽口壶的设计简洁明快，既具备了较好的使用功能，又有较高的审美价值，且表现了撒拉族的宗教信仰，是一款优秀的产品设计。

图片来源
图一 蔡克中 摄影
图二至图九 蔡克中 制图

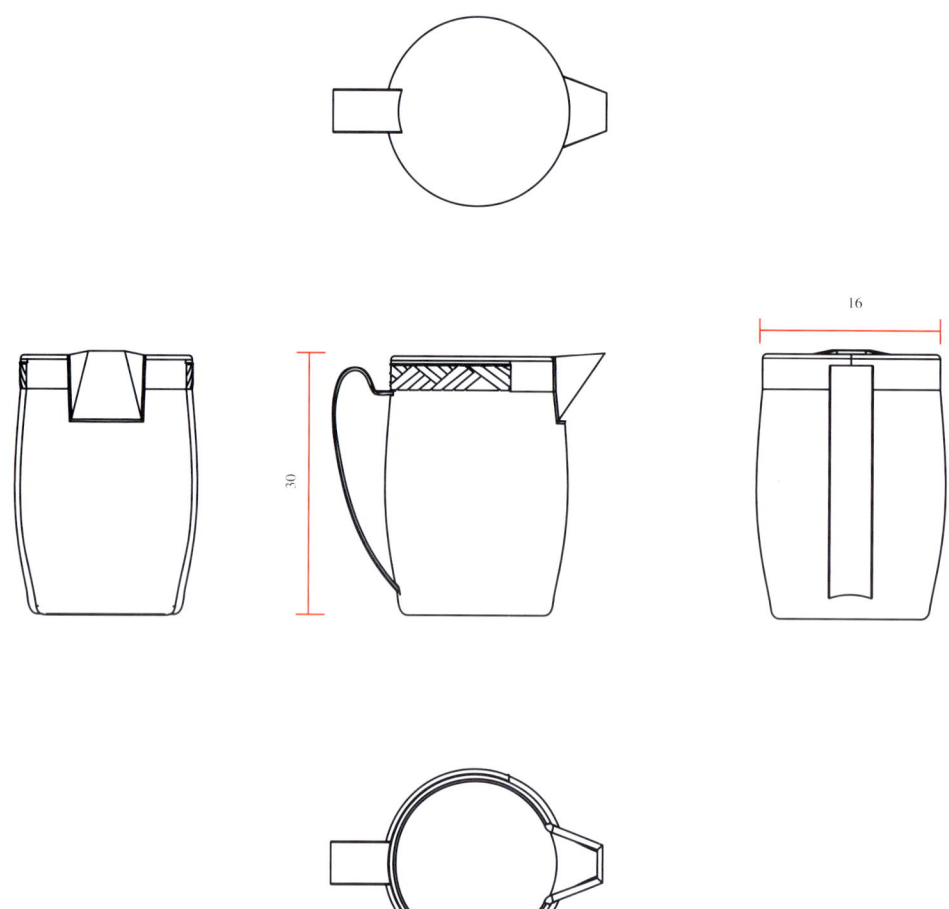

图二　撒拉族宽口壶五视尺寸图（单位：cm）

图三　撒拉族宽口壶效果图

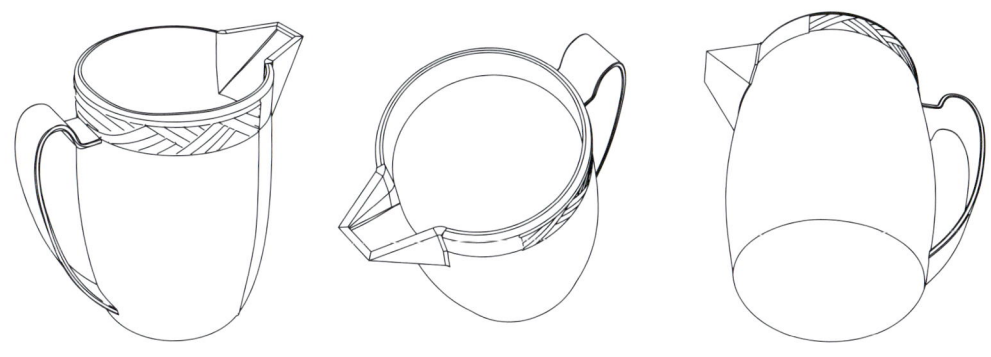

图四 撒拉族宽口壶线描图

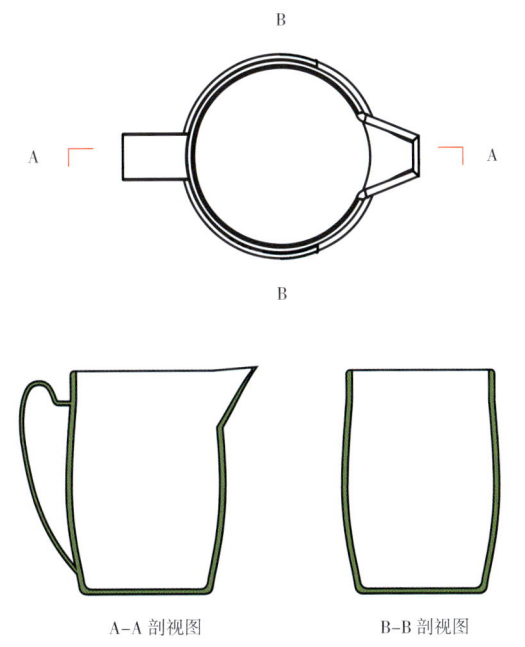

A-A 剖视图　　　　　B-B 剖视图

图五 撒拉族宽口壶剖视图

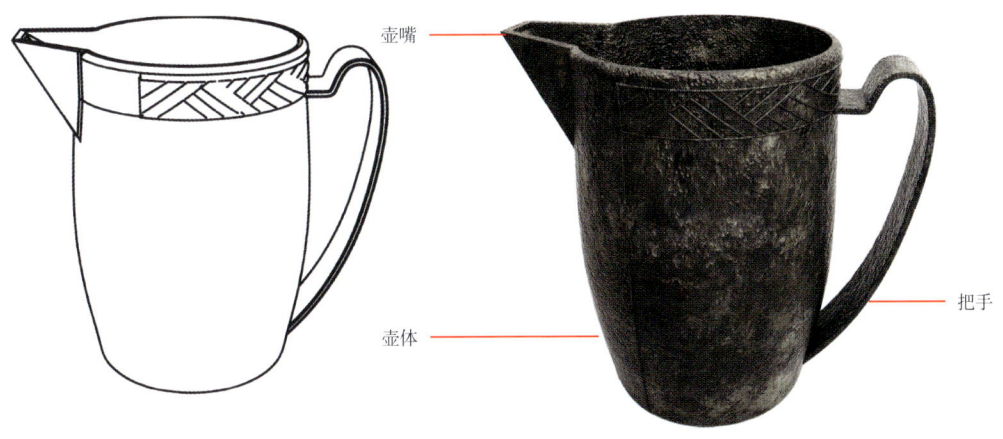

图六 撒拉族宽口壶结构名称图

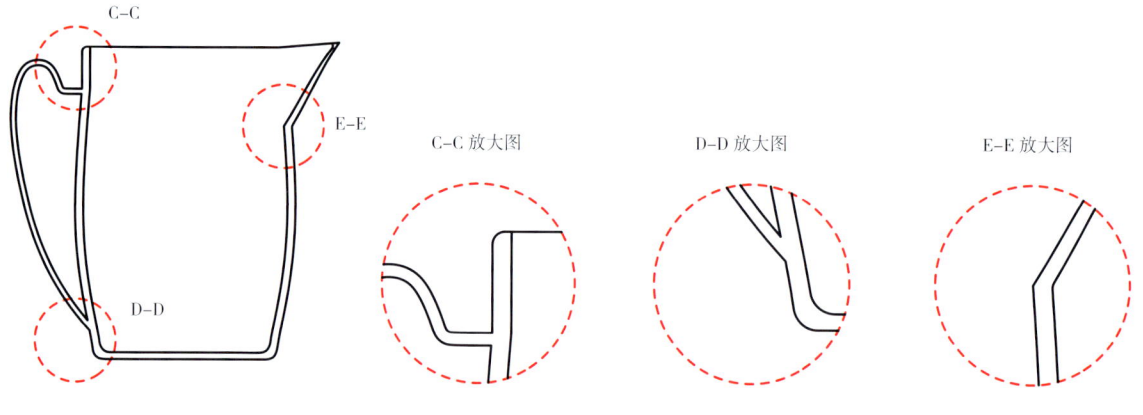

图七 撒拉族宽口壶局部放大图

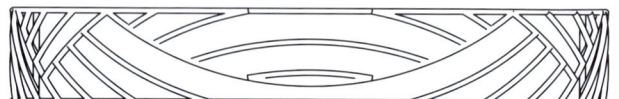 

图八 撒拉族宽口壶纹饰分析图

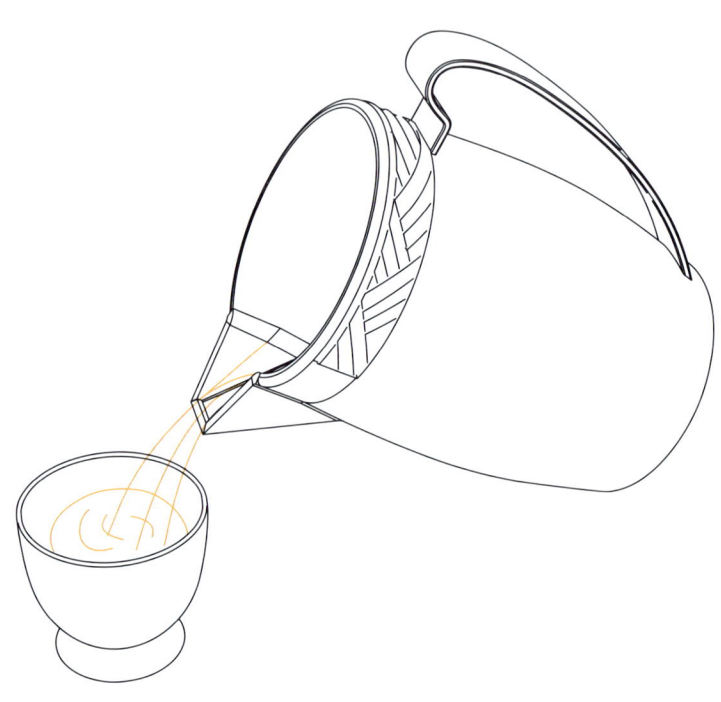

图九 撒拉族宽口壶倒水示意图

撒拉族铜茶壶

图一 撒拉族铜茶壶主图

撒拉族人有饮茶的习惯，空闲时多喜欢喝奶茶和麦茶，节庆日也用茶来招待亲朋好友。撒拉族人家中常备各种茶具，其中铜茶壶是他们最常用的茶具之一。喝茶时一般需要把制作好的麦茶或奶茶先装入铜茶壶，以方便倒入客人的盖碗或普通的茶杯里，因此撒拉族人家家都备有一把上好的铜茶壶，自己使用或者招待客人。

本案例所选用的是撒拉族常用的铜质茶壶，由壶体、壶脖、壶盖、壶嘴、把手和底座等六部分组成，每个部分都由人工用铜片敲打成型，再焊接为一个整体。壶盖用布条和把手相连，避免丢失。该铜茶壶高25.4厘米，壶底直径为9.6厘米，壶盖直径为7厘米，壶体最宽处直径为17.6厘米。

壶嘴成优美的S型，嘴部较小，并略高于壶身，既防止水溢出，也方便倒水。把手的形态与壶嘴遥相呼应，直径变化均匀，且为流线型造型，方便手握，使用时只需轻轻一提，茶即倒出，非常方便。壶体上大下小，逐渐变化；整体饱满圆润，和壶嘴及把手的纤细形成鲜明对比。壶盖也是该器具的一大特点，与其他盖子不同之处在于，它较长，可以和壶脖的内壁很好地贴合，加强了铜茶壶的密封性，便于茶水的保温。此外，壶脖的直径较粗，方便加注茶水，是一种人性化的设计。该器具体量适中，符合撒拉族人的饮茶习惯。

总体而言，该铜茶壶造型美观大方，既稳重又不失优雅；结构合理，考虑了人机工程的因素，使用方便。它既是一款优秀的实用设计，也反映了撒拉族的民族特征，是撒拉族人居家生活的重要器具。

图片来源
图一　陈俊舟　摄影
图二至图九　蔡克中　制图

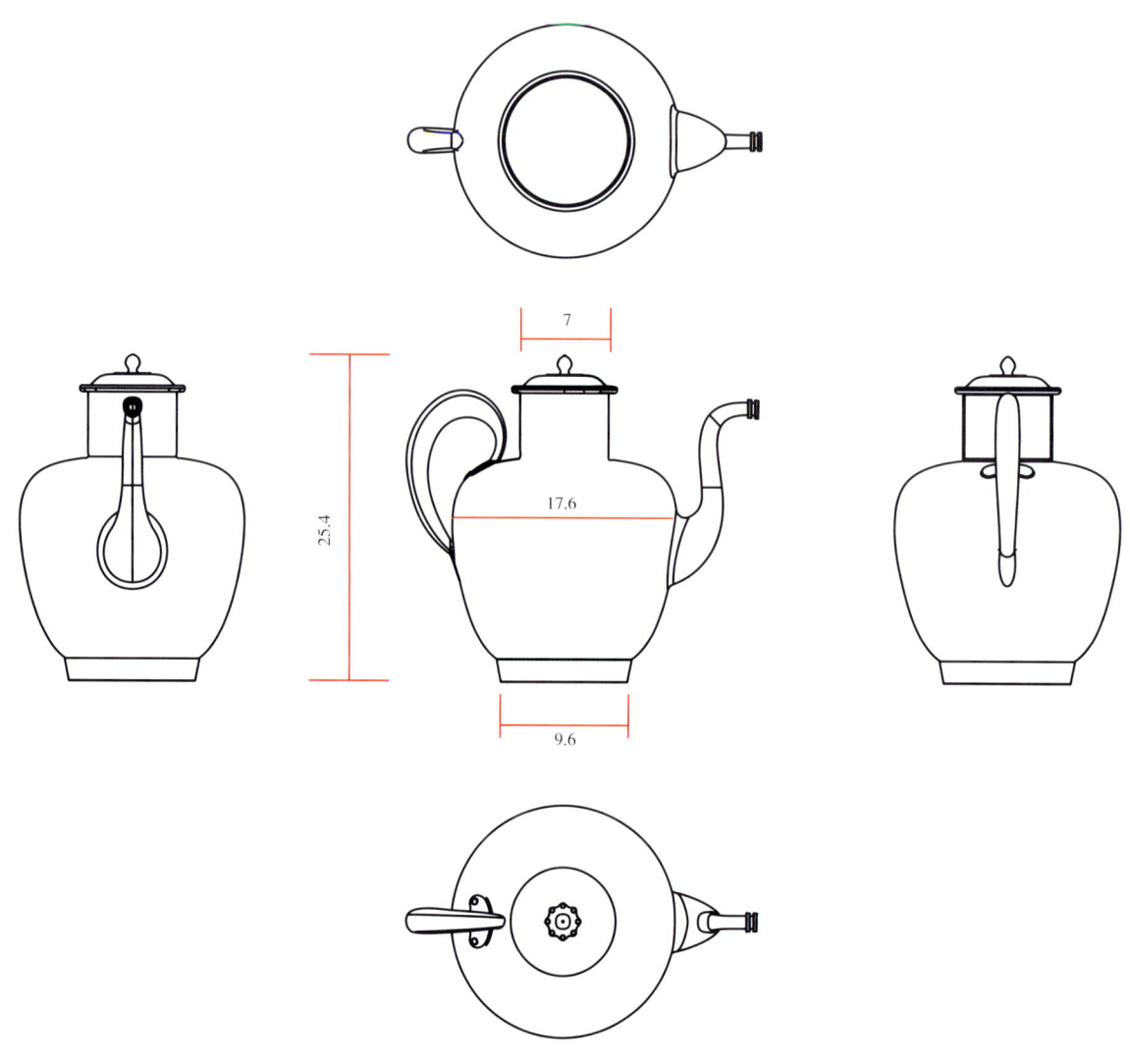

图二　撒拉族铜茶壶五视尺寸图（单位：cm）

图三 撒拉族铜茶壶效果图

图四 撒拉族铜茶壶线描图

图五 撒拉族铜茶壶剖视图

第三章 撒拉族传统餐饮

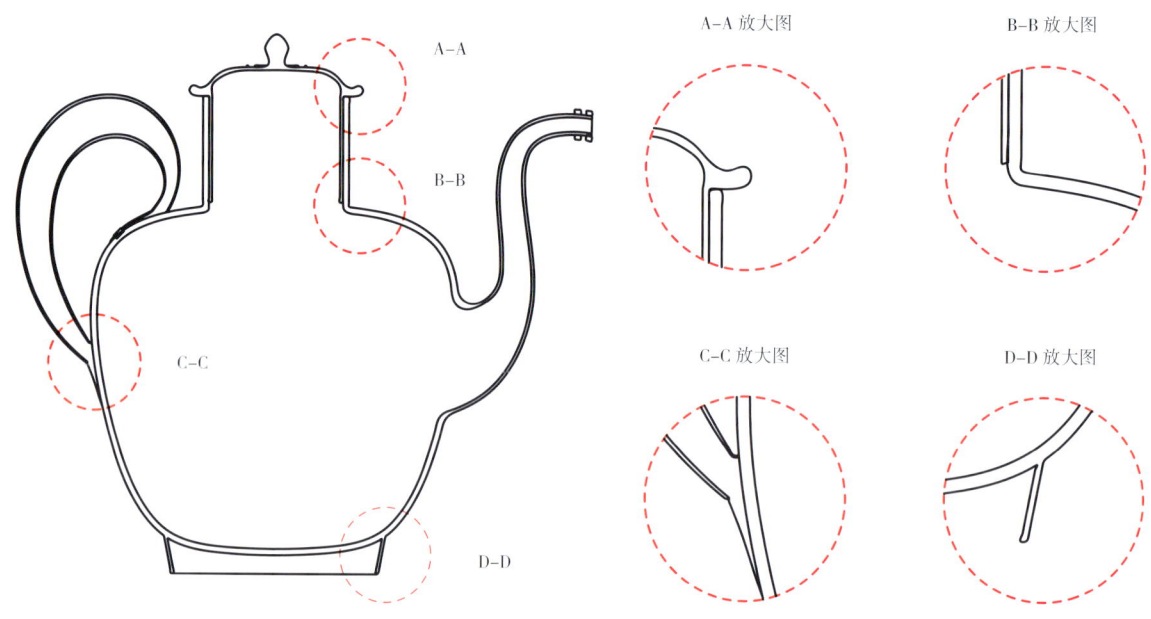

图六 撒拉族铜茶壶局部放大图

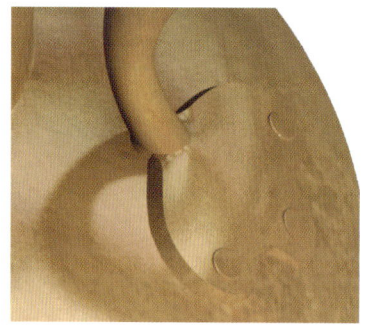

图七 撒拉族铜茶壶细节分析图

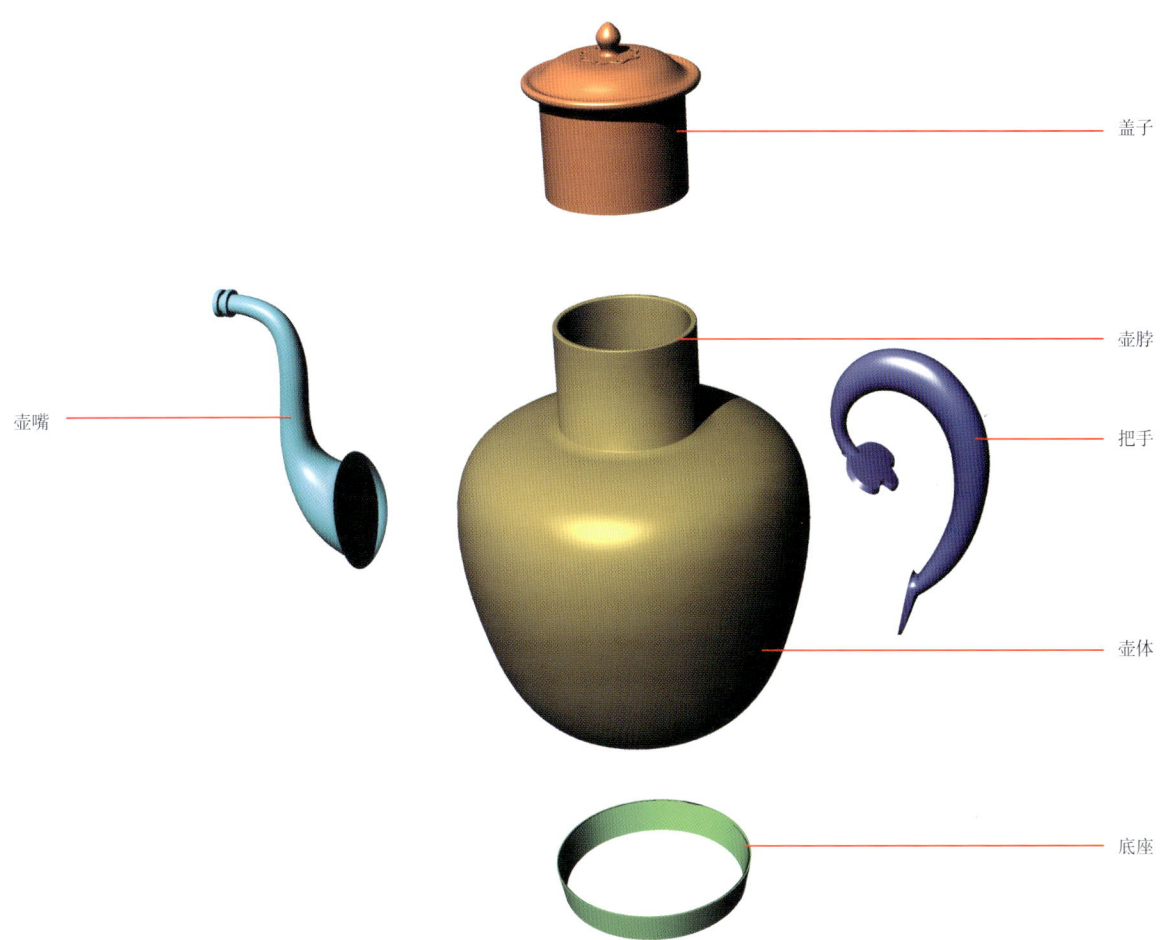

图八　撒拉族铜茶壶结构名称图

图九　撒拉族铜茶壶使用示意图

第三章　撒拉族传统餐饮

撒拉族铜火壶

图一 撒拉族铜火壶主图

撒拉族人有喝茶的习惯，铜火壶是他们重要的饮茶器具。该器具结合了茶壶和加热炉两种功能。撒拉族人在家喝茶或节日待客时，可用铜火壶直接煮茶，待茶煮好后直接倒入盖碗或茶碗，省去把茶从锅里倒入茶壶的过程。同时，铜火壶的功能还与现代的工夫茶具类似，可以随时对壶中的茶进行加热，有助于茶的保温，符合撒拉族人的饮茶习惯，使喝茶变得从容不迫，增加了人与人之间交流的时间。

本案例所选用的铜火壶由壶体、烟囱、炉膛、壶嘴、把手、底座、烟囱盖、壶体盖、炉膛滤网等几个部件组成，经由铜匠选用铜片敲打成型，并在接合处采用焊接工艺焊接。

该器具通高40厘米，壶体最宽处直径20.6厘米，壶口直径15厘米，烟囱口直径7.5厘米，壶体高度16.8厘米，底座高度5.5厘米。

该铜火壶底座为三条腿结构，且直径比壶体大一些，形成比较稳定的支撑。壶体的直径上大下小，变化均匀，呈现出饱满圆润的外形，又与烟囱形成了两个空腔，一个是内腔炉膛，一个是外腔茶水室。内腔炉膛用于添加木炭等进行加热，外腔用于储存茶水。烟囱与壶体嵌套部分直径不变，到了顶部直径逐渐变小，但变化缓慢。煮茶时，烟囱与茶水直接接触，炉膛中木炭产生的热量通过烟囱均匀地传递给茶水，提高了茶水加热的效率。把手的设计符合人机工程学，方便单手提起倒出茶水，且一般会在把手上缠绕一定隔热材料，降低倒茶时把手的表面温度。

煮茶时，先往铜火壶的茶水室中加注茶水，然后从烟囱口上加入木炭，接着点火。根据茶水的加热需求，不断添加燃料，并及时把炭灰从炉膛中清理出来。如果需要降低温度，只需把烟囱盖上，减少氧气的输入量，便可控制火苗；反之则开启烟囱盖，加大氧气输入。这就是该铜火壶的精妙之处，既方便加热和控温，且使用便捷，充分反映了撒拉族工匠的智慧。

图片来源
图一　贾庭伟　制图
图二至图十一　蔡克中　制图

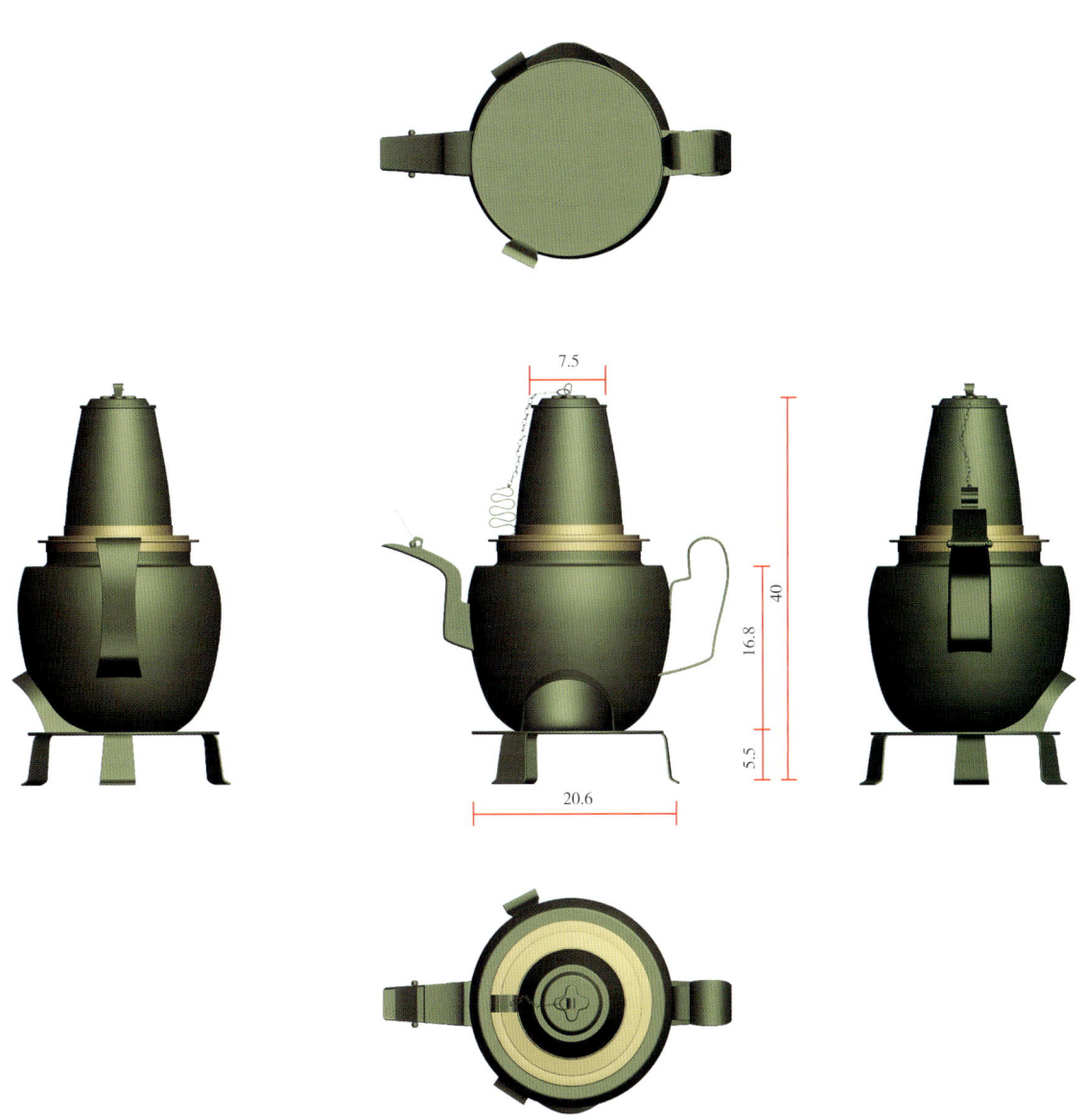

图二　撒拉族铜火壶五视尺寸图（单位：cm）

图三　撒拉族铜火壶线描图

图四　撒拉族铜火壶剖视图

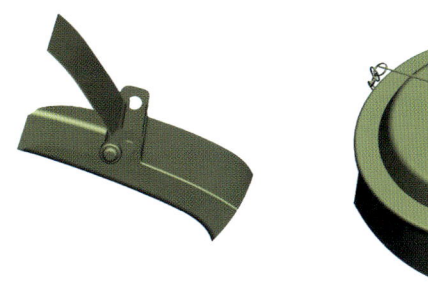
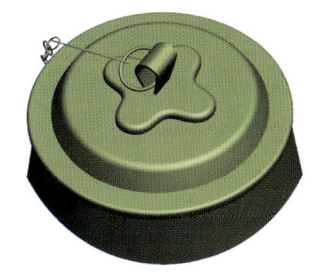

图五 撒拉族铜火壶细节放大图

- 烟囱盖
- 烟囱
- 壶体
- 把手
- 壶嘴
- 炉膛
- 炉膛滤网
- 底座

图六 撒拉族铜火壶结构名称图

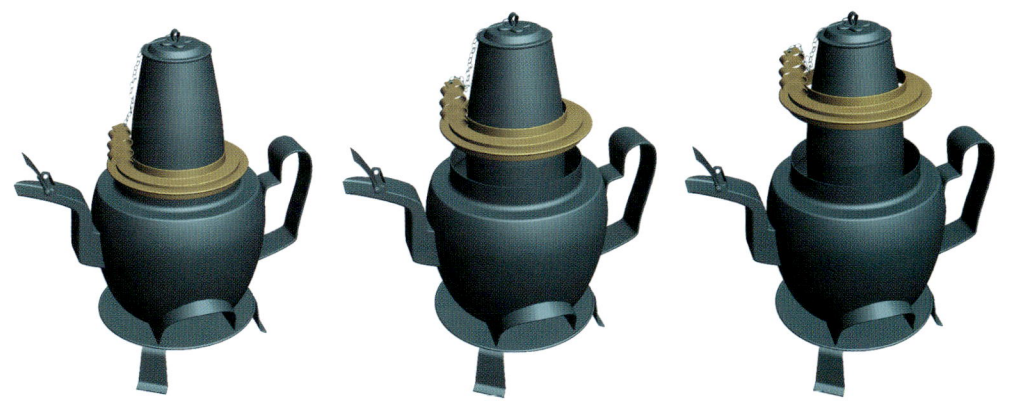

图七 撒拉族铜火壶展示图

第三章 撒拉族传统餐饮

095

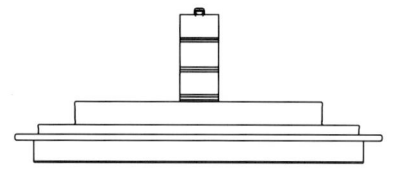

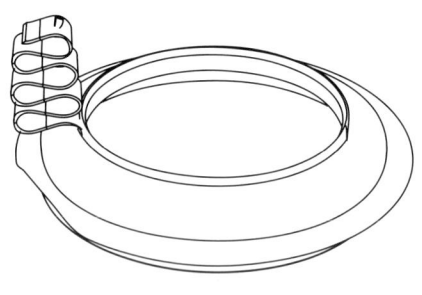
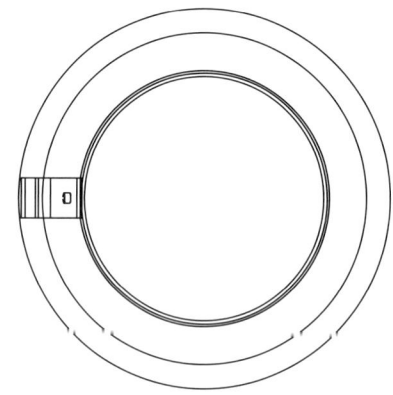

图八　撒拉族铜火壶大盖子分析图

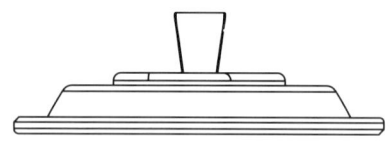
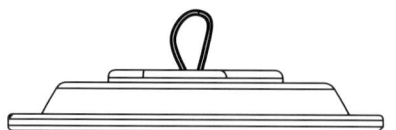
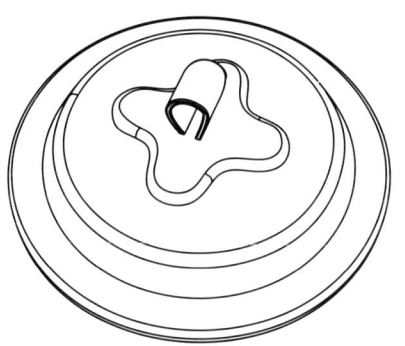
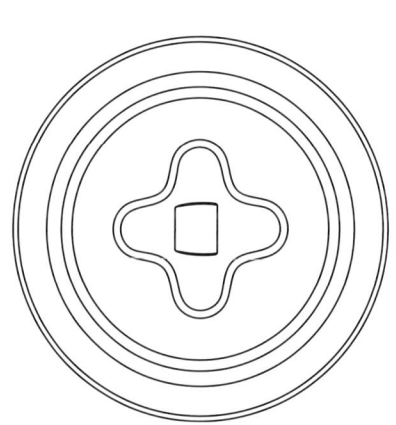

图九　撒拉族铜火壶小盖子分析图

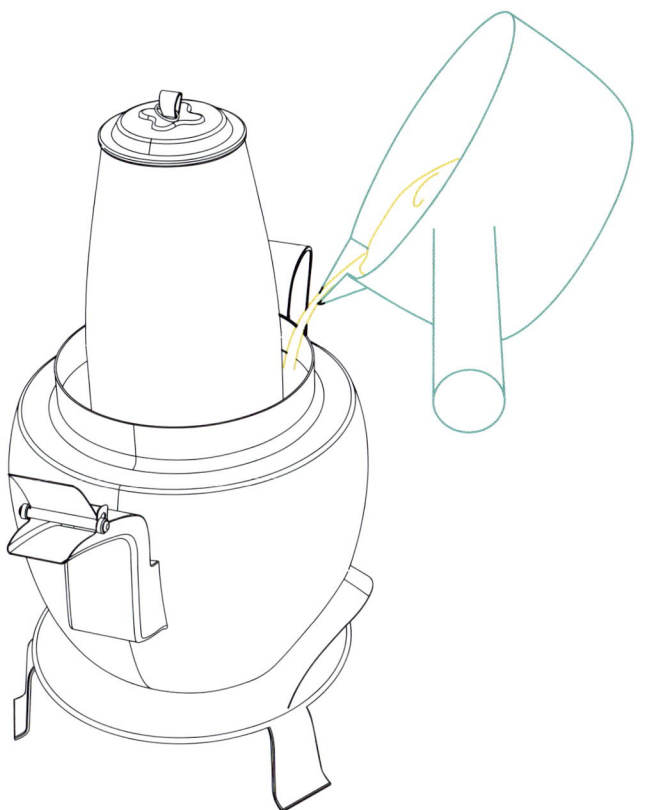

图十　撒拉族铜火壶加水示意图

图十一　撒拉族铜火壶倒水示意图

第三章　撒拉族传统餐饮

撒拉族麦茶罐

图一　撒拉族麦茶罐主图

麦茶是颇受撒拉族男女老幼青睐的饮品，家家都有火壶和盖碗等茶具。本案例为盛放麦茶的陶罐，属日常用品，一般置于客厅显眼处，用来招待客人。该陶罐直径约18厘米，高约20厘米，体量较大，符合麦茶用量较大的特征；有分离式盖子，盖子的密封性较好，便于麦茶的长期保存；外表面有简单的几何线条、图案装饰，属伊斯兰风格；底座较大，呈圆台状，稳定性较好，并在造型上与盖子的上部形成呼应，使陶罐成为一个有机的整体；外轮廓曲线流畅、变化生动且富有节奏感，使得罐体丰腴的造型不至于臃肿。总体而言，该器具使用方便，功能性较好，造型优雅、圆润，色彩、光泽、肌理都呈现出陶瓷的自然之美，装饰方面则体现了伊斯兰特征，是一款优秀的实用性设计。

麦茶是用半熟的麦粒熬制而成，有一定的保健功效，颇受撒拉族人的喜爱。与汉族常饮用的绿茶、红茶的不同之处在于，它的用量较大，保存方式也有区别。

解读麦茶罐的设计，应全面考虑它的功能、使用环境、宗教信仰等。首先，麦茶需要一个容量较大、密封性较好的器具；其次，麦茶的保存有别于其他茶品，陶瓷材料是一种较好的选择；第三，撒拉族家庭常用麦茶来待客，习惯将茶罐置于客厅显眼处，要求方便取用且具备一定的美观性；第四，撒拉族笃信伊斯兰教，生活中严守教规，器具也应当反映伊斯兰特征。

如此看来，麦茶罐的设计基本满足以上几个要求，达成了预设的设计目标，成为撒拉族家庭生活中的常用器具。

撒拉族麦茶罐的设计简洁大方，比例适中，并无过多的装饰，与现代设计中的"极简主义"有共通之处。盖子的设计充分考虑了麦茶的储存条件，密封性较好，易保持干燥。麦茶罐外表面的装饰简洁，并强调了民族特色，值得现代设计借鉴。

图片来源

图一　蔡克中　摄影

图二至图八　蔡克中　制图

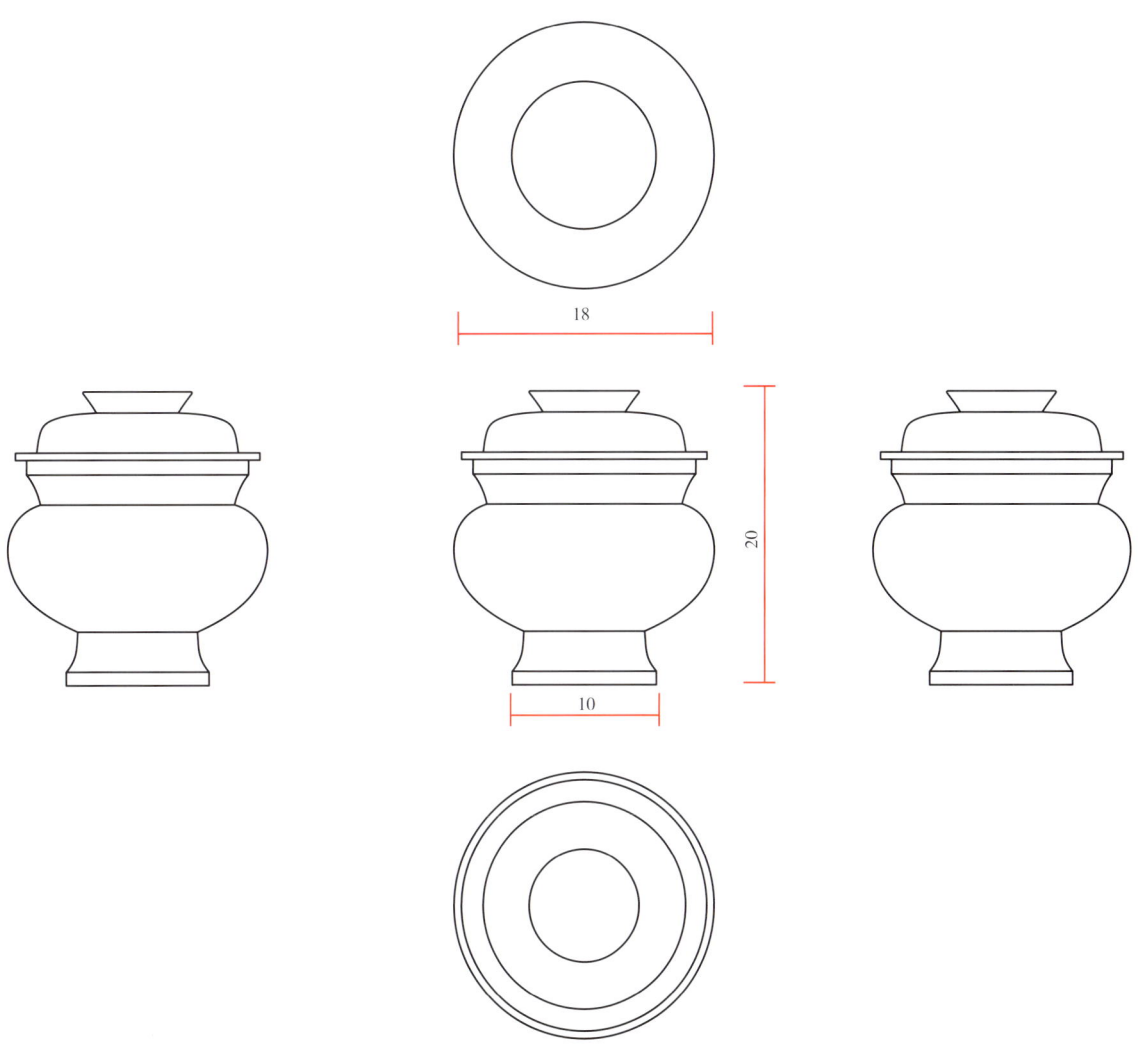

图二　撒拉族麦茶罐五视图（单位：cm）

图三　撒拉族麦茶罐效果图

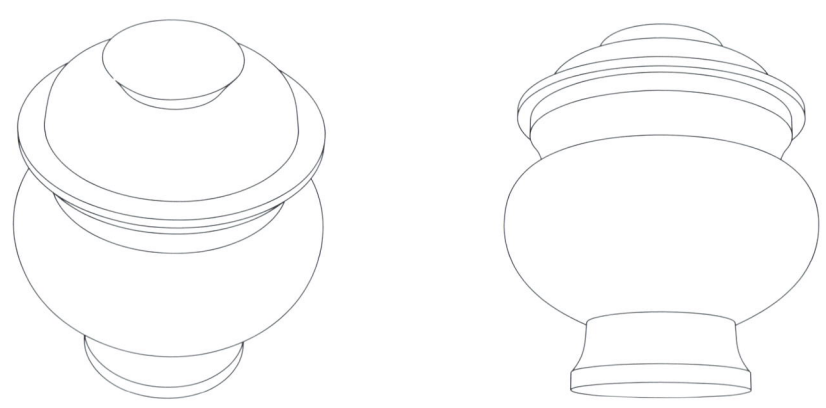

图四　撒拉族麦茶罐线描图

图五　撒拉族麦茶罐打开效果图

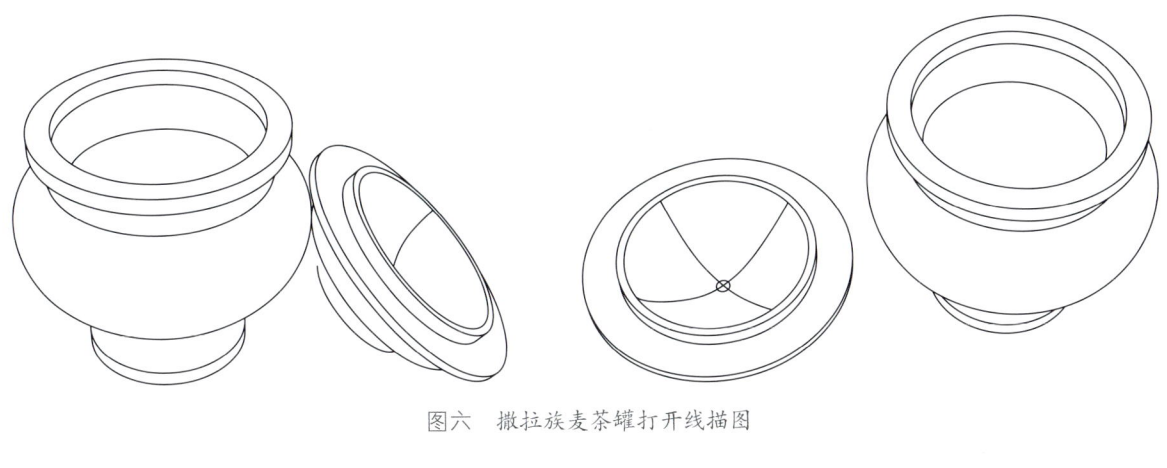

图六 撒拉族麦茶罐打开线描图

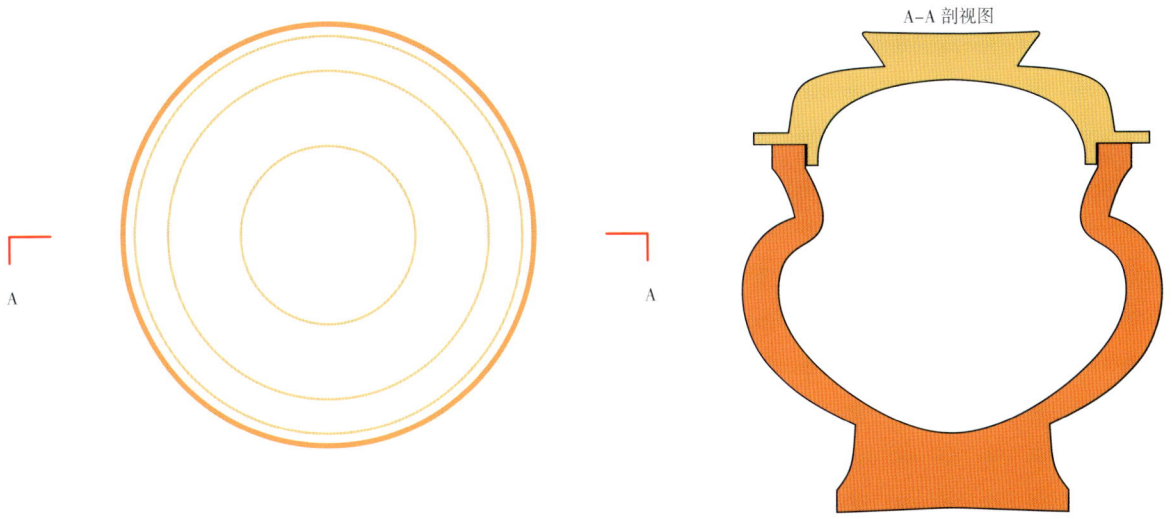

图七 撒拉族麦茶罐剖视图

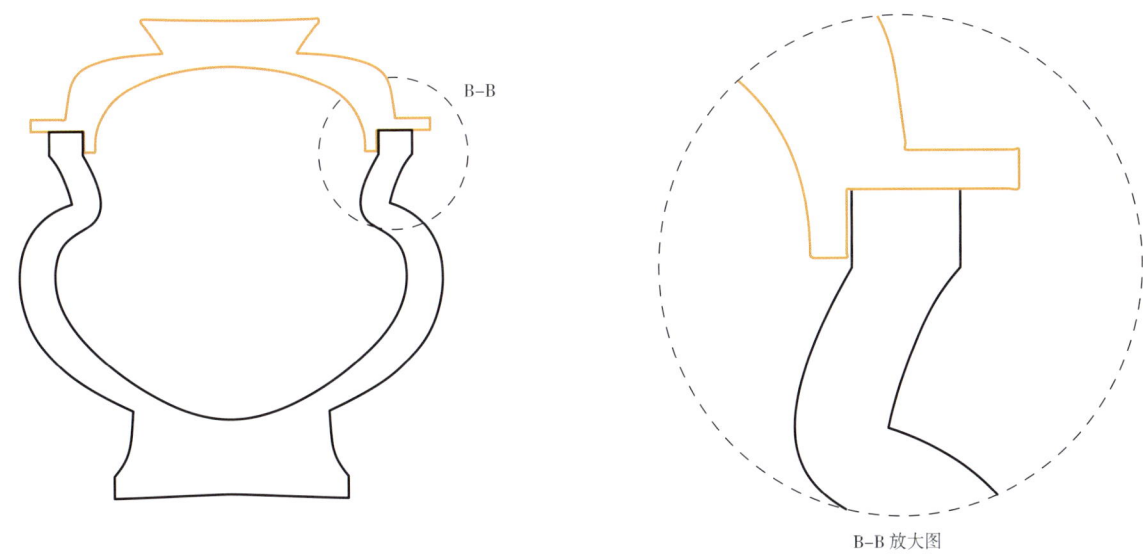

图八 撒拉族麦茶罐局部放大图

撒拉族油搅团

图一　撒拉族油搅团主图

油搅团，撒拉族人常称为"比利买海"，是一种用清油、白面做成的糊状面食品。它是撒拉族重大节日、招待客人或滋补身体的佳肴。《循化志》中将其描述为："乃以面用油和成熟散，以盘盛之，遍食之，谓之油交团。"新婚之日，新娘子去婆家的迎送路上，乡亲们会以油搅团加茶相待；时至今日，妇女生孩子坐月子，仍会吃油搅团滋补身体；有客人到来时，主人也会精心制作油搅团，盛情款待。由此可知，油搅团在撒拉族人的日常生活中是非常重要的。

油搅团看似简单，但是要做出正宗的口味可不容易，从面粉的选择到配菜都颇为讲究。制作油搅团有两种方法，简便做法是先将油倒入锅内，烧热后用小碗盛出；另将白面在锅里炒熟，加点开水搅拌，焖上几分钟后，打开锅盖，倒入烧好的清油，再焖上一会儿，即可食用。另外一种比较讲究的做法是使用农家的柴火灶台，这样受热才更均匀。灶台上架锅，锅中加入少许清水煮沸，将面粉均匀地倒入锅中，一边倒面粉，一边用擀面杖不停地搅拌，直至面糊呈团状时，盖上锅盖。与此同时，另外用锅热清油，清油烧热后倒入搅团中，再次搅拌。搅好，盖上盖儿焖熟之后，将搅团盛出，撒上红糖或白糖，即可食用。油搅团，关键在于一个"搅"字，要搅得非常均匀，越均匀越好，不能有疙瘩。搅拌过程中灶火不可太大，以防煳锅底，一旦糊锅，整锅搅团就有焦煳味，不能食用了。

吃搅团时，一般还会另外准备辣椒、蒜、

汤菜等配菜。撒拉族人品尝油搅团时常以三个手指捏拢抓食，颇为独特。婚宴时食用油搅团，一般男子在先，女子随后，席地而坐，随到随吃。

油搅团的制作体现了撒拉族人对美食的热爱，也充分反映了撒拉族人在制作美食方面的智慧。小小的油搅团彰显了撒拉族人对清真食品的追求。

图片来源
图一　周崇崇　制图
图二至图八　蔡克中　制图

参考文献：
（清）龚景瀚.循化志·卷七·风俗[M].西宁：青海人民出版社,1981:291.

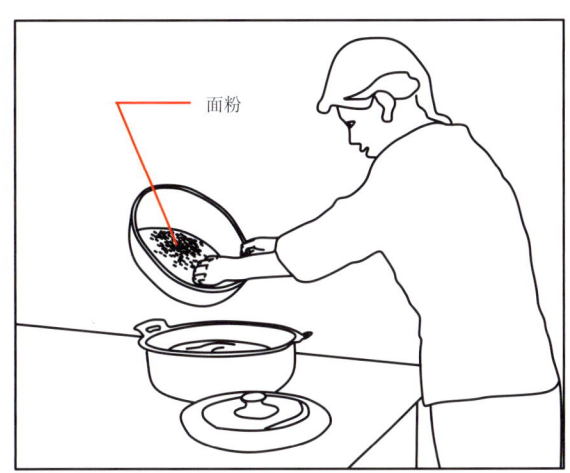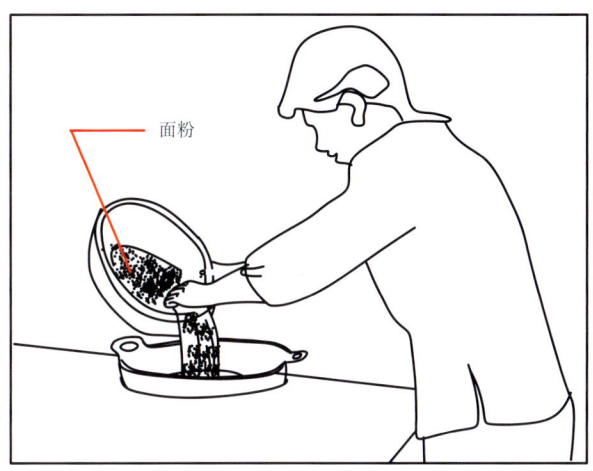

图二　撒拉族油搅团制作示意图·抓面粉

图三　撒拉族油搅团制作示意图·加水搅拌

图四 撒拉族油搅团制作示意图·热油

图五 撒拉族油搅团制作示意图·浇油前搅拌

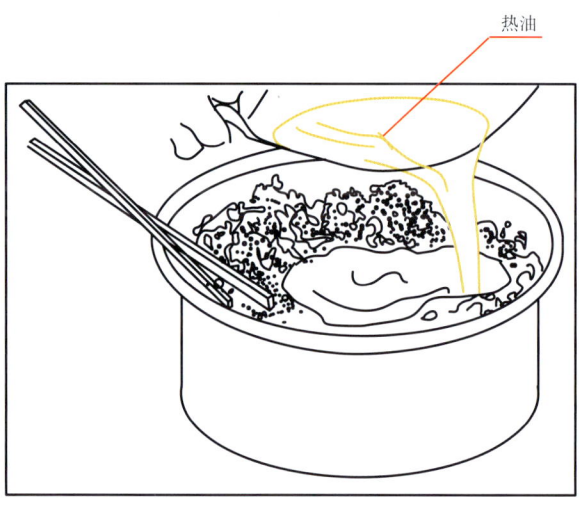

热油　　　　　　　　　　　　　　热油

图六 撒拉族油搅团制作示意图·浇油

图七　撒拉族油搅团制作示意图·浇油后搅拌

图八　撒拉族油搅团制作示意图·出锅

撒拉族油香

图一　撒拉族油香主图

　　油香是撒拉族人非常喜爱的食品之一，每逢重大节庆日，家家都要煎炸油香，自己食用或者相互馈赠。有些家庭，遇上红白喜事，也会炸油香。客人到访时，制作油香，以示尊重。撒拉族人不称之为炸，一般说下油香或者澈油香。过去，撒拉族姑娘待嫁之时通常都会学好三件事：刺绣、口弦和厨艺。学好刺绣可以给婆家的男性制作鞋垫等用品，学口弦是为了与丈夫拉近距离、促进感情，学好厨艺则可以在婆家安身立足。而油香自然是衡量主妇厨艺的一个重要标准。

　　撒拉族是一个热情好客的民族，对于到访的客人，主人都会盛情款待，其中最常见的待客菜品就是油香。客人来家以后，撒拉族人家首先会让客人慢慢地品茶，接着端来炸好的油香，客人会觉得倍感亲切。

　　油香的制作过程并不复杂，但要做好一盘可口的油香也要花费许多心思。首先在面粉中加入适量的开水，并搅拌让它成为"烫面团"；待面团凉后加入"发面角子"或酵母粉，放置一段时间；面团充分发酵后，依次加入碱面、清油、干面粉，并反复搓揉；

根据个人口味，再适当加入白糖、花椒水、盐等，继续揉面；当面团揉得油光发亮，气泡很少时，搁置一段时间，让它二次发酵。如此，油香的揉面环节才告完成。面团揉好后，切成大小相等的剂子，然后擀成厚度大约1厘米、直径13厘米左右的薄面饼，并在中间划上两道短口（油香和汉族的油饼外形类似，区别在于油饼的中间通常是圆孔）。锅中放油，待油烧热后，放入面饼，炸至两面都鼓起焦黄后，即可出锅。

总体而言，油香的制作难点，一是在于和面环节讲究"三光"，即面光、手光、盆光。也就是说，和好面后，面团要筋道光亮；手要干净，不能沾太多面粉；和面的盆也讲究干净、光亮。二是炸制过程中火候的掌握很重要，油温太高，容易炸焦，所以有"慢火炸油香，两面都发亮"的说法。由于炸制技术的重要性，撒拉族家庭在炸油香时，一般会请有经验的人来掌勺。

吃油香也有讲究，一般单手拿油香，另一只手掰着吃，忌讳直接咬。

油香的制作反映了撒拉族人对食物加工的精益求精，也体现了他们热情好客的品质，对于研究撒拉族的民俗有重要的参考价值。

图片来源
图一　白艳明　摄影
图二至图十　周崇崇　制图
图十一　杨玉董　制图

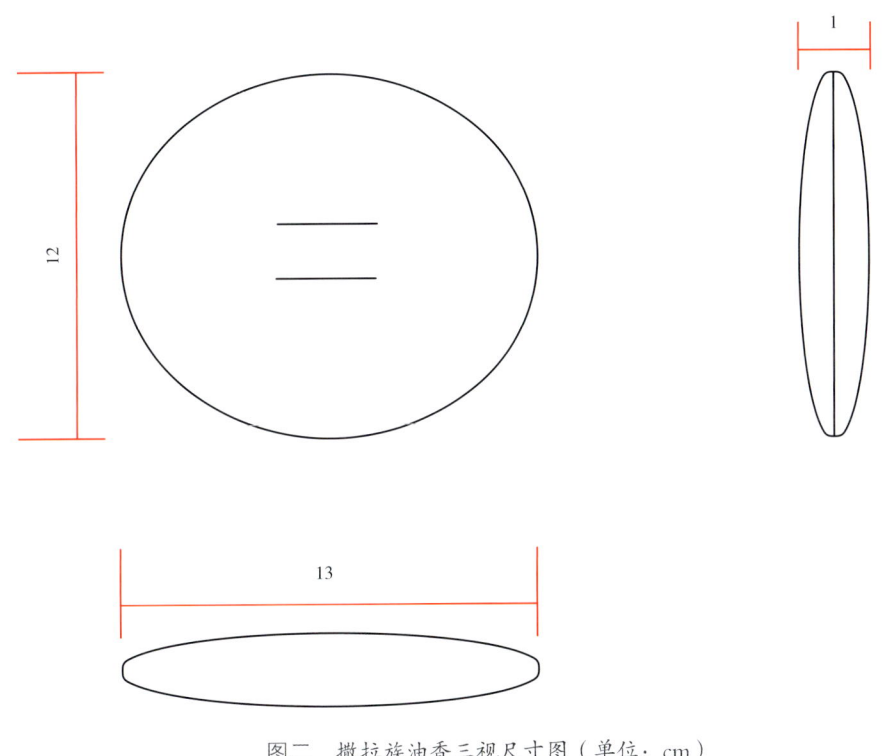

图二　撒拉族油香三视尺寸图（单位：cm）

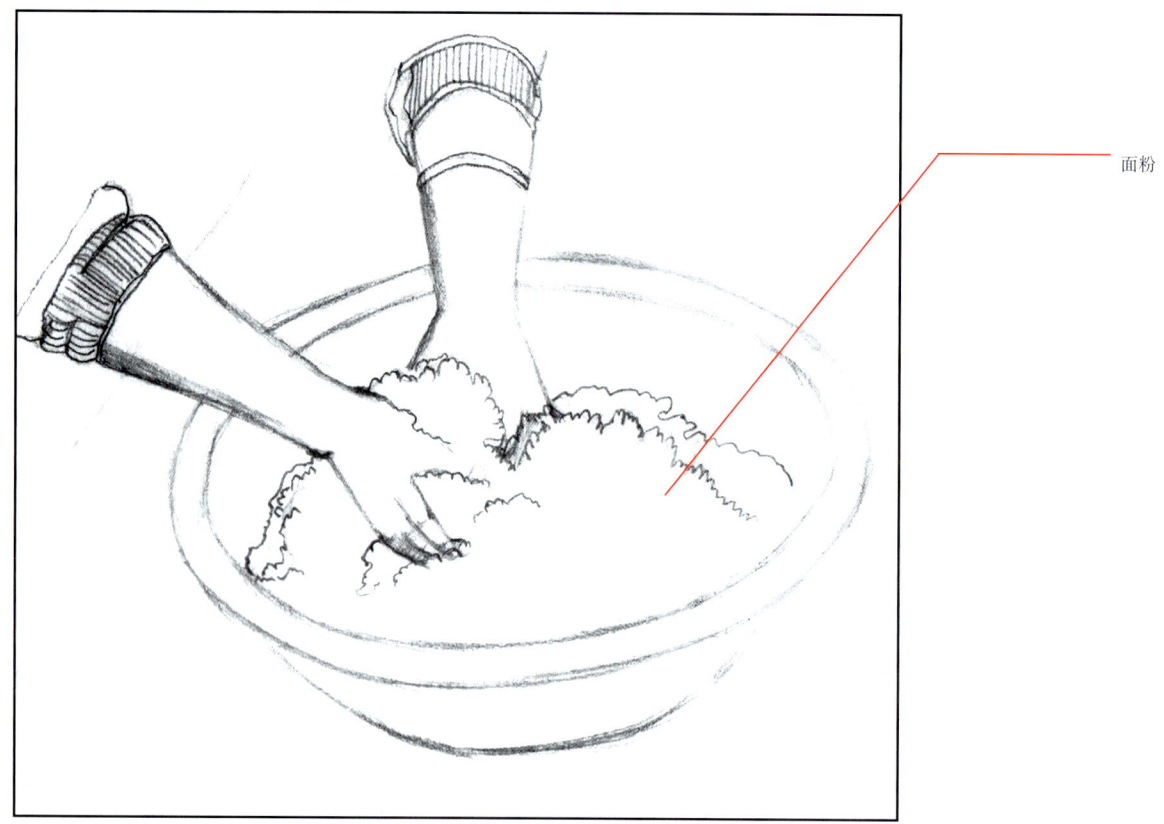

图三　撒拉族油香制作过程示意图·抓粉

面粉

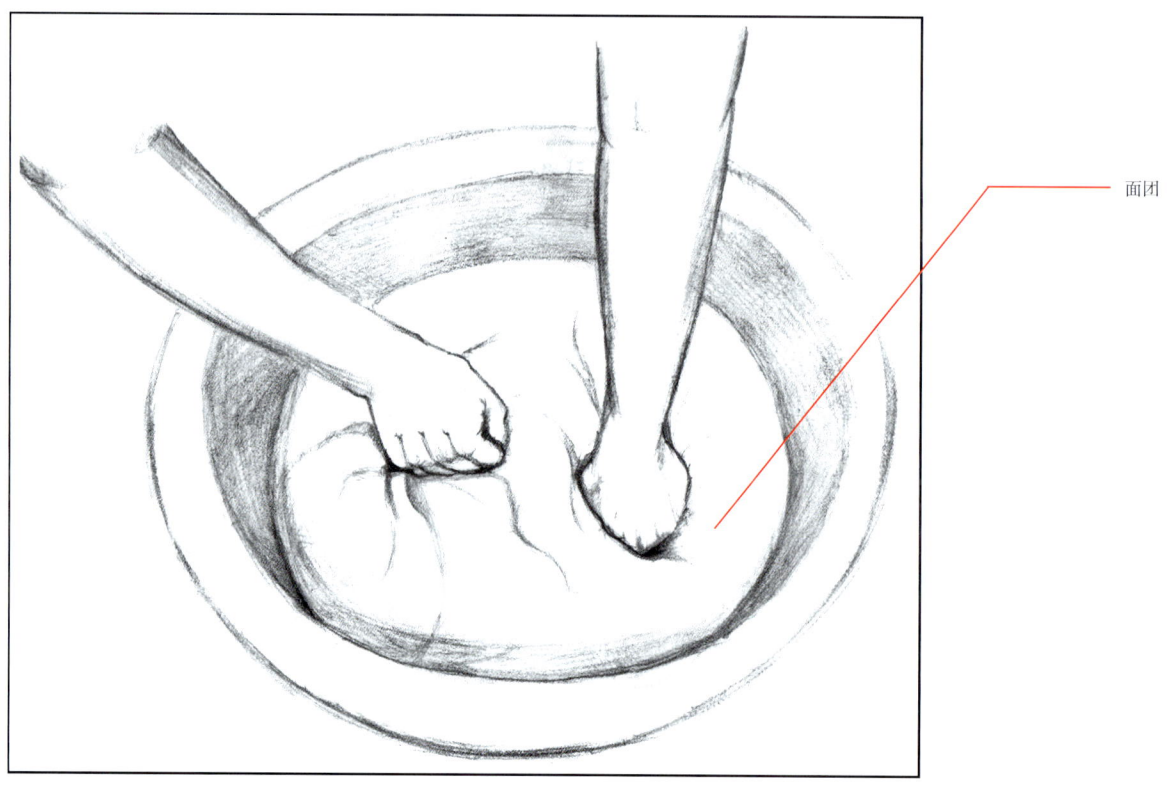

图四　撒拉族油香制作过程示意图·和面

面团

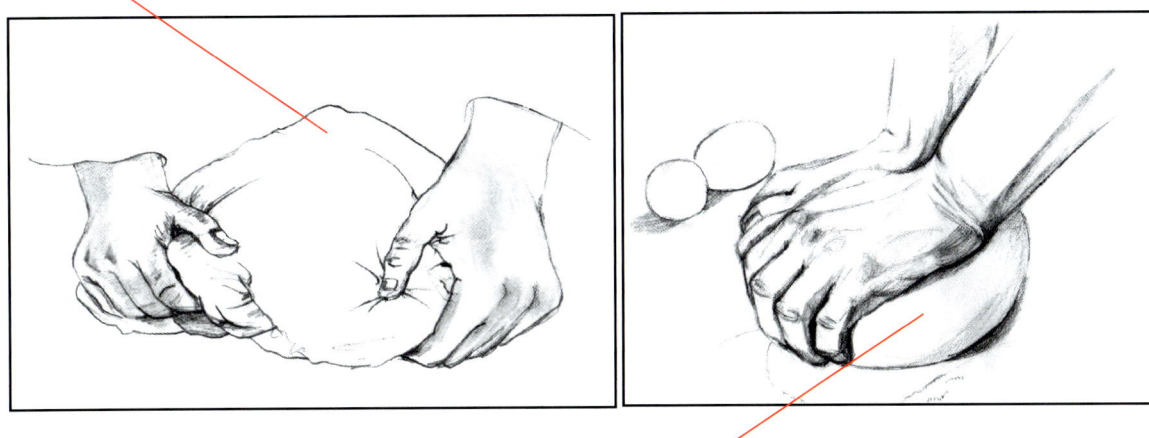

图五　撒拉族油香制作过程示意图·揉面

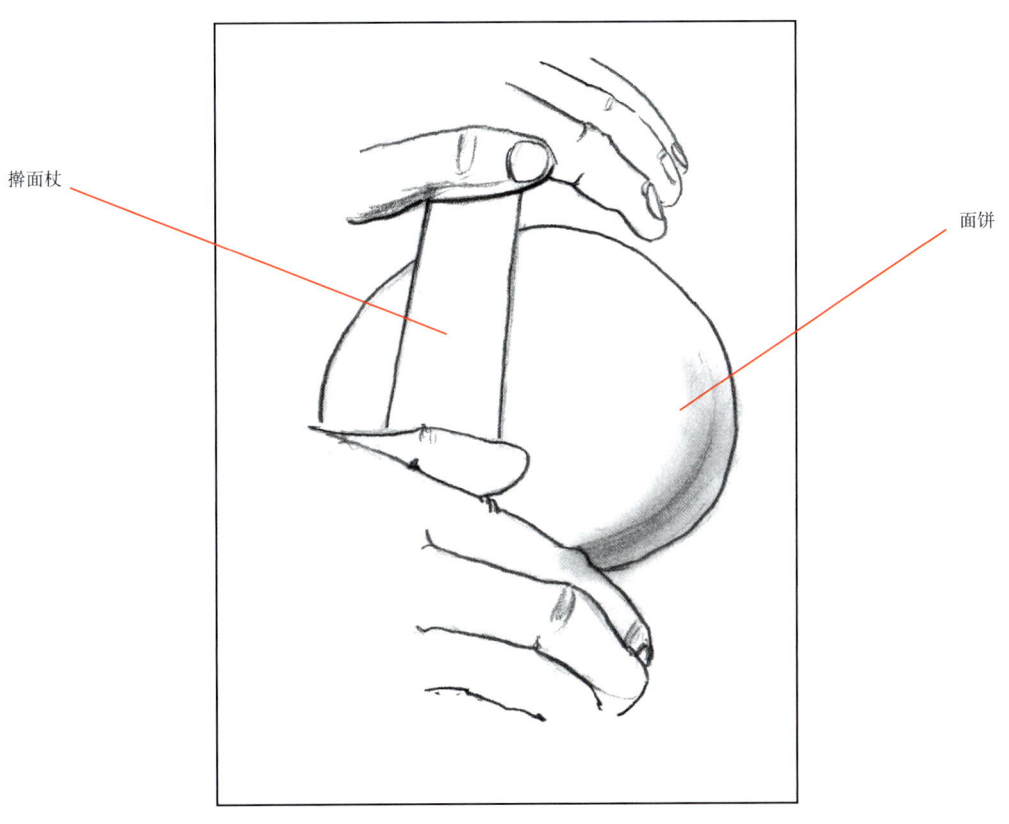

图六　撒拉族油香制作过程示意图·擀面饼

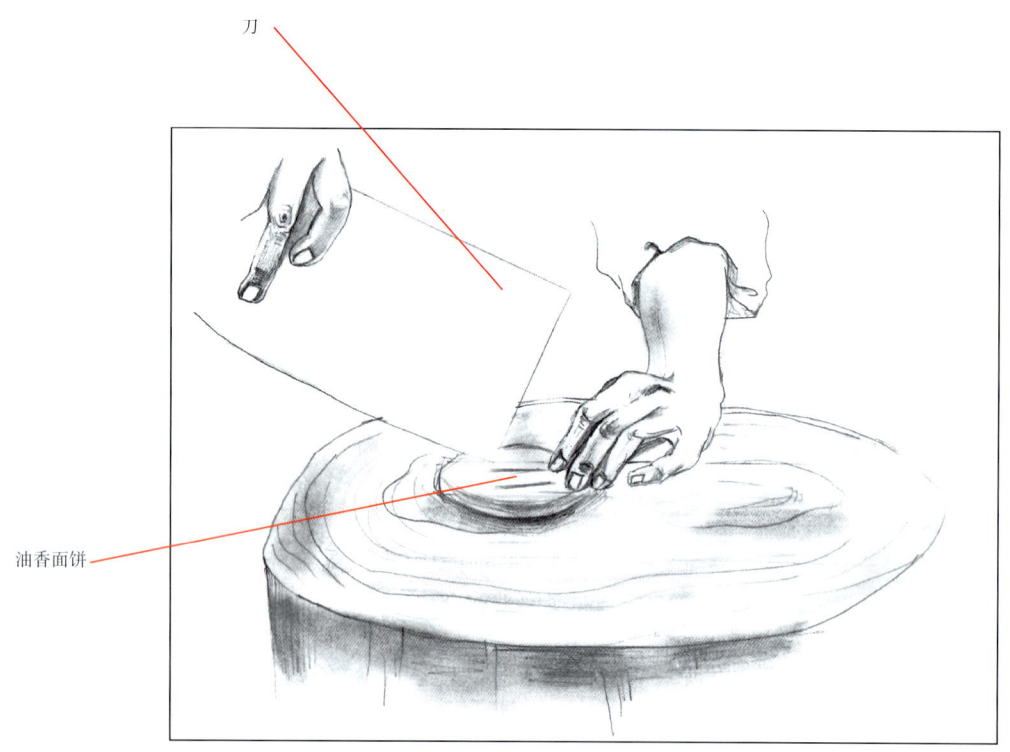

图七　撒拉族油香制作过程示意图·切中缝

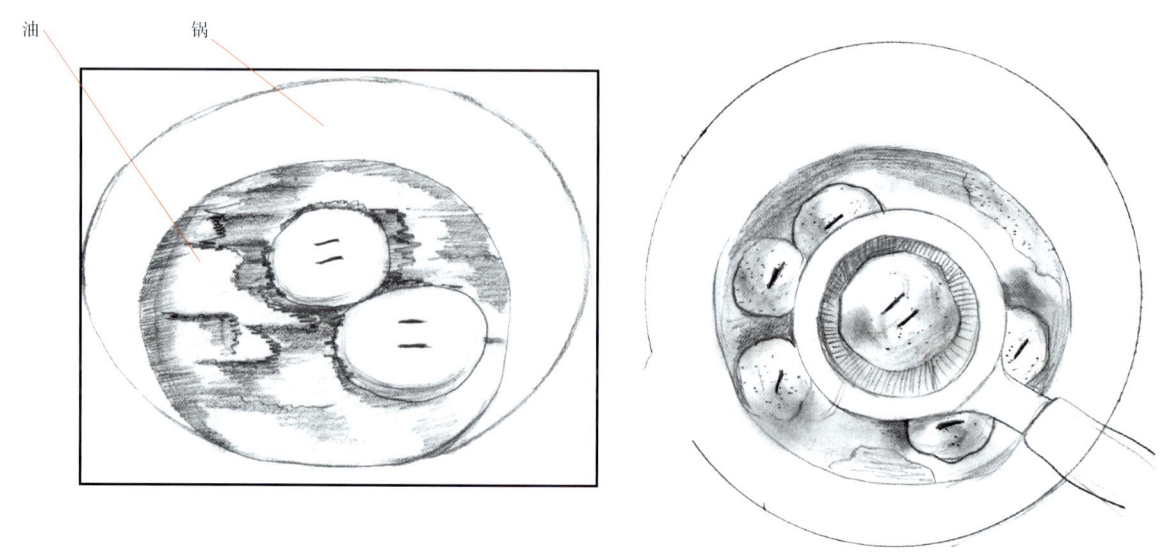

图八　撒拉族油香制作过程示意图·炸制　　　图九　撒拉族油香制作过程示意图·捞出

图十 撒拉族油香制作效果图

图十一 撒拉族油香效果图

第三章 撒拉族传统餐饮

111

撒拉族馓子

图一　撒拉族馓子主图

馓子是撒拉族的传统美食之一，古称"环饼""寒具"，其制作最早始于北朝，距今已有1400多年的历史。每逢重大节日，以及婚丧嫁娶等大事，撒拉族家庭都会炸制馓子，用来招待客人、馈赠亲友。《循化志》谈及撒拉族婚礼时说："其送亲男眷不入门，环坐野地，婿家以牛肉、馍馍、油面疙瘩、馓子饷之。"如今，制作馓子已成为撒拉族的民俗之一。

馓子是一种油炸食品，造型独特，色泽金黄，口感上佳。其制作较为简单，选取上好的面粉加入盐水、鸡蛋，也可加入调料，反复揉压，和成面团，饧一个小时。和面时劲道要大，这样做出的馓子酥脆还不失嚼头。面团饧好后，将其搓成筷子粗细的长条，抹上少许食用油，放入盘中二次饧面。待油烧热后，将缠绕成环形的长条放入锅中，炸至金黄色捞出，置于大盘中，馓子的制作即告完成。刚出锅的馓子金黄灿亮，香脆酥咸，让人垂涎欲滴。也正因为如此，馓子得以成为撒拉族待客的重要食品。

客人到访时，主人先掰下一束油馓子递上，然后泡上奶茶或麦茶，这样一来，双方的感情一下就拉近了。此外，馓子不易变质，比较适合长期保存。

由于馓子独特的魅力，西北地区的其他民族，如回族、维吾尔族、东乡族、保安族等，都对馓子青睐有加。汉族也有制作馓子的习俗，不过，汉族一般在腊月底制作，春节时食用，用来招待客人。事实上，馓子已成为穆斯林聚集区各民族团结互助的象征，是节庆日不可或缺的清真食品之一。

馓子的制作反映了撒拉族人热情好客的品质，也体现了他们对于美食的追求。

图片来源
图一　陈俊舟　摄影

图二至图八　周崇崇　制图
图九　杨玉董　制图

参考文献：
(清)龚景瀚. 循化志[M]. 西宁：青海人民出版社，1981.

图二　撒拉族馓子线描图

图三　撒拉族馓子制作过程示意图·揉面

图四　撒拉族馓子制作过程示意图·搓馓子

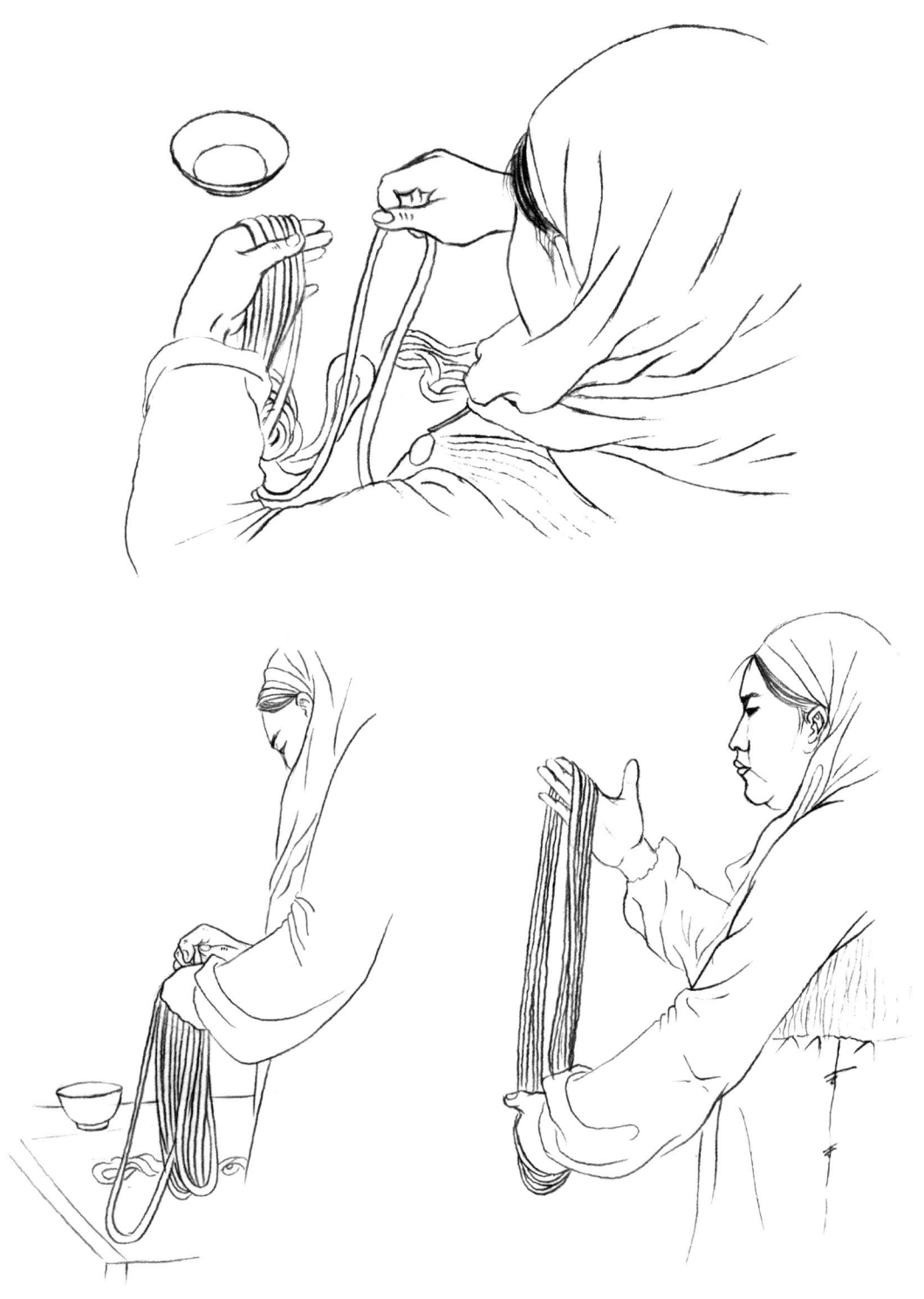

图五　撒拉族馓子制作过程示意图·盘馓子

图六　撒拉族馓子制作过程示意图·下锅

图七　撒拉族馓子制作过程示意图·定型

图八　撒拉族馓子制作过程示意图·捞出

图九　撒拉族馓子效果图

撒拉族麦仁茶

图一 撒拉族麦仁茶主图

撒拉族的日常饮品主要为茶。撒拉族人一般喝清茶或是用炒麦熬成的麦仁茶，此外还有奶茶、盖碗茶、果叶茶等。撒拉族的饮茶习惯与"茶马古道"有关。明朝初年，朝廷实行"折中茶马"制度，甘肃循化县一带即成为茶马交易市场，商贸活动十分活跃。当时在河州设立茶马司，即今天的积石山县大河家镇积石关。"积石关，明初于（河）州置茶马司，此为市易之处，有官军驻守"，由此，积石关成为循化一带少数民族各部交易茶马等货品的集市。这一制度始于明洪武四年（1371），清雍正十三年（1735）结束，时间跨度超过360年。在这段漫长的岁月中，两朝政府不断将大量的茶叶、丝绸等运往这里，与西方诸部落运来的马匹进行交易，贸易人群络绎不绝。在长期的商贸活动中，撒拉族逐渐接受了茶叶，并成为一种饮食习惯，保持至今。

大麦是循化一带盛产的农作物，于是，撒拉族人就地取材，将大麦制成麦仁茶。麦仁茶的制作比较简单，先将麦仁炒至半熟，擀碎后加入炒熟的苦杏仁、茴香等，也有加茯茶的，然后放入茶罐熬制而成，饮用时一般会加少许盐。麦仁茶的茶汤颜色金黄，口感甘甜，有一股浓郁的麦香，是一款优质的茶品。研究表明，麦仁茶含有19种以上氨基酸、17种微量元素，还富含多种蛋白质、维生素等。常饮麦仁茶，具有一定的保健功效,如帮助消化,止泻;生津止渴;茶水中加入糖分,健胃消食;养胃气,去除隐痛。由此可见,对麦仁茶的偏爱,也是撒拉族人的一种养生之道。日常生活中,撒拉族人还会饮用清茶、奶茶、盖碗茶等,不过最受喜爱的还是麦仁茶。

撒拉族是一个好客的民族,客人到家后,主人一般会奉上一碗热气腾腾的麦仁茶,在品茶的过程中,双方的交流逐渐融洽。

麦仁茶的制作体现了撒拉族人对中国传统茶文化的传承与创新,麦仁茶的浓香里折射着撒拉族人对生活的热爱,对美好生活的向往。

图片来源
图一　白艳明　摄影
图二至图七　蔡克中　制图

参考文献:
(清)龚景瀚.循化志·卷二·关津[M].西宁:青海人民出版社,1981.

图二　撒拉族麦仁茶制作过程示意图·筛选

图三 撒拉族麦仁茶制作过程示意图·烘炒麦仁

图四 炒后麦仁展示图

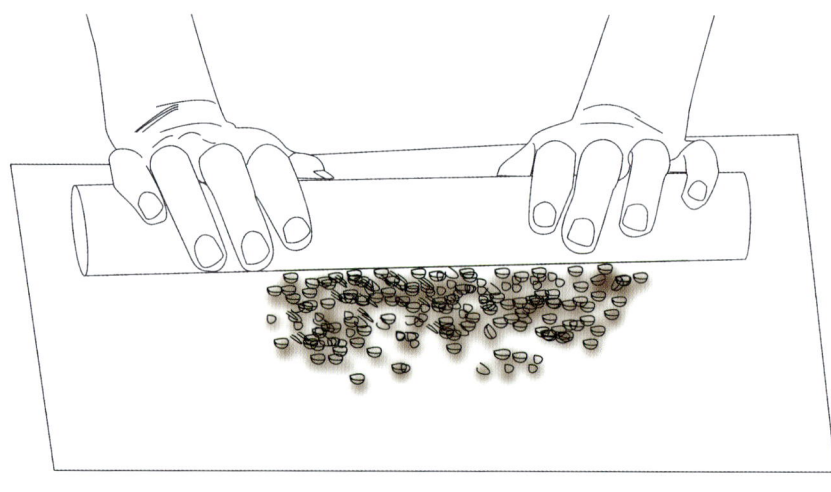

图五 撒拉族麦仁茶制作过程示意图·碾麦仁

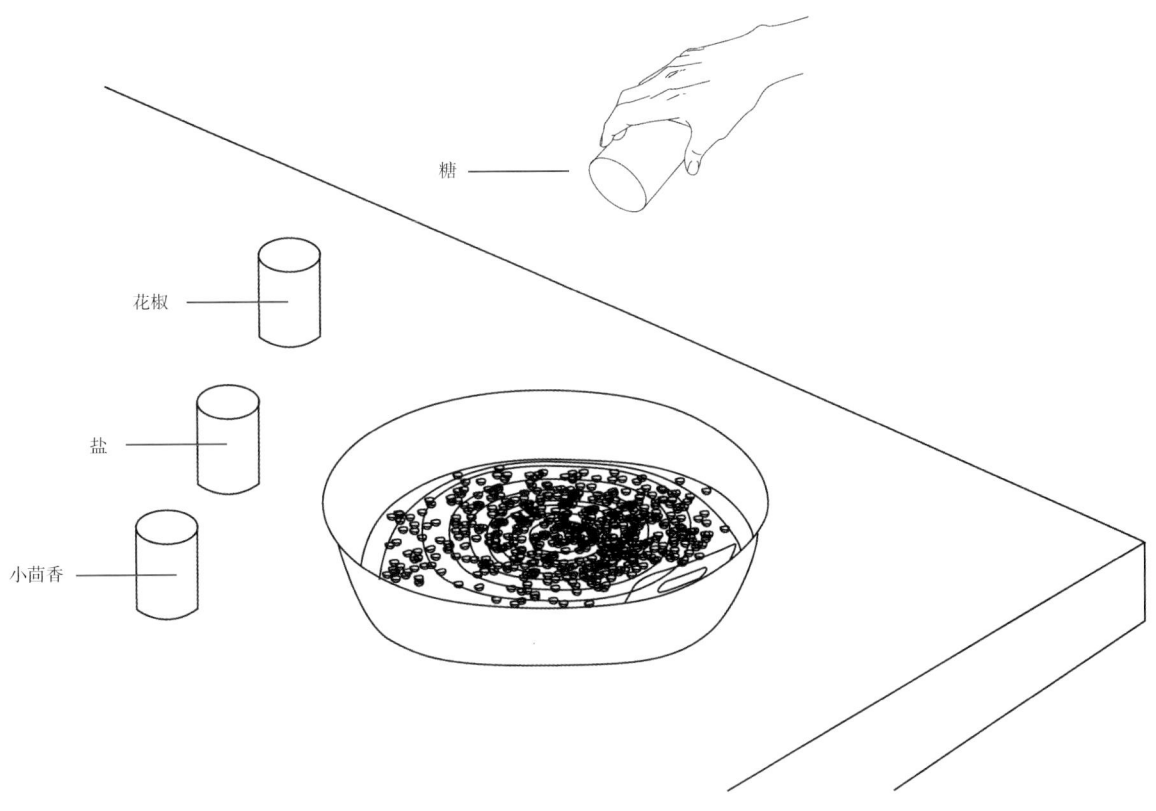

图六 撒拉族麦仁茶制作过程示意图·加配料

图七 撒拉族麦仁茶倒茶示意图

第三章 撒拉族传统餐饮

121

第四章 撒拉族传统生活用具

撒拉族木杵臼

图一 撒拉族木杵臼主图

木杵臼是撒拉族群众制作蒜泥和辣椒面等的常用工具，一般由木杵和木臼两部分组成。

本案例中的木杵长23厘米，直径5厘米，由硬木制成；木臼高23.3厘米，直径20厘米，内有凹槽，凹槽的位置大约在中部，凹槽底部为弧形，这样捣蒜时才平稳，且方便用力。木杵的长度考虑了人手的生理因素，直径适合手握的尺寸，操作舒适。木臼的内壁较厚，凹槽较浅，这样既保证了捣蒜便利，也考虑了长期使用对木臼的磨损，延长了其使用寿命。另外，木质材料的使用保证了蒜泥、辣椒面等食材的品质，也无污染。制作木杵臼较为简单，其中较重要的是木臼的制作，要用小锤将木坯的中间凿出一个凹槽，其间要注意用力适度，防止木臼破裂，影响使用寿命。

用木杵臼制作蒜泥时，将去皮的生大蒜

放入木臼内，一手扶着木臼，另一只手拿木杵，用力在木臼中反复研磨，直至大蒜被捣成蒜泥。大蒜属于辛辣食材，将它捣成蒜泥后有助于提升它的辛辣感，进一步突出它的味觉特点。烹饪食物时，特别是在凉菜中加入蒜泥，口感甚佳。对于经常食用大蒜的撒拉族人来说，一件简便的捣蒜工具就显得很有必要了。

木杵臼除了能捣蒜外，还能捣辣椒面、花椒面、大料面、芝麻等。辣椒面的主料为干辣椒，根据个人口味的不同，还可适当加入熟芝麻、花椒、八角、桂皮、小茴香等，辣椒面的味道也会随之有所变化。制作辣椒面时，首先将干辣椒除蒂；其次，将辣椒烘干；第三步，将辣椒剪成段；最后，将剪好的干辣椒与桂皮、八角、花椒等炒好的原料混合在一起，放入木杵臼中，再加少许芝麻，一起研磨成粉状，颇受撒拉族人喜爱的辣椒面即告完成。蒜泥和辣椒面都是撒拉族人非常喜爱的调料，所以木杵臼的使用率较高。

木杵臼是一种就地取材的设计，制作简单，价格低廉，使用方便，作为撒拉族群众的日常用具之一，解决了捣蒜、捣辣椒面等颇为费时的问题，将烦琐的事情简单化，大大提高了劳动效率。

图片来源
图一　陈俊舟　摄影
图二至图八　谢涛　制图

图二　撒拉族木杵臼结构名称图

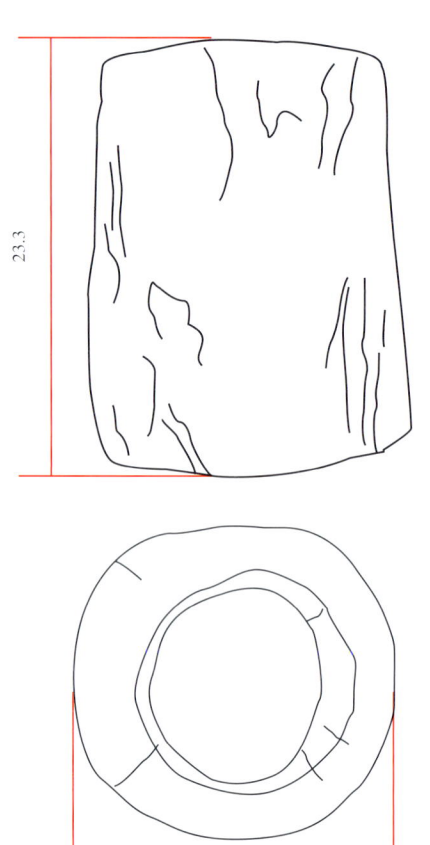
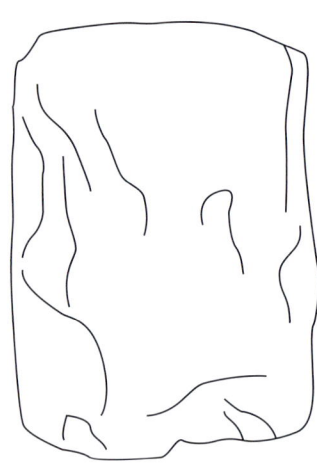

图三　撒拉族木臼三视尺寸图（单位：cm）

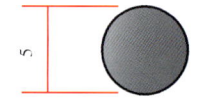

图四　撒拉族木杵三视尺寸图（单位：cm）

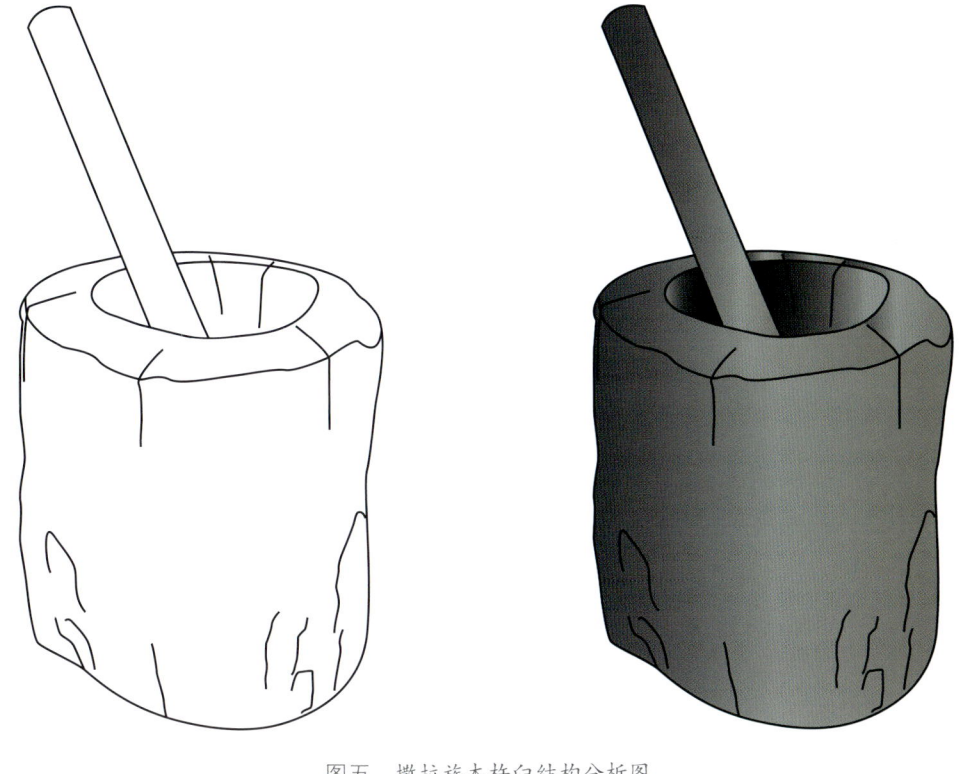

图五 撒拉族木杵臼结构分析图

A-A 剖视图

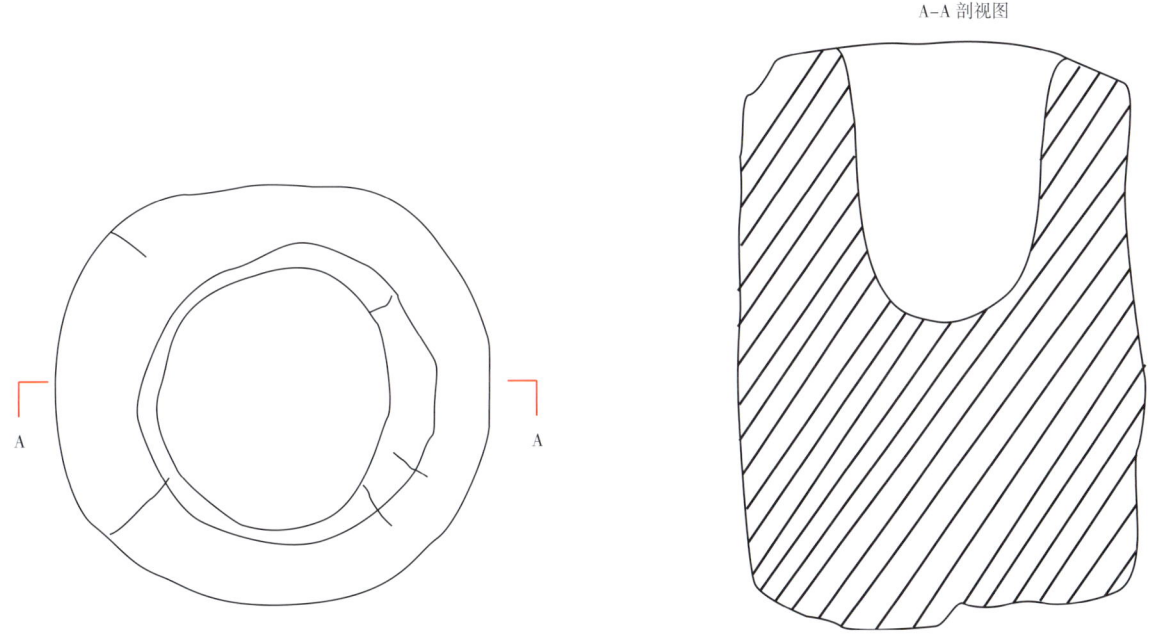

图六 撒拉族木臼剖视图

第四章 撒拉族传统生活用具

127

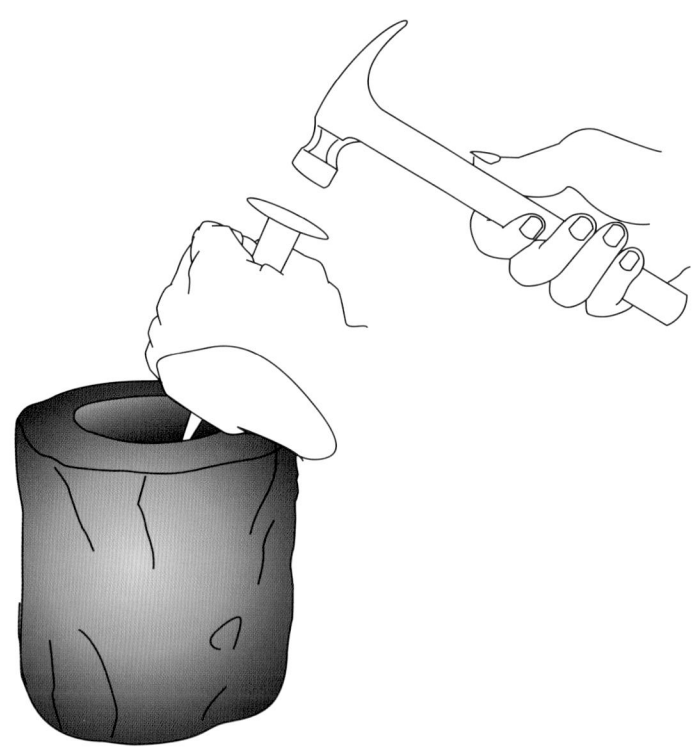

图七 撒拉族木杵臼制作工艺图

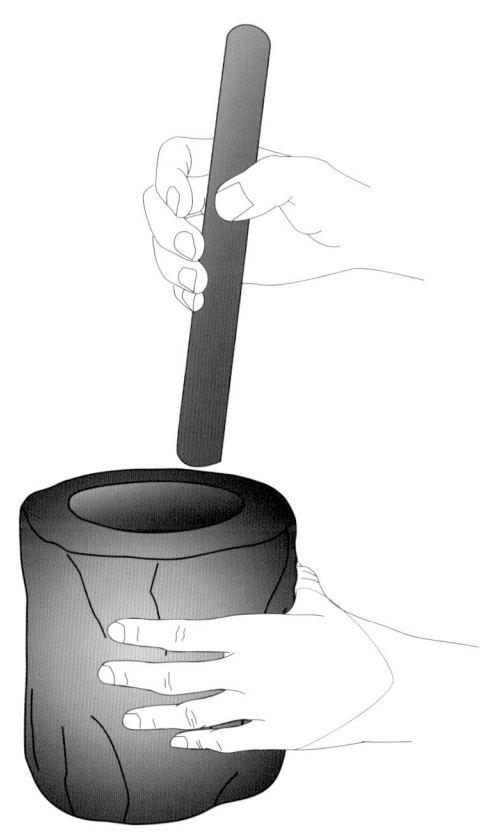

图八 撒拉族木杵臼使用示意图

撒拉族提篮

图一 撒拉族提篮主图

提篮是撒拉族一种常见的劳动工具，使用非常方便。本案例使用竹条编制而成，为撒拉族妇女广泛使用。

据史料记载，人类开始从事农业和畜牧业生产后，食物只要有剩余，就会把它存放起来，自然就需要存放的容器。因此，人类使用石斧等工具砍伐植物的枝条编成篮、筐等器物，以备不时之需。在长期的实践中，人们发现竹子富有弹性，容易开裂，适于编织，且编好的成品坚固耐用。于是，竹子逐渐成为编织器皿的主要材料。撒拉族先民渐渐掌握了这一先进的技术，并将它发扬光大，形成了自己的民族特色。

竹编过程大致可归纳为起底、编织、锁口三道工序，有些还会染色。起底就是做框架；编织过程中，主要以经纬线的方式，横一下竖一下将竹条编在一起，有时还会穿插疏编、插、穿、削、锁、钉等技法，丰富竹编器皿的图案；编好锁口后，假如需要丰富器皿色彩，就将经过染色的竹片穿插其中，作为点缀，起到较好的装饰效果。

提篮的功能主要在于盛放蔬菜、水果等。竹材的特点是较轻，不易变质，编织简单，成本低廉，所以提篮采用竹编工艺是非常合理的。此外，竹编器物便于沥水，能够满足盛放蔬菜、水果等的要求。从提篮的主体部分来看，完美地兼顾了设计感与实用性：编织紧凑，纹路美观，上部的扎口起到了紧固的作用，延长了器物的使用寿命；提手的弧度合理，中间的护手部分保证了提拿、斜挎时的舒适性；提手的圆弧状与提篮的圆润造型保持一致，浑然一体；尺度设计合理，体量大小合适，符合女性提拿的承重范围。

总体而言，提篮是撒拉族一款非常实用的设计，工艺精巧，经久耐用，设计人性化，体现了撒拉族劳动人民的智慧，值得赞扬。

图片来源

图一　蔡克中　摄影
图二至图八　蔡克中　制图

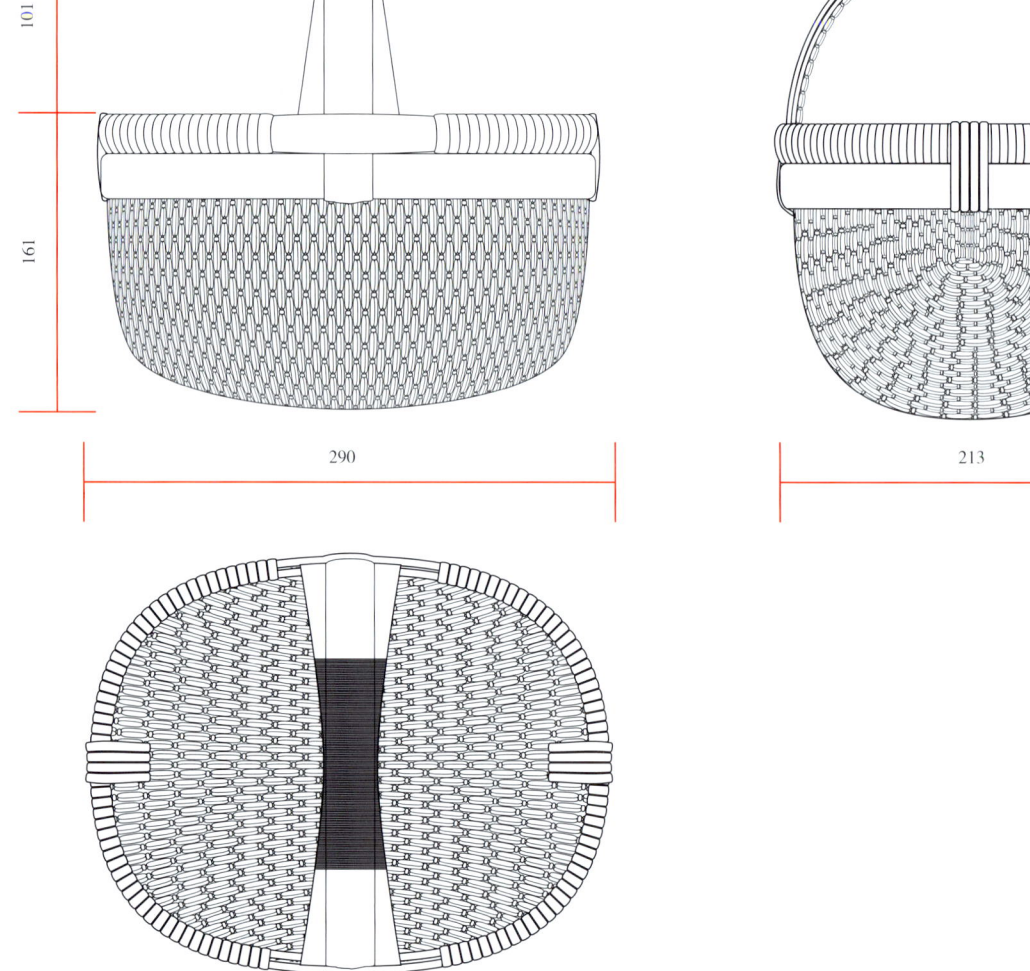

图二　撒拉族提篮三视尺寸图（单位：cm）

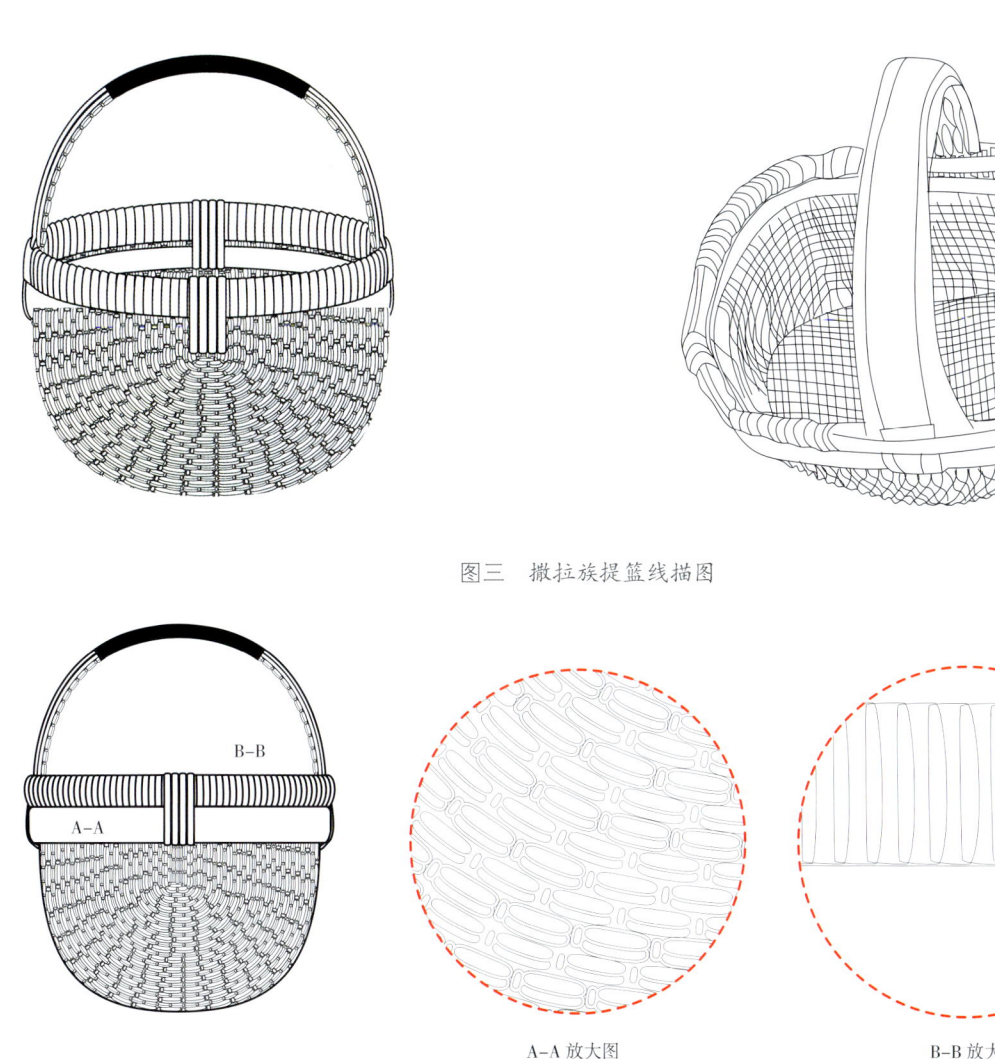

图三　撒拉族提篮线描图

A-A 放大图　　B-B 放大图

图四　撒拉族提篮细节放大图 1

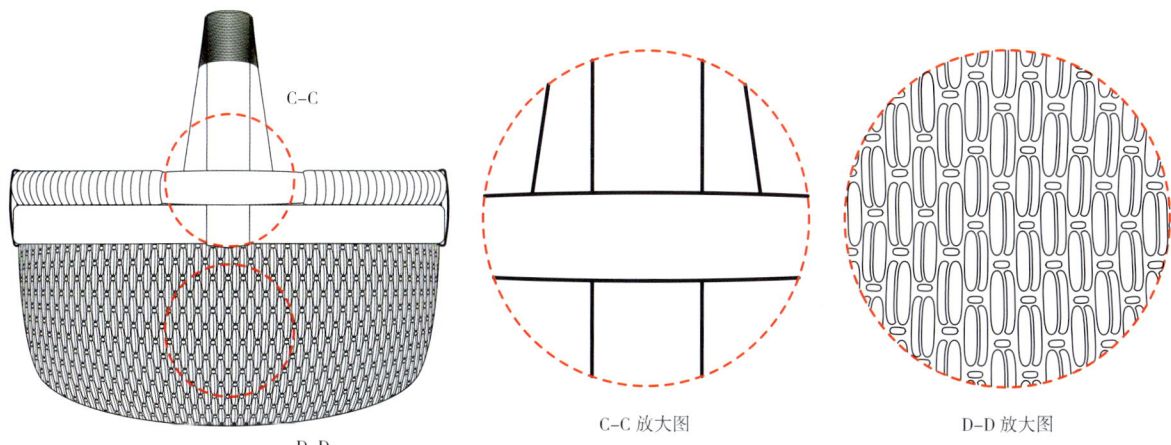

C-C 放大图　　D-D 放大图

图五　撒拉族提篮细节放大图 2

第四章　撒拉族传统生活用具

131

图六 撒拉族提篮效果图

图七 撒拉族提篮装物展示图　　　　图八 撒拉族提篮提拿方式示意图

撒拉族匾

图一　撒拉族匾主图

撒拉族是一个热爱劳动的民族，匾在其日常生活中较为常见。本案例为撒拉族妇女经常使用的匾，直径约35厘米，高约15厘米。

它一般在厨房使用，主要功能是盛放物品，常见于临时盛放面粉等食物。因此，它的主体部分采用较细的篾片编织，结实细密，可以有效防止面粉漏出。另外，竹材的使用，也便于器物的清洗与消毒，比如用沸水消毒或日光消毒后，不变形不开裂。

从设计来看，整体呈球冠状，造型较为圆润，符合女性的审美特征；体量适中，竹材的使用进一步保证了它的轻便，适合女性使用；开口较大，适合存放或取用食物；底部较平整，便于稳定；上端采用较宽的篾片作为扎口，一方面起到了加固的作用，另一方面也增加了手握时的舒适性。

从装饰工艺来看，主体部分纹路的编织与普通的纬度、经度走向不同，纬度方向的篾片统一向扎口集中，纹路细密，较有特色，并与扎口较宽的经线形成对比，丰富了层次感。纹路的形成，既是功能的需要，同时也成为一种装饰，使得器物更为精致。此外，较宽的扎口在造型上对器物形成一种分割，使得器物结构有一定的节奏感。整体几乎没有任何人为的装饰，呈现出一种原生态的美感，符合撒拉族的审美习惯。

匼虽然是撒拉族一件看似不起眼的物件，但它取材自然，成本低廉；编织工艺精巧，经久耐用；体量适中，使用轻便；造型圆润，符合女性的审美心理；整体简洁大方，几乎没有装饰，符合伊斯兰教的审美特征。总而言之，撒拉族匼是一款优秀的实用型设计，体现了撒拉族劳动人民的智慧。

图片来源

图一、图六　白艳明　摄影

图二至图五、图七至图八　蔡克中　制图

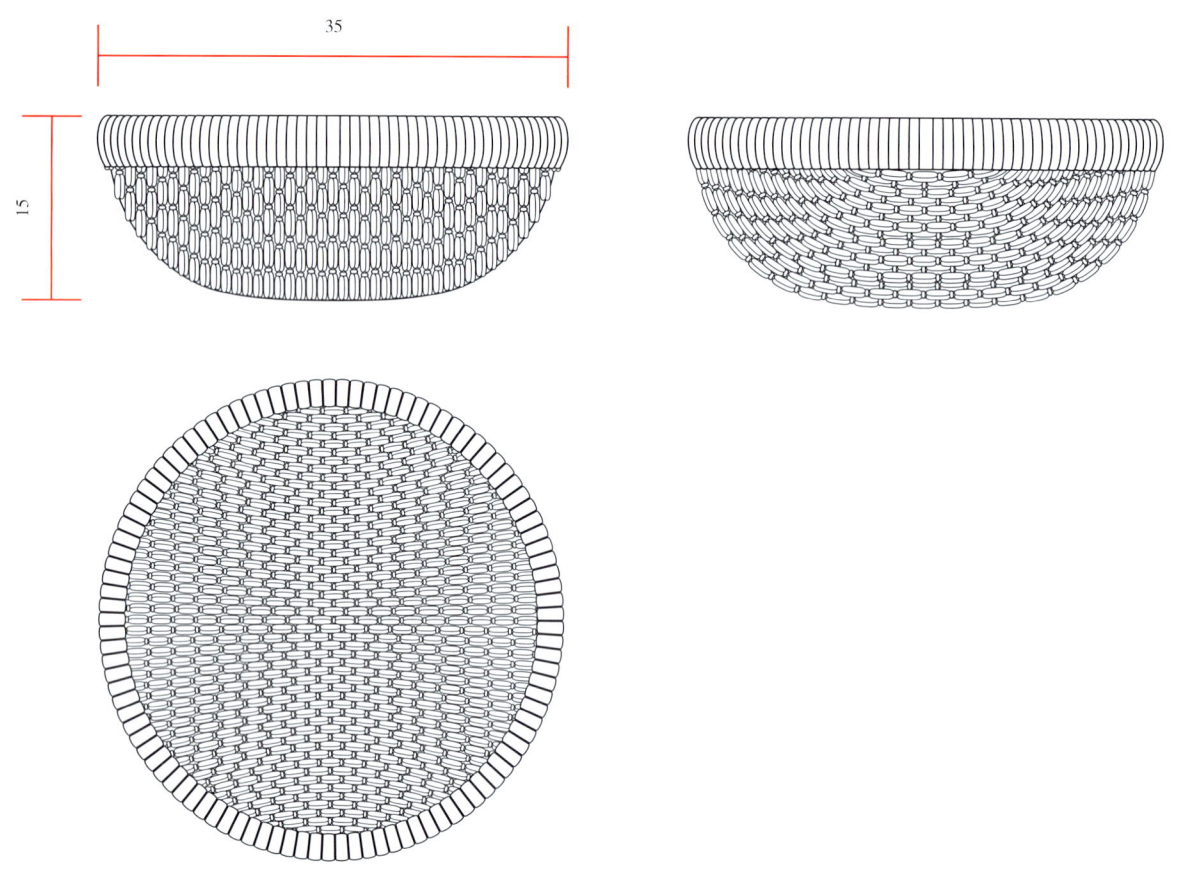

图二　撒拉族匼三视尺寸图（单位：cm）

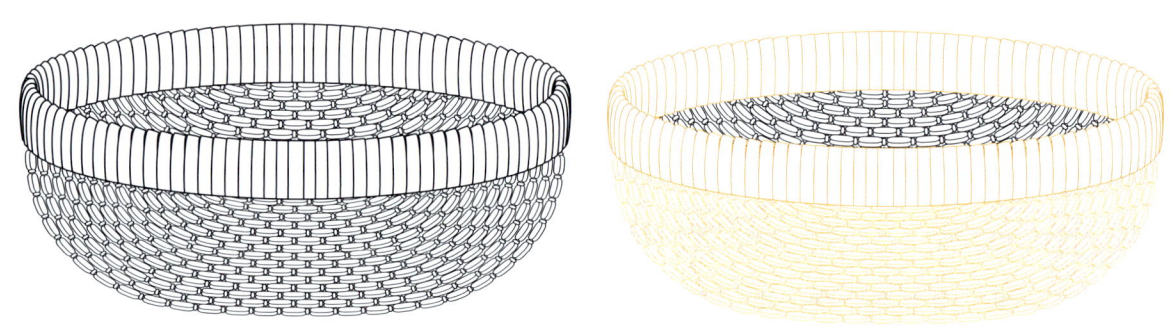

图三　撒拉族匼线描图

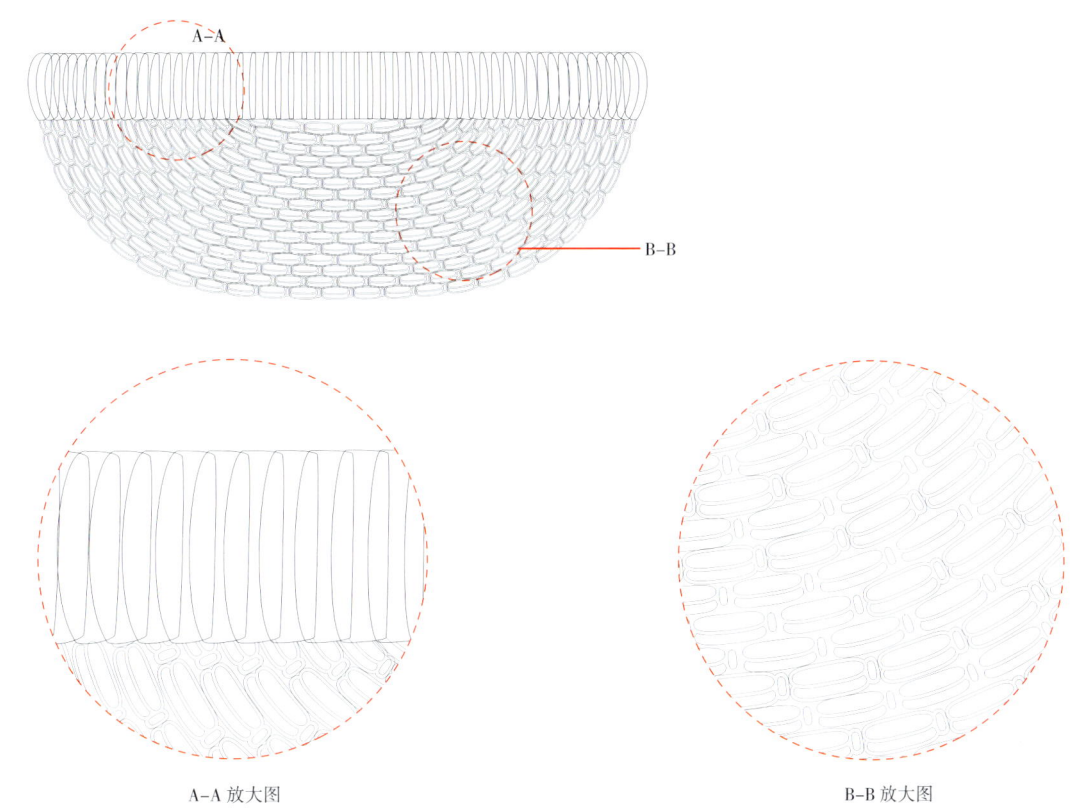

A-A 放大图　　　　　　　　　　　　　　B-B 放大图

图四　撒拉族區局部放大图 1

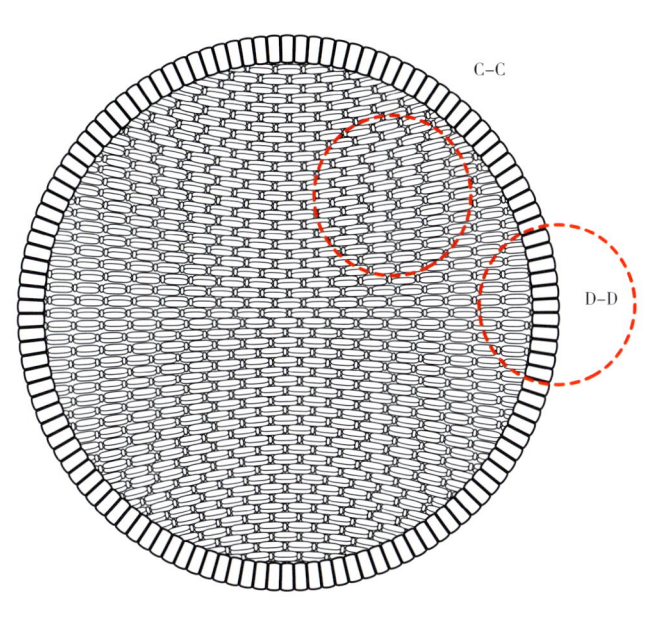

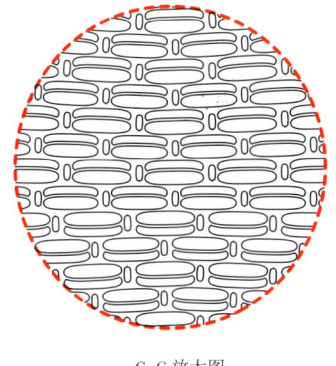

C-C 放大图

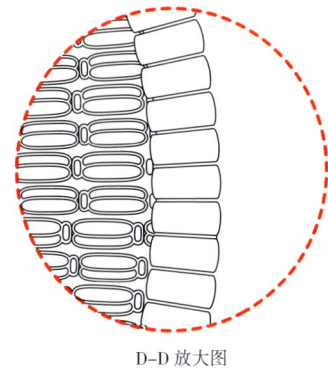

D-D 放大图

图五　撒拉族區局部放大图 2

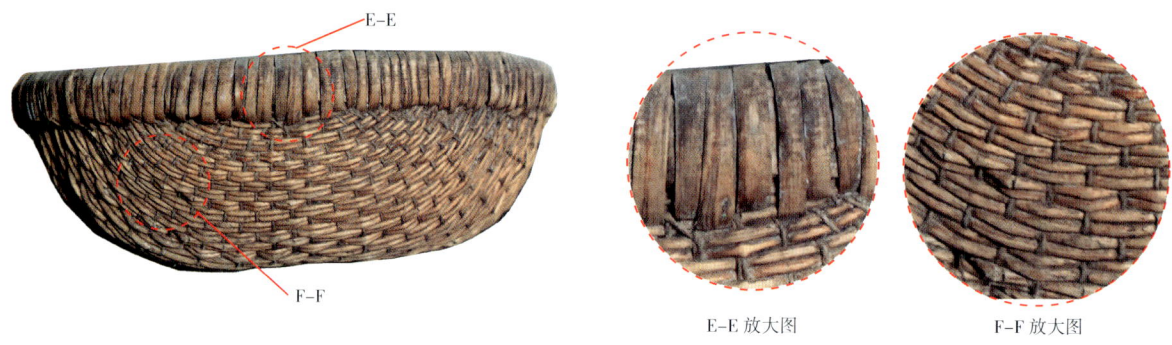

| E-E 放大图 | F-F 放大图 |

图六 撒拉族區局部放大图 3

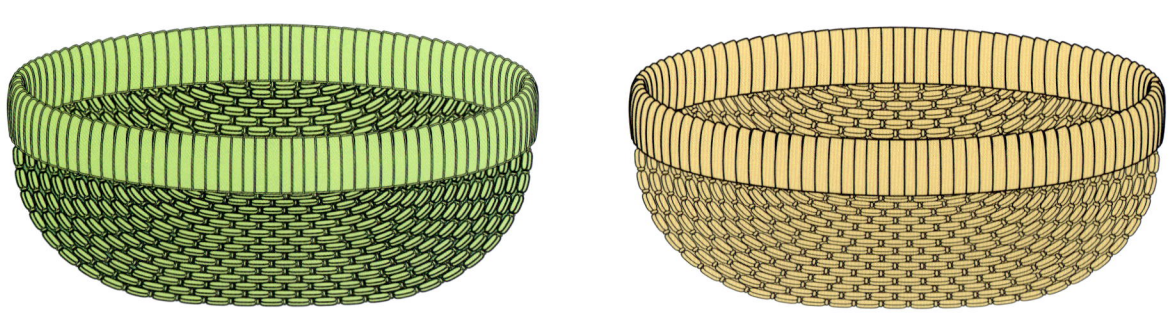

图七 撒拉族區效果图

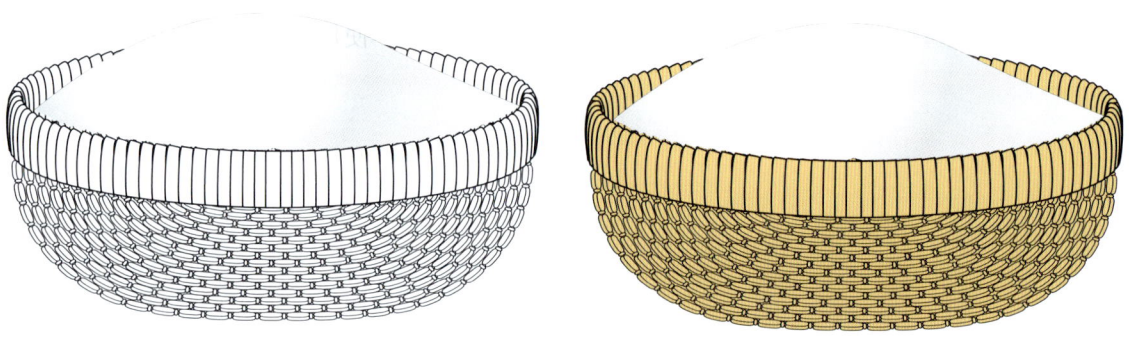

图八 撒拉族區盛放效果示意图

撒拉族米桶

图一　撒拉族米桶主图

米桶，是撒拉族用于储存面粉、大米等粮食的桶形容器，几乎家家都有，是撒拉族家庭不可或缺的厨房用品。制作木质米桶时，视使用要求，将若干块长约100厘米、宽约6厘米的微弧形木板用藤条或篾片紧紧箍在一起，即成米桶。木板的大小多少，决定了米桶的大小。

制作米桶，材质的选择是很重要的。制作米桶的主要材料有木头、玻璃、铁、塑料等，各有特点。木质米桶的主要优点在于环保，取材容易，工艺较为简单，成本低廉，但缺点是容易受潮。玻璃材质的米桶最大的缺陷是容易破损，使用时必须特别小心。铁质米桶的优点在于可以防止老鼠等咬破，但它的缺点是易生锈，影响健康。塑料米桶优点是成型较为容易，使用轻便，但防腐性不强。

本案例采用木质，材料环保，工艺简单，体量适中，可以满足一般撒拉族家庭的日常需要。整体造型成椭圆柱状，减轻了器物的厚重感，造型有新意。开口较大，方便存放与取用食物。六块长木板用篾片箍紧而成，结构较为紧凑，比例适中，方便实用。上下各有一圈藤条作为紧固装置，延长了器物的使用寿命，且对造型进行了分割，节奏感鲜明。底板上抬，与接触面形成一定的隔离，防潮效果显著。藤条的纬度线条与经度方向的木板形成对比，丰富了层次感。此外，几乎无任何人为的装饰，保持了原生态，符合撒拉族的审美习惯。

综合来看，该米桶取材自然、环保，体现出一种原生态的特征；制作工艺较为简单，成本低廉；结构紧固，经久耐用；体量适中，使用方便；造型简洁、大方，呈现出一种不事雕琢的美感。它的设计，体现了撒拉族劳动人民的智慧。

图片来源
图一至图八　蔡克中　制图

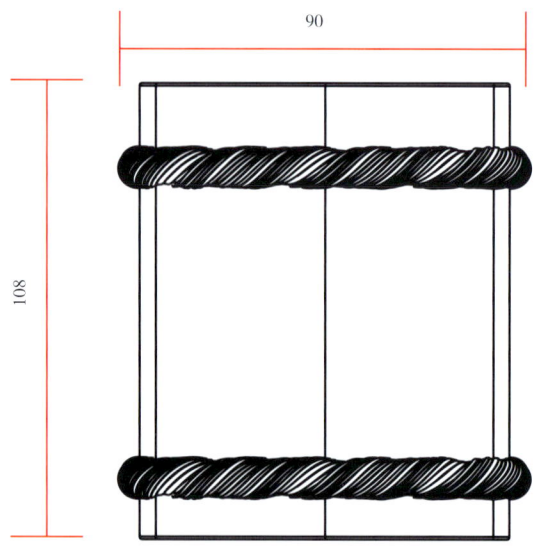

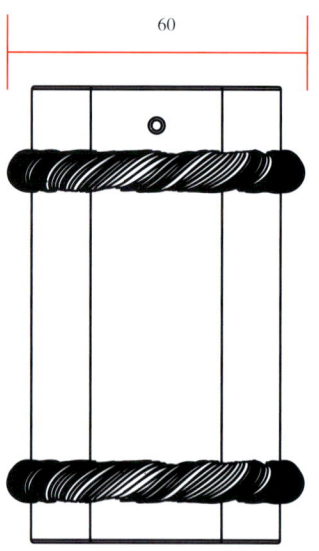

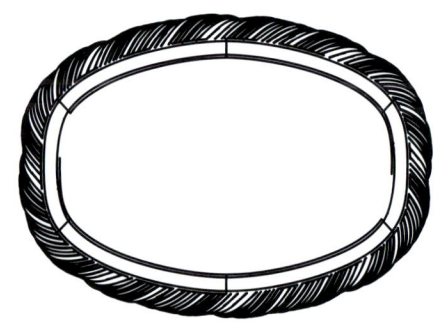

图二　撒拉族米桶三视尺寸图（单位：cm）

图三 撒拉族米桶效果图

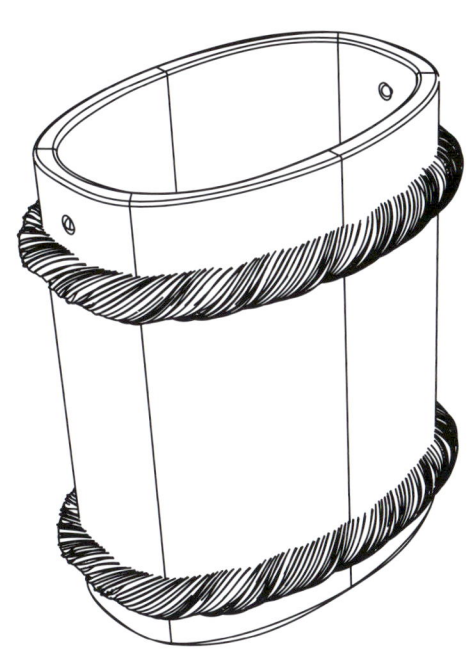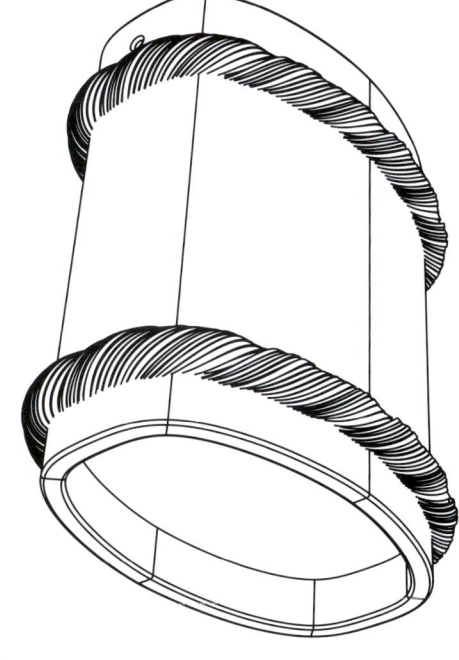

图四 撒拉族米桶线描图

第四章 撒拉族传统生活用具

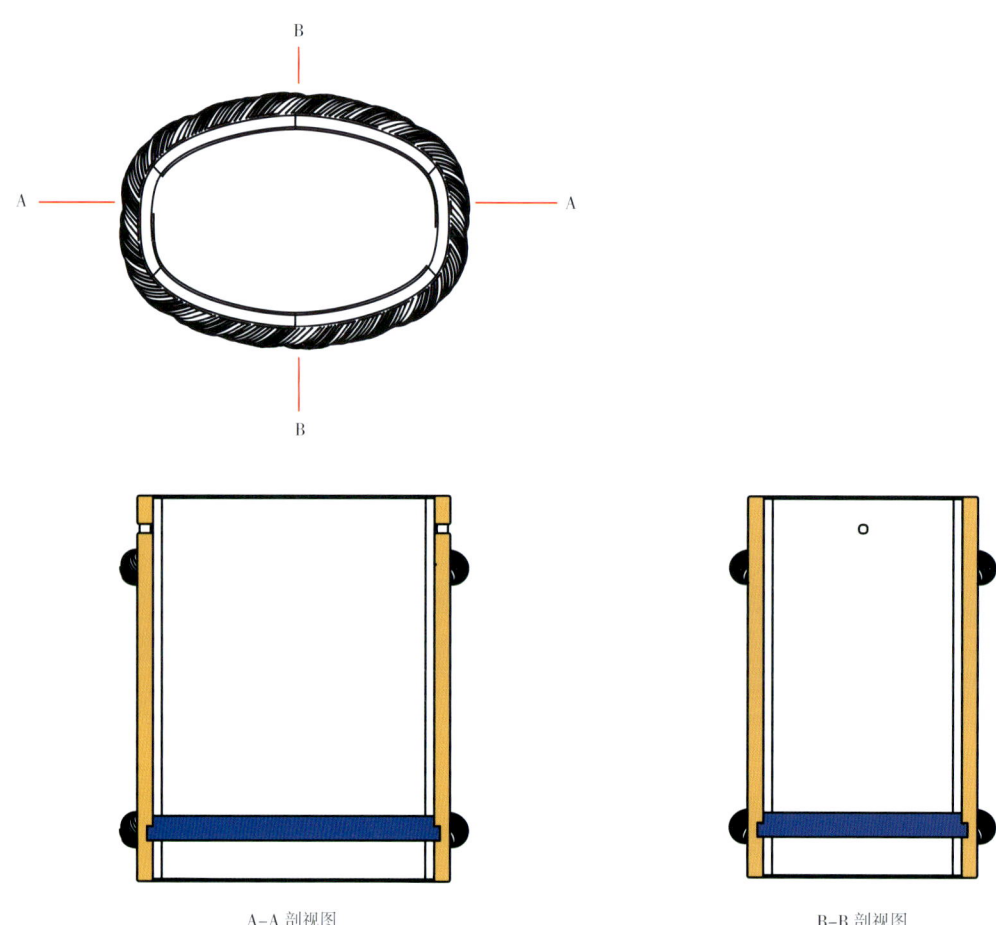

A-A 剖视图　　　　　　　　　　　　B-B 剖视图

图五　撒拉族米桶剖视图

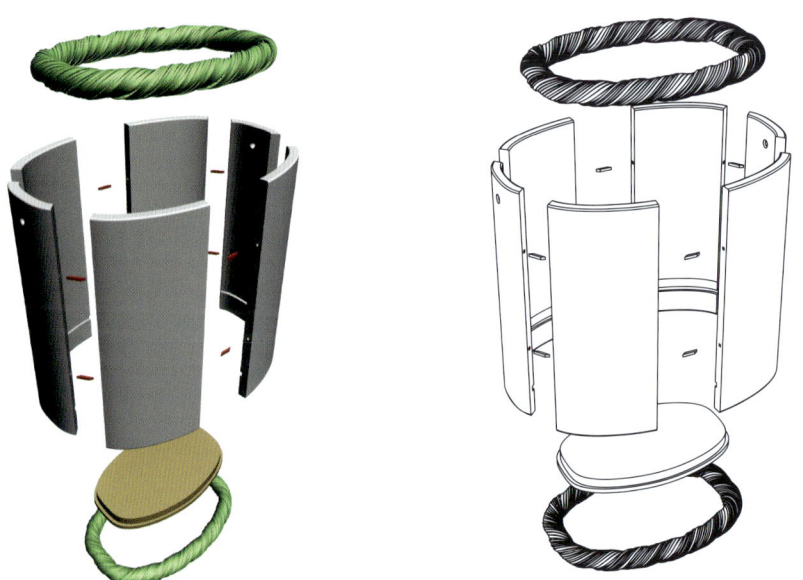

图六　撒拉族米桶爆炸图

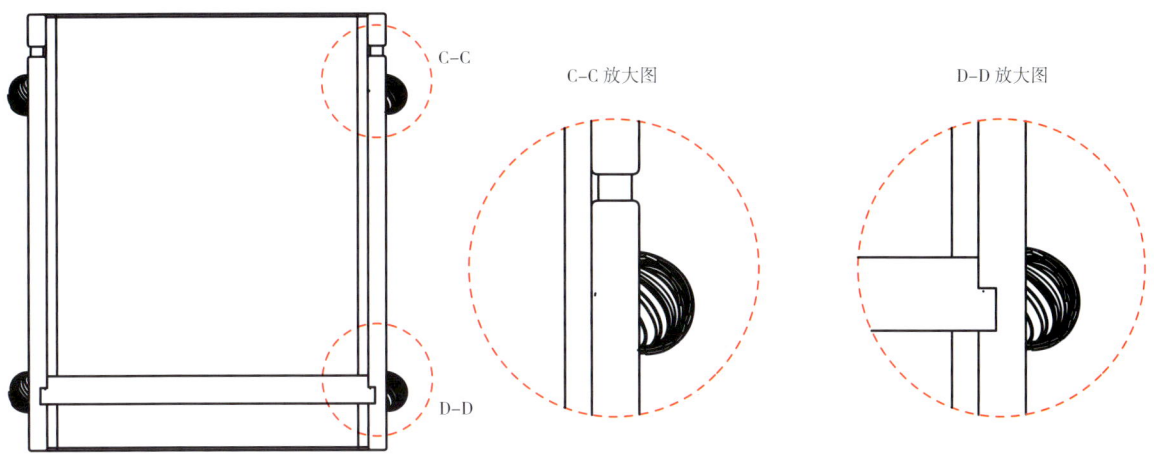

图七 撒拉族米桶局部放大图

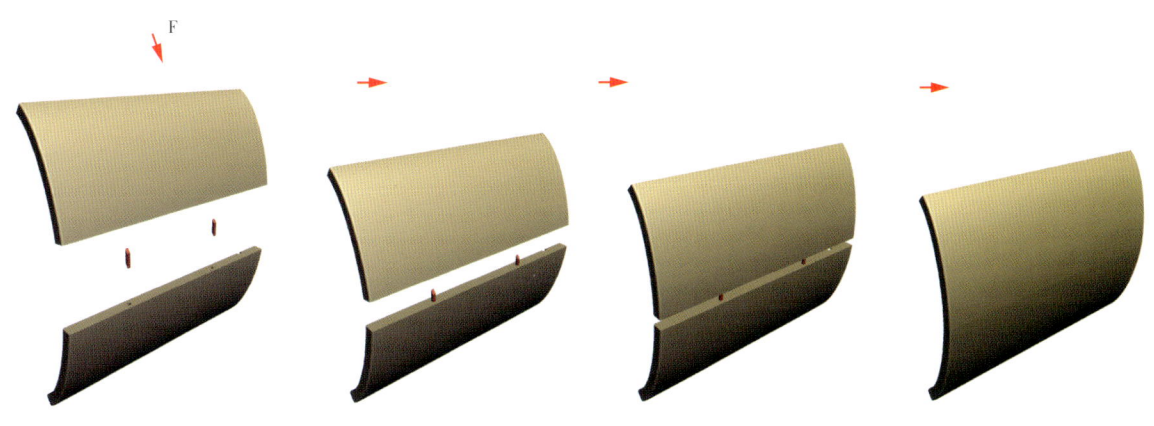

图八 撒拉族米桶拼接示意图

第四章 撒拉族传统生活用具

撒拉族粮柜

图一 撒拉族粮柜主图

撒拉族是信仰伊斯兰教的少数民族之一，习惯日食三餐，以面食类为主食。日常食用的面食主要有各式馒头、花卷、拉面、擀面、搅团等。这些食品方便制作且存放时间较久，在撒拉族游牧迁徙的生活中显得尤为重要，存放这些成品食物及面粉等粮食的粮柜应运而生，成为撒拉族家庭中常用的生活用具。

此案例由底板、侧板、梁柱、盖板四部分组成。底板与地面不接触，既方便移动，又利于防潮。侧板形式简单，方便制作。梁柱较粗，既有很好的承重性，又有利于柜体的稳定。粮柜上面有两块盖板，它们的设计是从功能上考虑的，盛放食物时，可将两块木板全部揭开，柜子的开口最大化，方便倒入谷物或者面粉等；取用时，揭开一块木板即可，可在一定程度上起到防尘作用，并避免食物过多地接触空气，延长保质期。

撒拉族的生活环境中，木材丰富，且木材质地优良，用它打造的家具承重性好，而且木质家具的制作工序也较为简单，周期较短，因此木材在撒拉族家居生活中广泛应用。

该粮柜通体采用木材,各部分间采用传统的榫卯结构,简便而坚固。制作时在梁柱相应位置开槽,嵌入底板和侧板,这种不用钉子的拼接方式安全、环保,实用性较强。柜子的长方形结构使得空间利用率较高,存储量较大,也方便迁徙途中携带。

通常,撒拉族家庭会用这种粮柜储存青稞等少量谷物和面粉,有时也盛放部分面食和杂物。该柜子的设计使得食物的储存更加方便、卫生,木箱内相对恒温,还可以起到一定的保鲜效果。如今,撒拉族粮柜仍在广泛使用,甚至在城市中也能看到它的身影。

撒拉族粮柜的制作工艺运用了中国古代的榫卯结构,制作简便,经久耐用;造型简洁大方,线条挺拔利落,与现代家具的设计有许多共通之处。

图片来源
图一至图九　蔡克中　制图

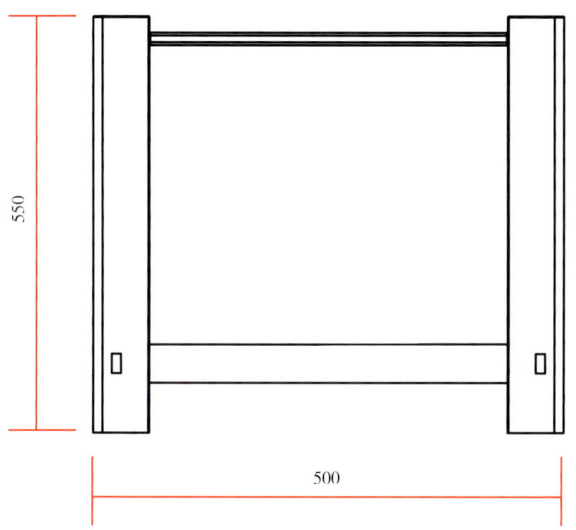
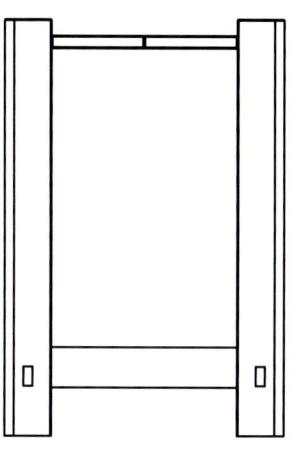
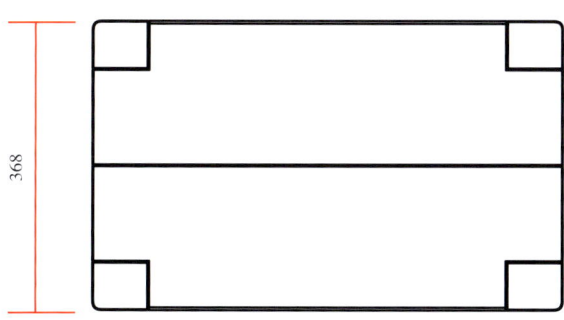

图二　撒拉族粮柜三视尺寸图(单位:cm)

图三 撒拉族粮柜效果图

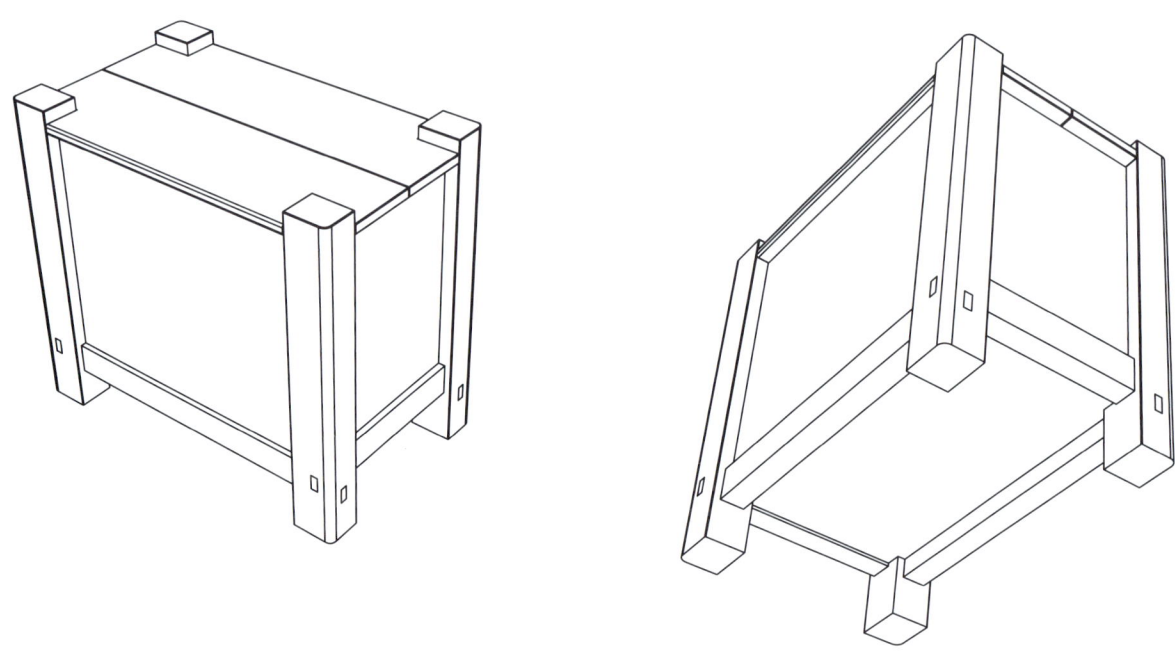

图四 撒拉族粮柜线描图

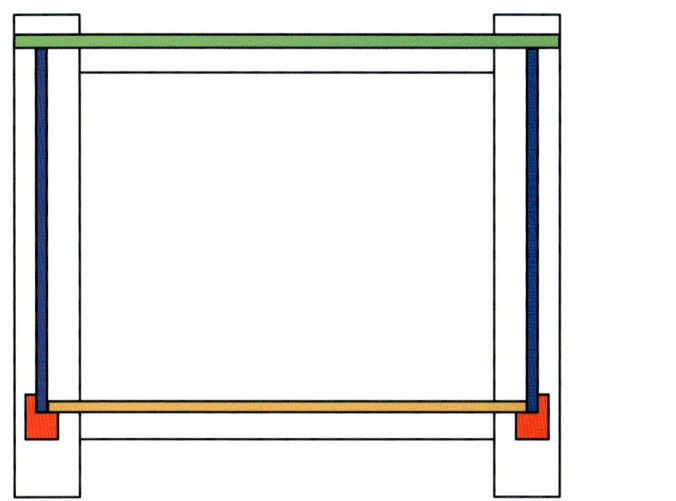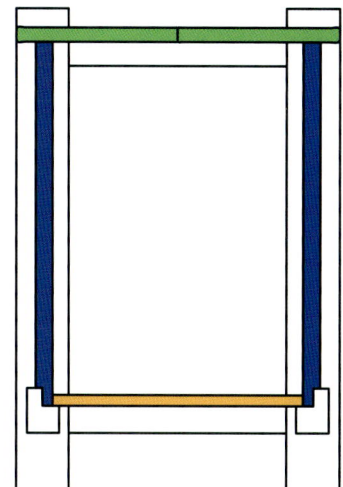

图五 撒拉族粮柜剖视图

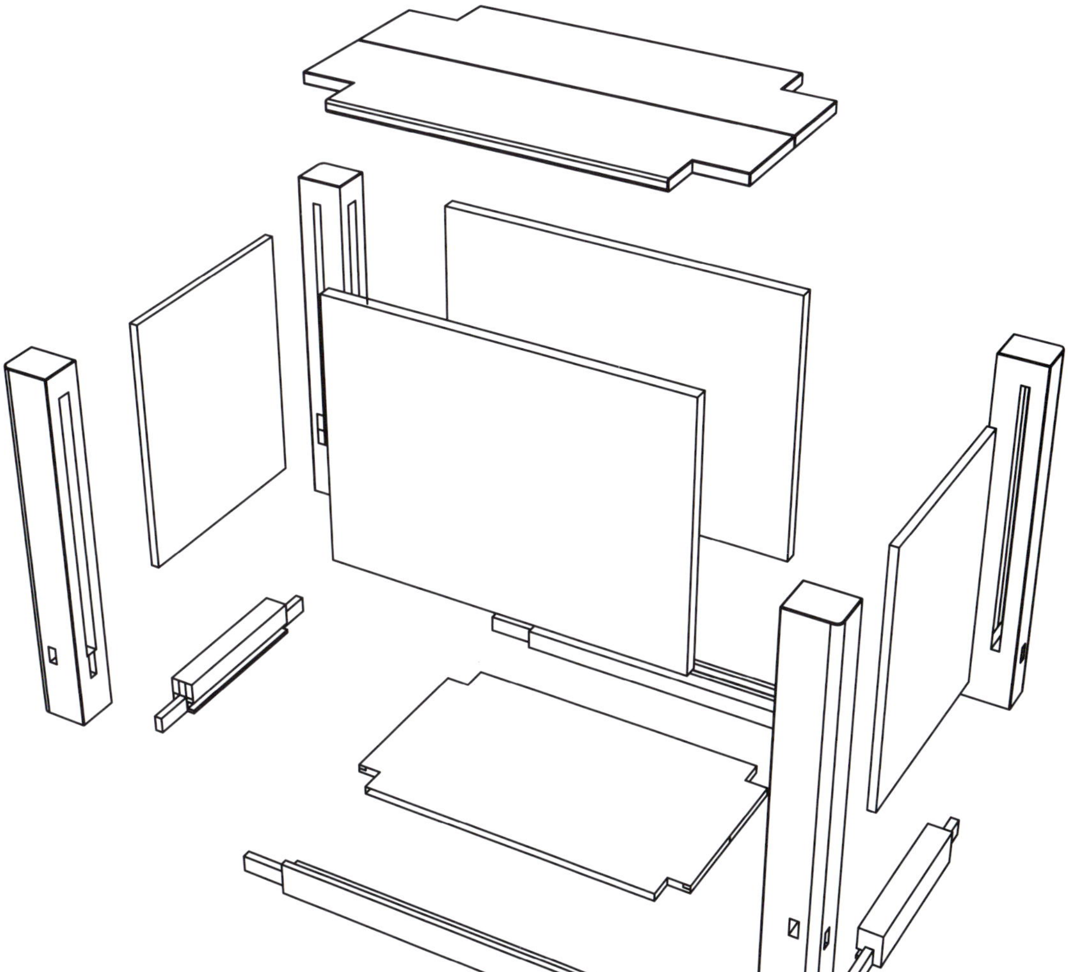

图六 撒拉族粮柜爆炸图

第四章 撒拉族传统生活用具

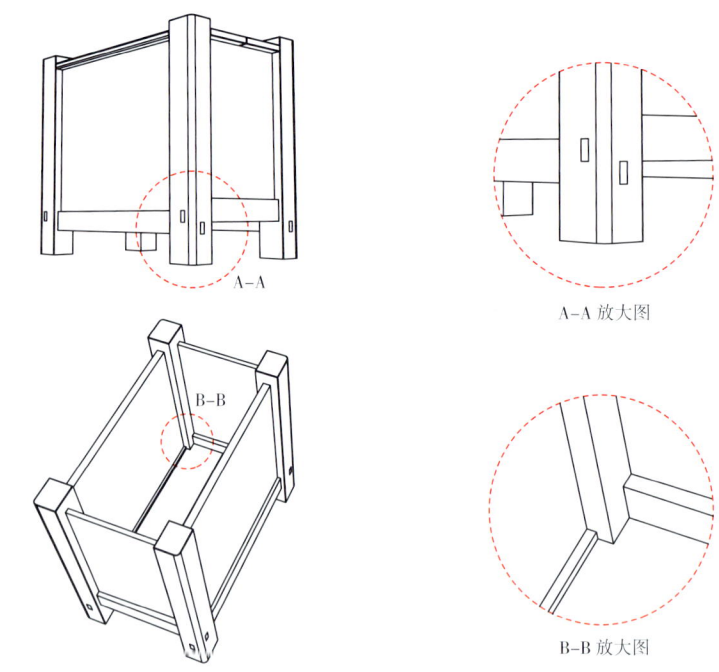

图七　撒拉族粮柜局部放大图

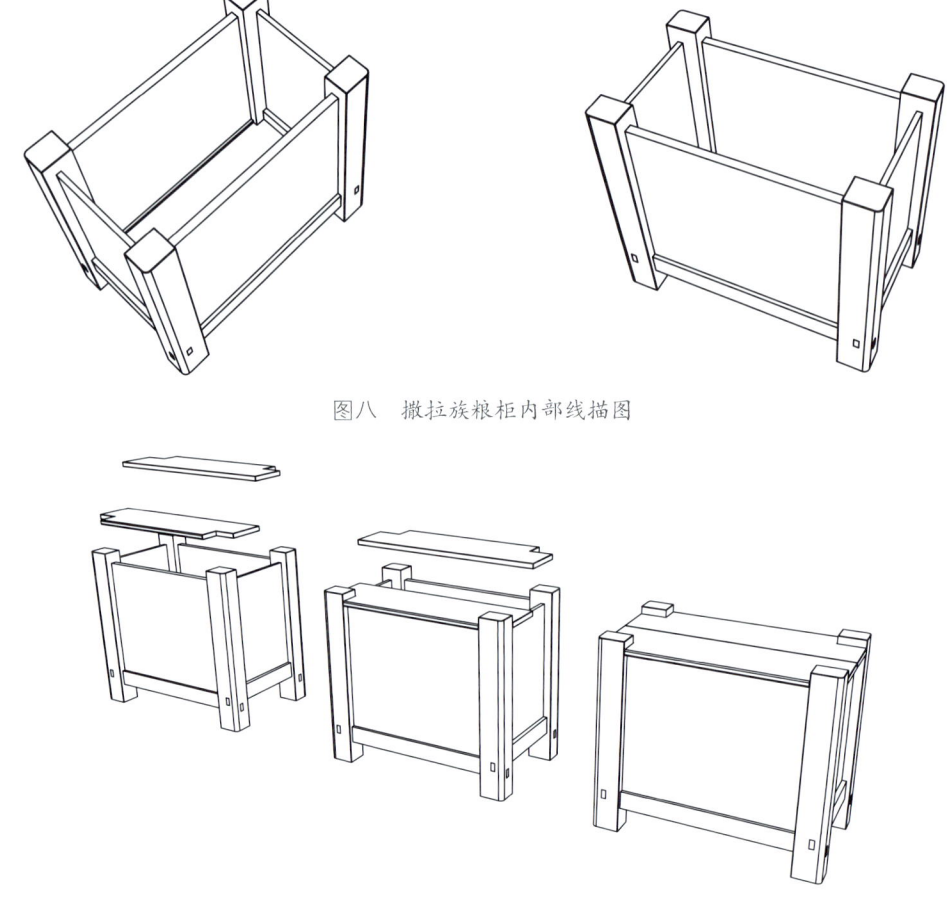

图八　撒拉族粮柜内部线描图

图九　撒拉族粮柜盖子打开过程示意图

撒拉族食盒

图一　撒拉族食盒主图

食盒，类似于提篮，是撒拉族厨房常用的一种器具，用来为田间劳作的亲人送饭，也可以作为亲友间馈赠食物的一种盛具。

本案例为长方体，长约 30 厘米，宽约 34.5 厘米，高约 15 厘米，两侧间有带微小弧形的木条相连，作为提手。该食盒由木材制成，既环保又卫生，保温效果也较好。其连接部位使用了铆钉，结实牢固。

撒拉族是一个非常勤劳的民族，人们常年在田间地头劳作，农忙时中午经常不回家吃饭。此时，家庭妇女便将饭菜做好，用食盒送饭。撒拉族群众也有带饭的习惯，早晨将午餐做好，用食盒带到地里，一家人就在田间午餐。撒拉族的主食为小麦、青稞、荞麦、马铃薯等，面食通常做成各类馒头、面条、搅团等。这样的一种饮食习惯，必然需要一个与之适应的盛器。该食盒的优点，首先在于取材环保，不会对食物造成二次污染；其次在于结构合理，整体呈倒梯形，稳定性较好，食物在移动时不易溢出；第三，上方的开口较大，方便放入或取出食物；第四，提手的设计较为巧妙，它的微弧形设计既使得提携舒适，也是一种现代语义的表达，使人一看便知；第五，造型简洁大方，线条硬朗、利落，并与提手的微弧形构成对比，丰富了形态的内涵，减少了单调感；第六，工艺简单高效，板块之间、板块与提手之间使用铆钉连接，非常牢固。另外，节庆日亲友之间互相馈赠食物，需要一种既能体现对客人的尊重，而造价也不至于太高的器具，这款食盒就显得较为理想。当然，它的无盖设计使得保温、防尘效果较差，这也是它需要改进的地方。

撒拉族食盒看似简单，却解决了农忙期间送饭及节庆日亲友之间馈赠食物的问题，使用方便，是一款非常实用的设计。其取材天然环保，造型简洁大方，无任何装饰，与现代设计中的"极简主义"有共通之处。

图片来源
图一至图九　蔡克中　制图

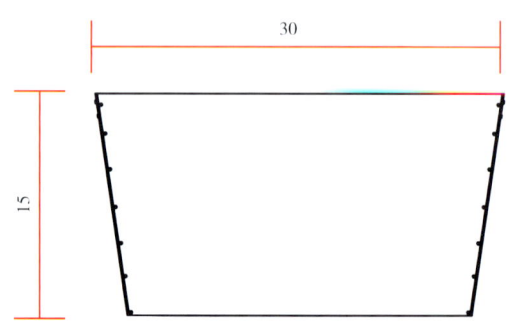
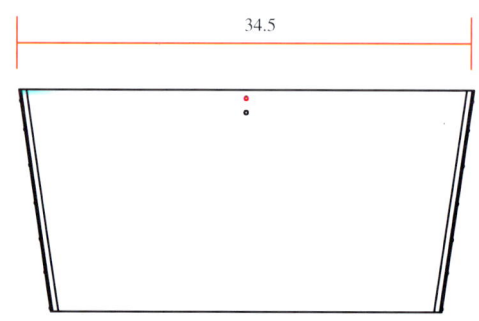

图二　撒拉族食盒三视尺寸图（单位：cm）

图三　撒拉族食盒效果图

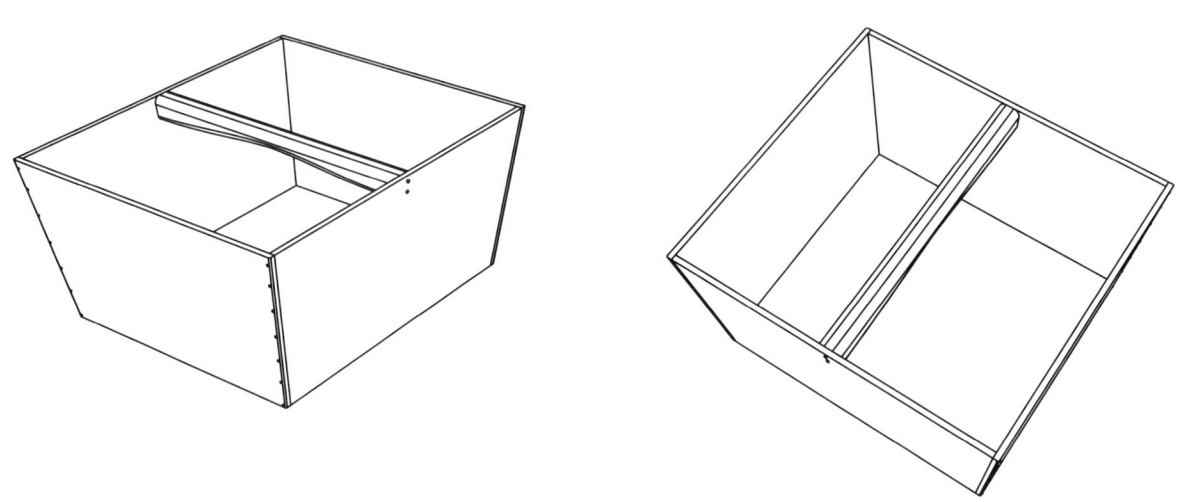

图四　撒拉族食盒线描图

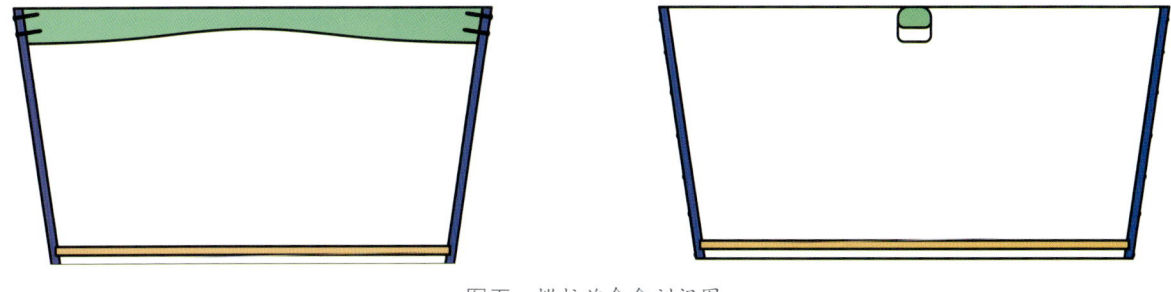

图五　撒拉族食盒剖视图

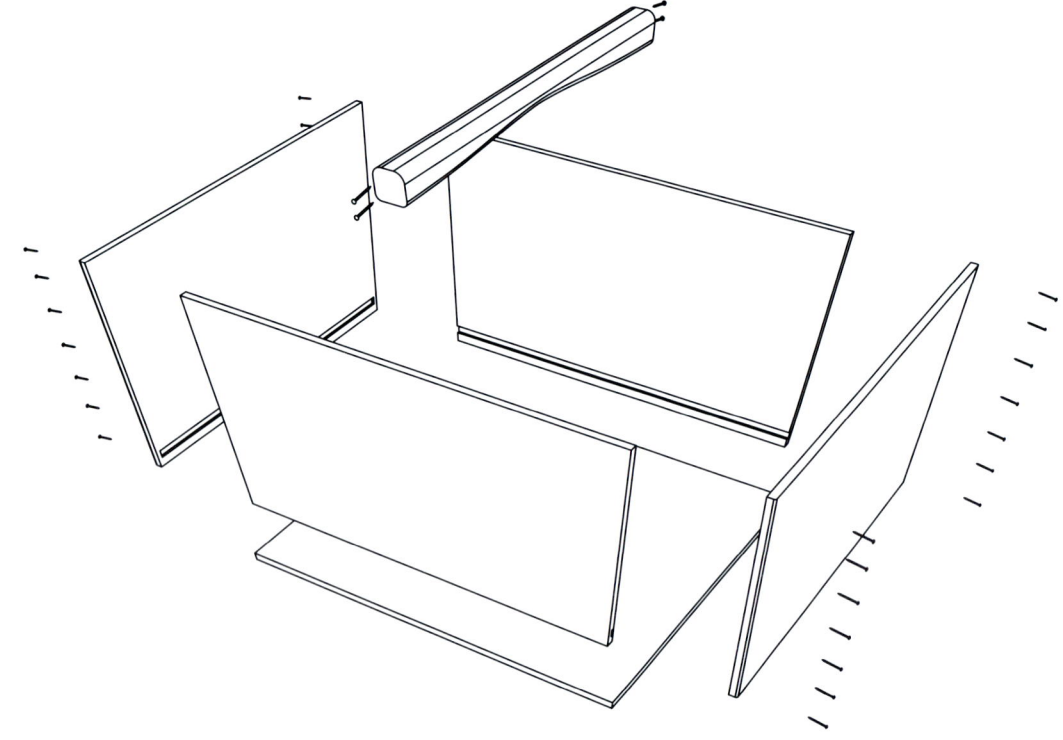

图六 撒拉族食盒爆炸图

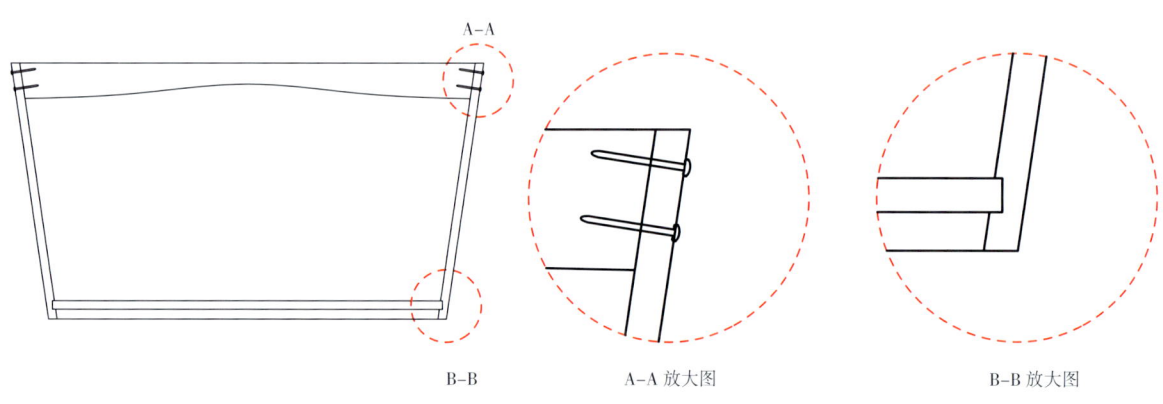

B-B   A-A 放大图   B-B 放大图

图七 撒拉族食盒局部放大图

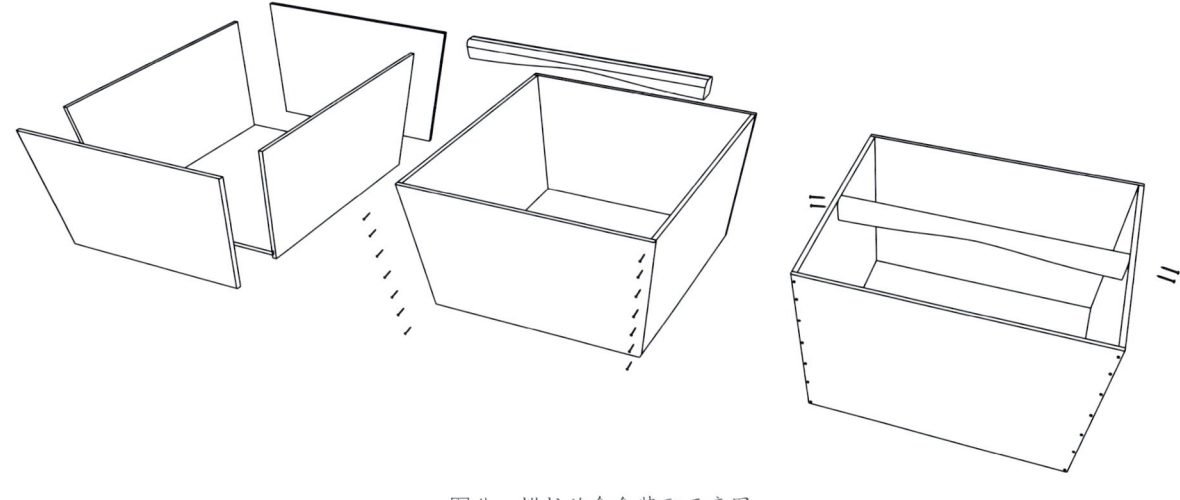

图八 撒拉族食盒装配示意图

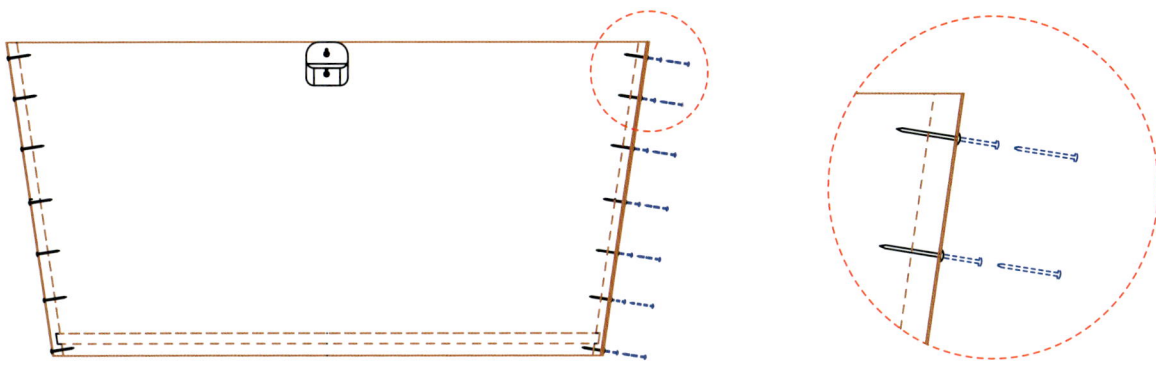

图九 撒拉族食盒钉钉子过程示意图

撒拉族存钱盒

图一　撒拉族存钱盒主图

存钱盒是撒拉族人用来存放钱物的盒子，一般为木质，带锁。撒拉族家庭的财产一般由老人掌管，为了便于存放，常用一个木质的小盒子。也有做成枕头形状的，夜里睡觉枕在头下，非常安全。

存钱盒作为家庭财务的中心，其地位不言而喻。谁拥有存钱盒代表谁是一家之主，负责统一安排家里的收支，其他家庭成员会全力配合，这也是撒拉族的特色之一。

本案例为木质存钱盒，长 32 厘米，宽 13 厘米，高 14 厘米，枕头形状，外涂深色漆，有内沿，密封性较好，带铜锁装置。

存钱盒的制作方法较为简单，与一般的木质家具做法相似，差别在于存钱盒的材料、工艺更为讲究。一般选用质地较好的木材，条件较好的家庭甚至采用名贵木材。另外，盖板的枕头形状，需要特别加工，制作时需考虑弧度的舒适性，便于睡眠。锁扣与锁的选用比较讲究，注重安全性，一般采用安全性能较高的铜质材料。考虑到该物件一般为老年人使用，外面涂以深色漆，既符合老年人的审美，又不会过于张扬，进一步增加安全性。

总体而言，它基本上是从功能的角度进行设计的，首先特别注重安全性，其次造型简洁、内敛，第三，顶部的弧度与其他部位有一定的对比效果，丰富了层次感。

存钱盒既是撒拉族家庭保管财务的物件，也是家庭地位的象征。其设计的第一要素是安全，所以做工较为讲究，并巧妙地结合了枕头的功能，进一步提升了它的安全性。但又不过于雕琢装饰，较为低调。现代存钱罐甚至保险柜的设计应从中获得启示，充分考虑它的安全性能，并结合使用者的心理特质，合理设计。

图片来源

图一　蔡克中　摄影
图二至图九　张宛楠　制图

图二　撒拉族存钱盒效果图

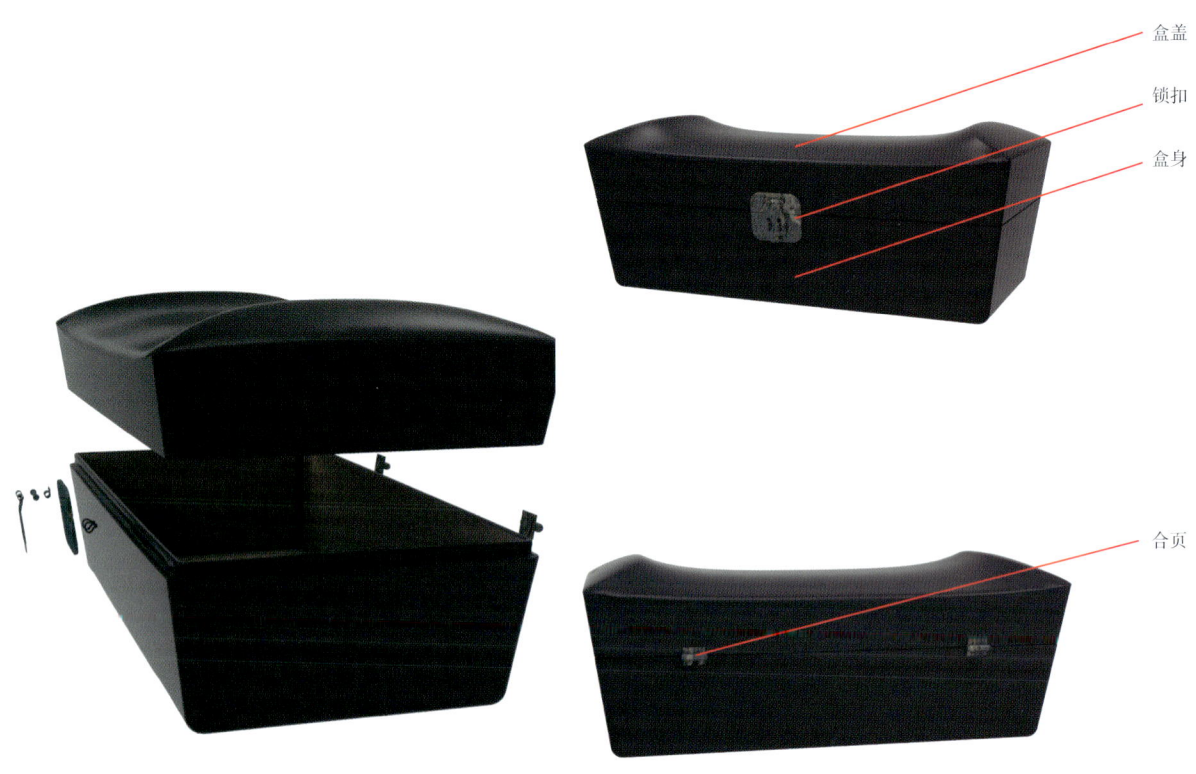

图三　撒拉族存钱盒爆炸图

图四　撒拉族存钱盒结构名称图

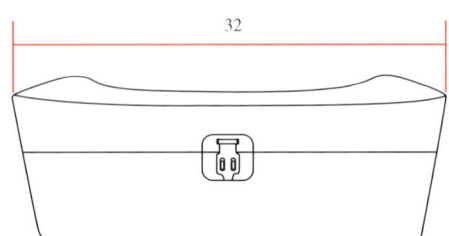

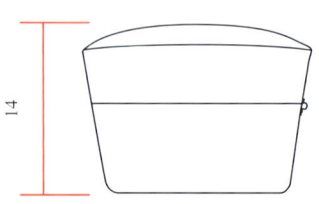

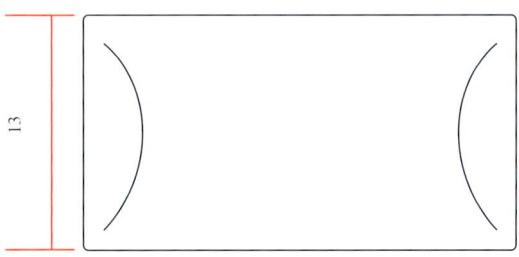

图五　撒拉族存钱盒三视尺寸图（单位：cm）

图六　撒拉族存钱盒使用分析图 1

图七　撒拉族存钱盒使用分析图 2

图八　撒拉族存钱盒使用分析图 3

图九　撒拉族存钱盒使用分析图 4

第四章　撒拉族传统生活用具

撒拉族油灯台

图一　撒拉族油灯台主图

油灯台，为撒拉族常用的器物之一。本案例为六角形油灯台，安装在柱子上，体量较大，用于照明、祭祀等。

本案例的油灯台可分为以下几个部分：靠板、上耳板、下耳板、立柱、灯台、水泥隔层。除隔层外，其他几个部分均用较硬的木材制成。而水泥隔层既承担了容纳灯油的功能，又起到了防火的作用，可谓一举两得。各个部分的组合采用榫卯结构，非常结实、耐用。灯台的安装较为简单，只需在靠板的上部和下部分别钉入一颗钉子，固定在柱子上即可。靠板顶部和下部分别有对称的几何装饰，上、下耳板的顶部为圆弧形，立柱为正六边形，灯台的截面也呈正六边形，水泥隔层为球形，方便存放灯油。

灯台中正六边形的多次出现，或许是有特殊意义的。撒拉族先民是从中东迁入循化地区的，保留了许多阿拉伯的文化特征。因此，六边形图案有可能是撒拉族先民在13世纪前后信仰伊斯兰教后所使用的文字之一，13世纪迁徙过程中，撒拉族先民将这一符号从中亚带入中原地区。在撒拉族的文化中，六边形或许蕴含着某种权力和魔力，颇具神秘色彩。从这些背景资料的分析，就可以理解灯台的设计多次使用六边形的可能原因了。由此看来，六边形的设计并不是从功能或者审美的角度考虑的，而是从象征意义着手的。

油灯台的设计，首先考虑了使用的需要，即注意防火、安装方便等；其次，使用了特定的符号，即正六边形，有一定的象征意义。这与灯台的照明、祭祀功能是相符的。从这些方面考察，它是一款成功的设计。

图片来源

图一　陈俊舟　摄影

图二至图十一　蔡克中　制图

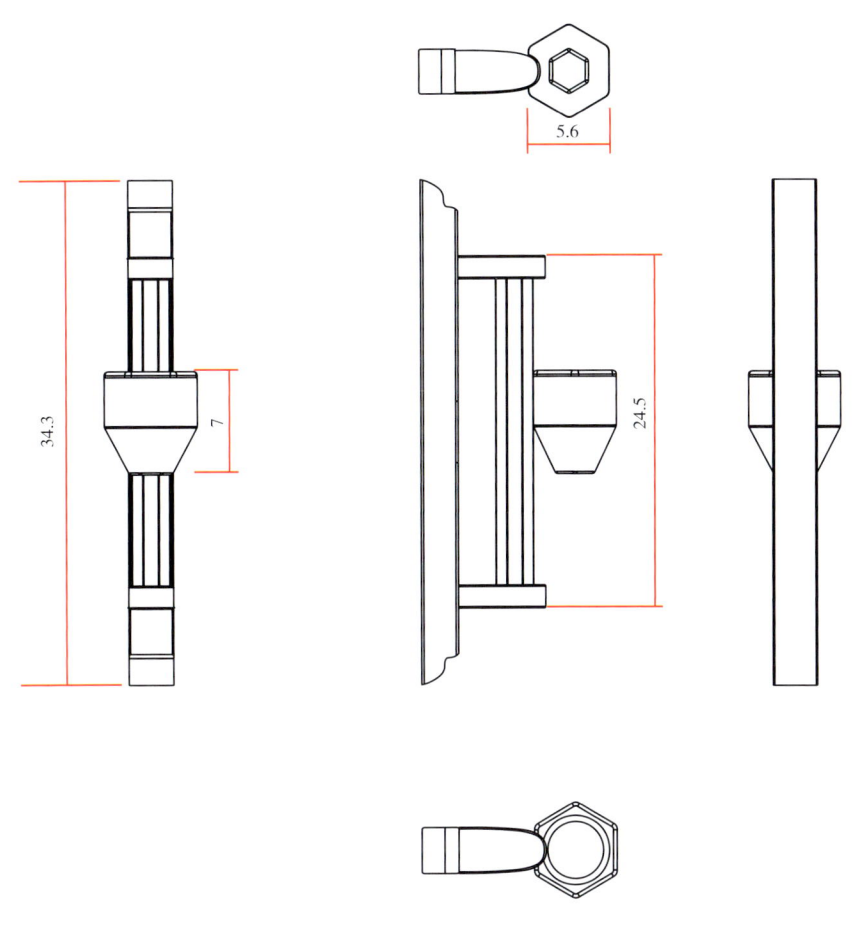

图二　撒拉族油灯台五视尺寸图（单位：cm）

图三　撒拉族油灯台效果图

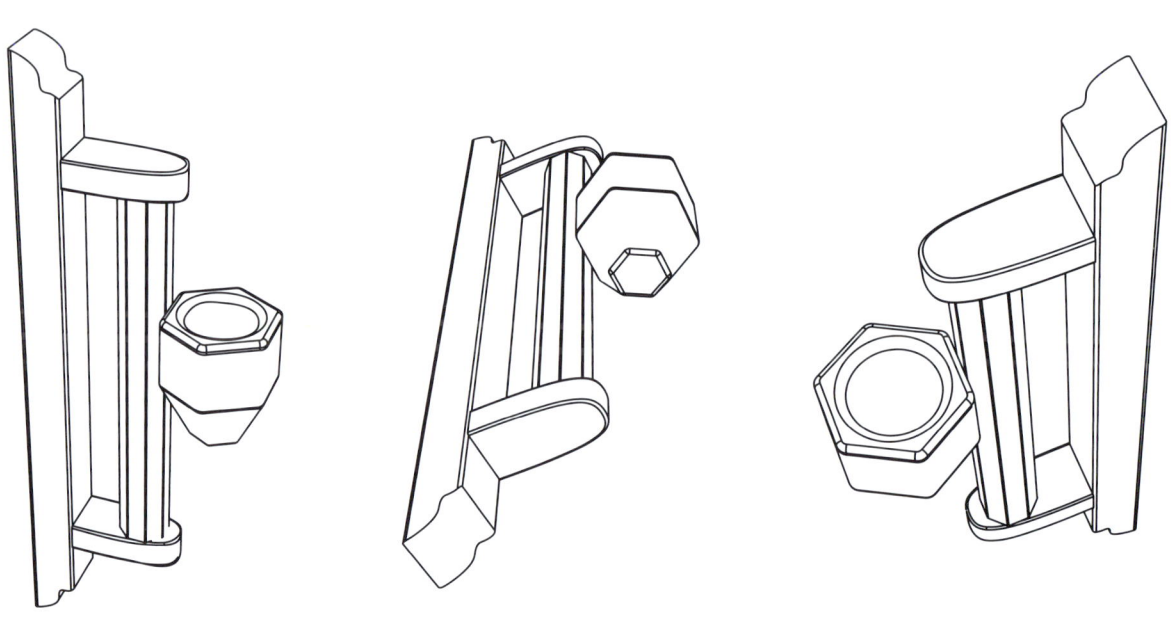

图四　撒拉族油灯台线描图

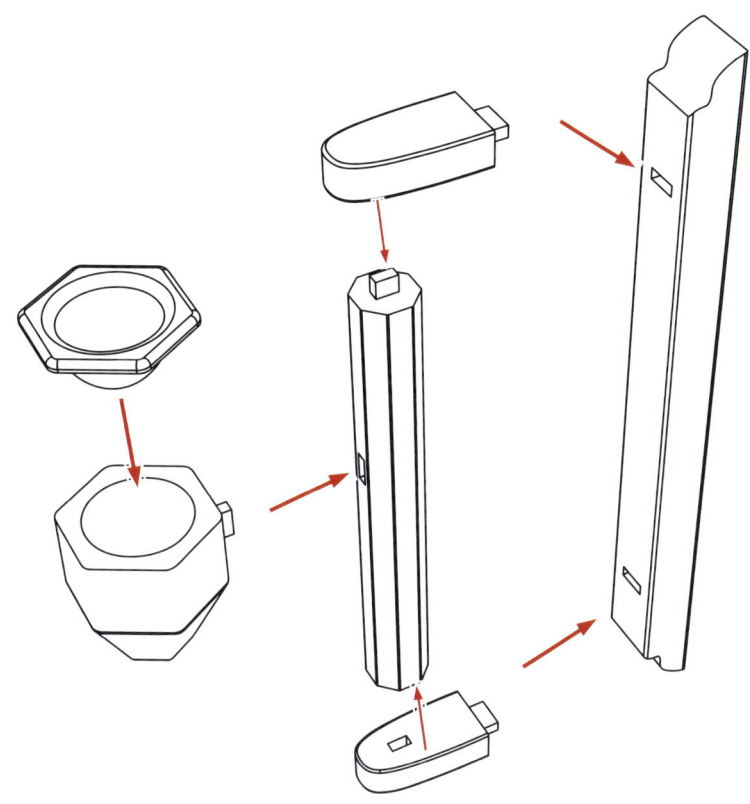

图五 撒拉族油灯台装配示意图

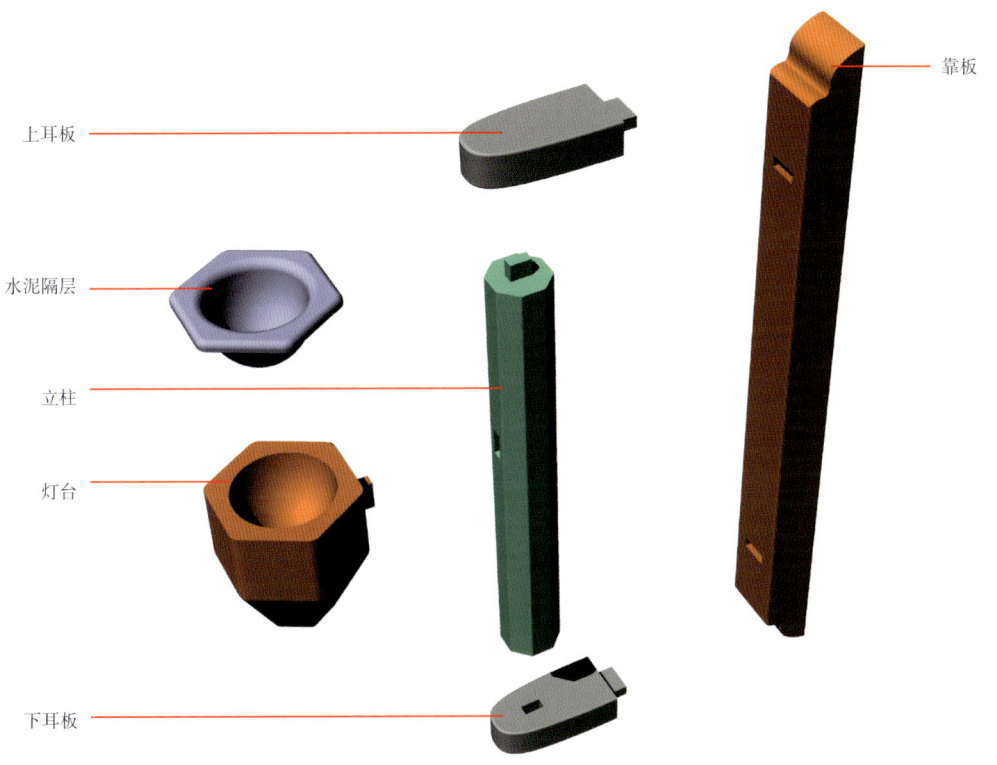

图六 撒拉族油灯台结构名称图

第四章 撒拉族传统生活用具

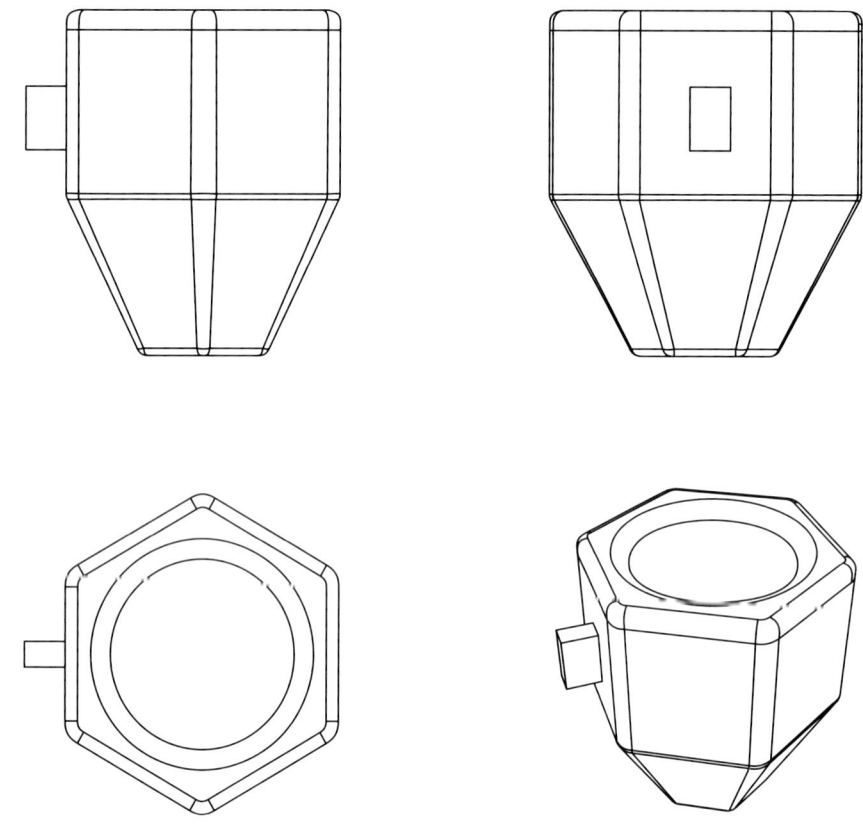

图七　撒拉族油灯台部件分析图·灯台

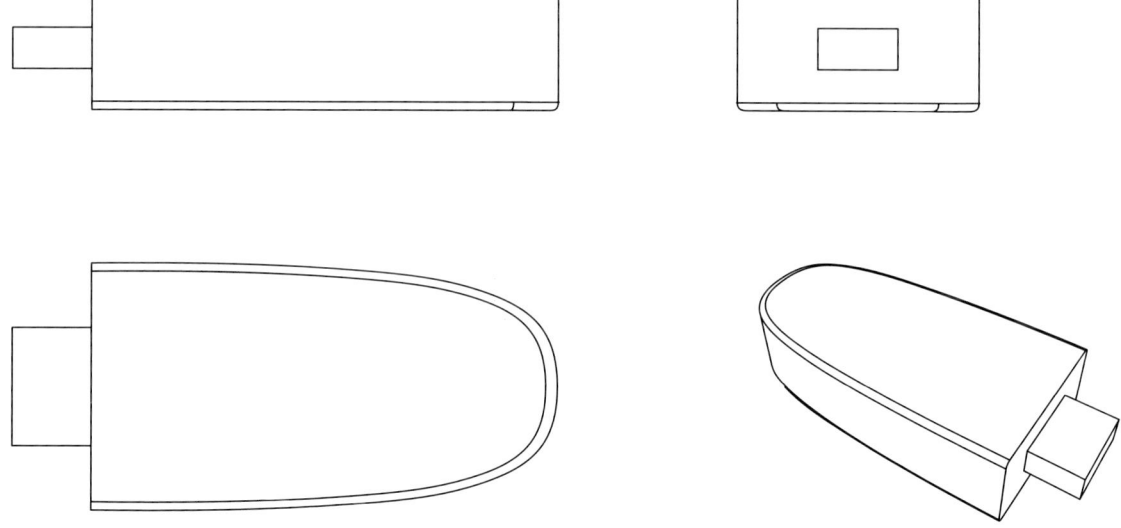

图八　撒拉族油灯台部件分析图·耳板

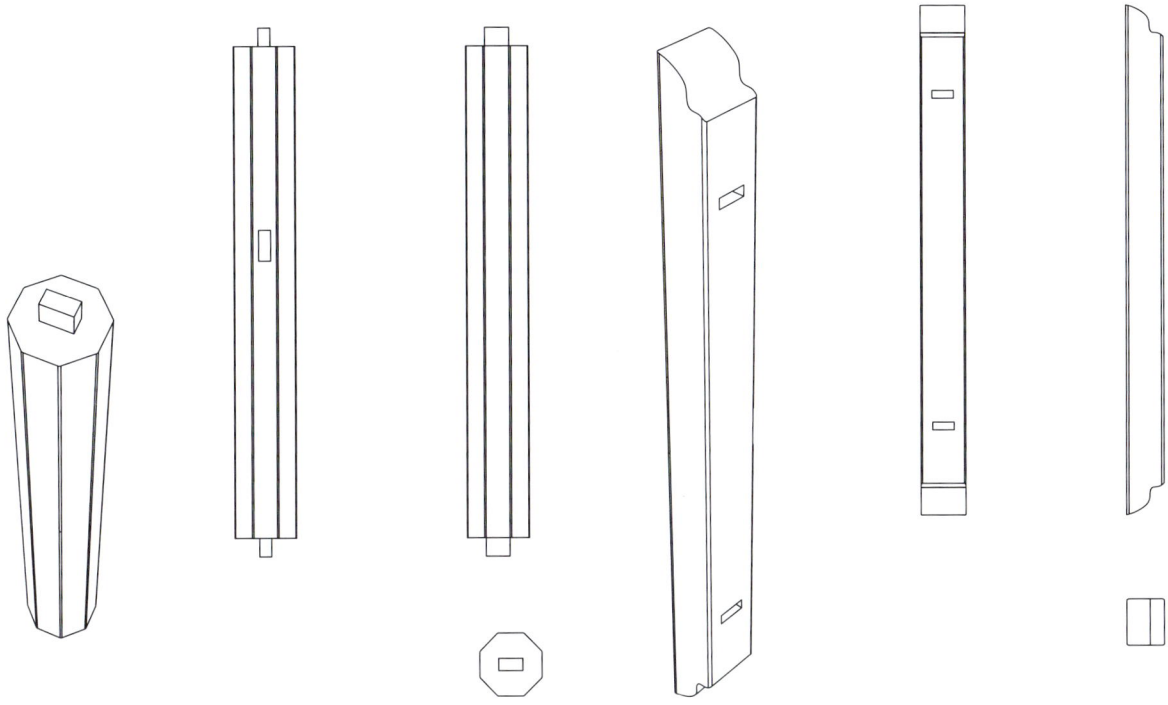

图九　撒拉族油灯台部件分析图·立柱　　　　图十　撒拉族油灯台部件分析图·靠板

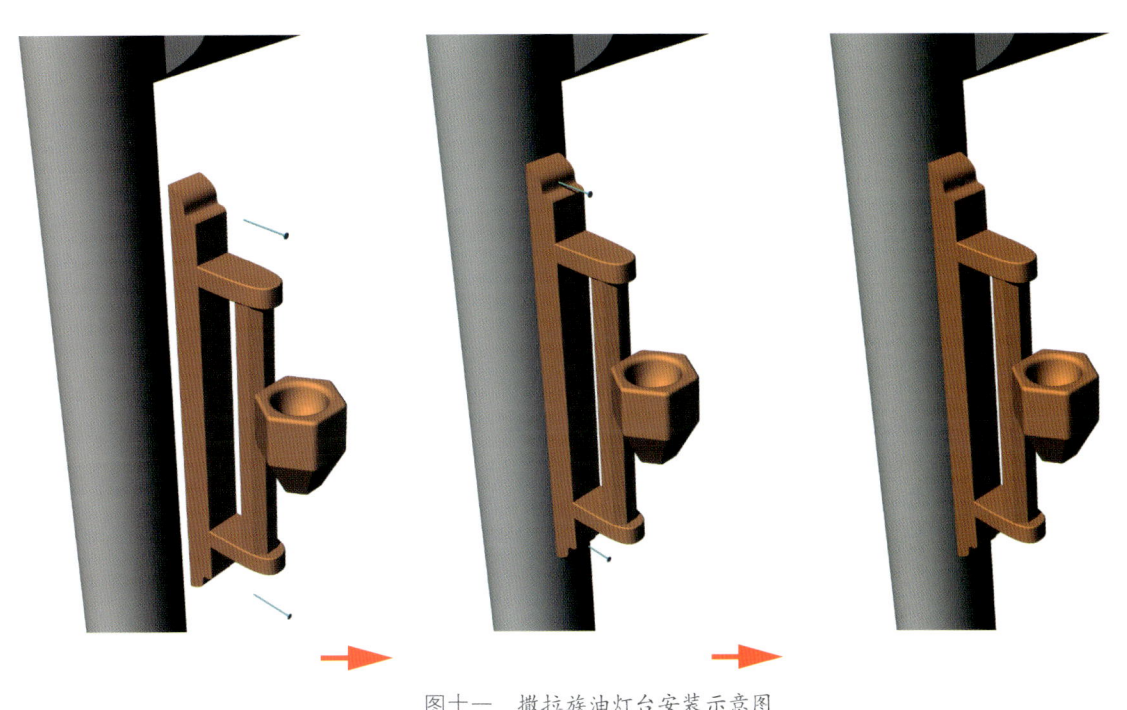

图十一　撒拉族油灯台安装示意图

撒拉族户外木凳

图一　撒拉族户外木凳主图

户外木凳，是主要放置在院子里的一种木凳，一般采用硬木材质，长条形较为多见，腰部通常有刻花装饰。

本案例为硬木材质长条户外木凳，长87厘米，高49厘米，凳面宽17厘米。凳子采用榫卯结构，腰部有雕花装饰，结构严谨，比例恰当。

撒拉族户外木凳的工艺、造型基本源自明代家具，但又有其民族的特色。明代是我国古代家具史上的鼎盛时期，出现了许多经典之作。明代家具的榫卯结构颇为成熟，各个组成部分的断面轮廓简练，工艺水平精湛。撒拉族工匠制作木凳时借鉴了明代家具的榫卯结构，一般不用钉子，少量使用胶，并采用明代家具中极富特色的攒边工艺，保持了结构的完整性，节约了材料，还可以避免家具受潮或干燥时变形。

撒拉族户外木凳吸收明代家具典雅、端

庄、刚柔并济风格的同时，在装饰上注重差异化，带有浓厚的宗教色彩。它严格遵守伊斯兰教义，采用花卉图案作为装饰，一方面美化了产品，另一方面又积极传达伊斯兰教义。装饰工艺方面，雕刻精细，但无过多堆砌，而是根据整体造型的需要，作恰如其分的局部装饰。从整体看，虽然施以装饰，但不失典雅的本色，可谓锦上添花。

撒拉族户外木凳结构严谨，尺度合理，造型大方，装饰简洁，且具备民族特征，是一款优秀的实用设计。

图片来源
图一　陈俊舟　摄影
图二至图九　蔡克中　制图

图二　撒拉族户外木凳效果图1

图三　撒拉族户外木凳效果图2

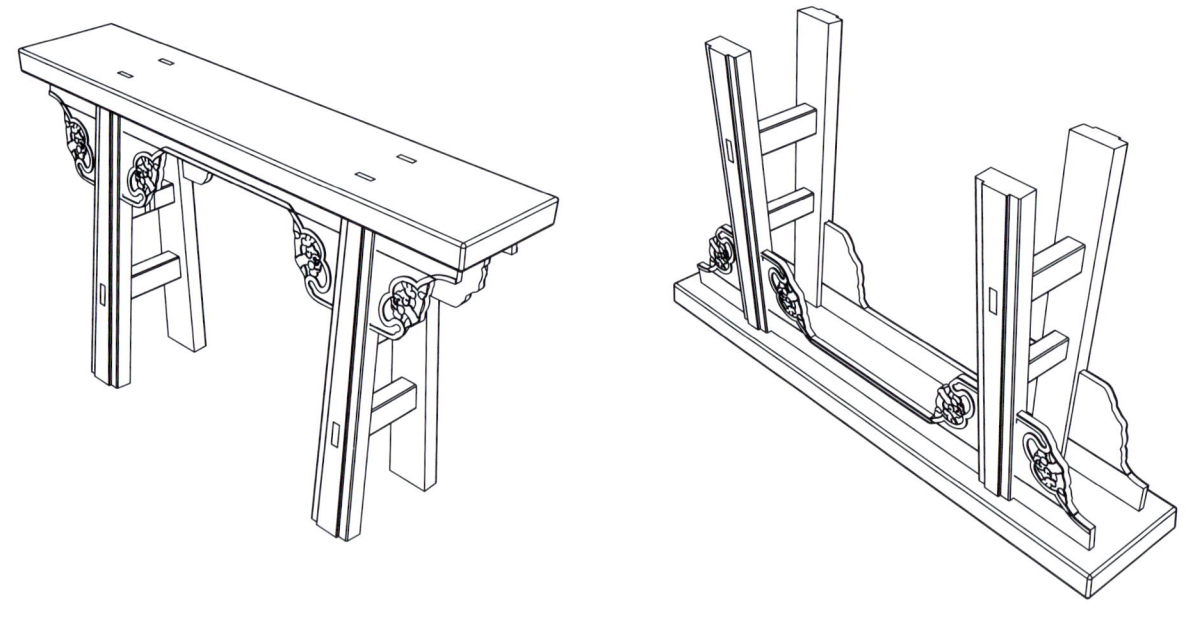

图四 撒拉族户外木凳线描图

图五 撒拉族户外木凳三视尺寸图（单位：cm）

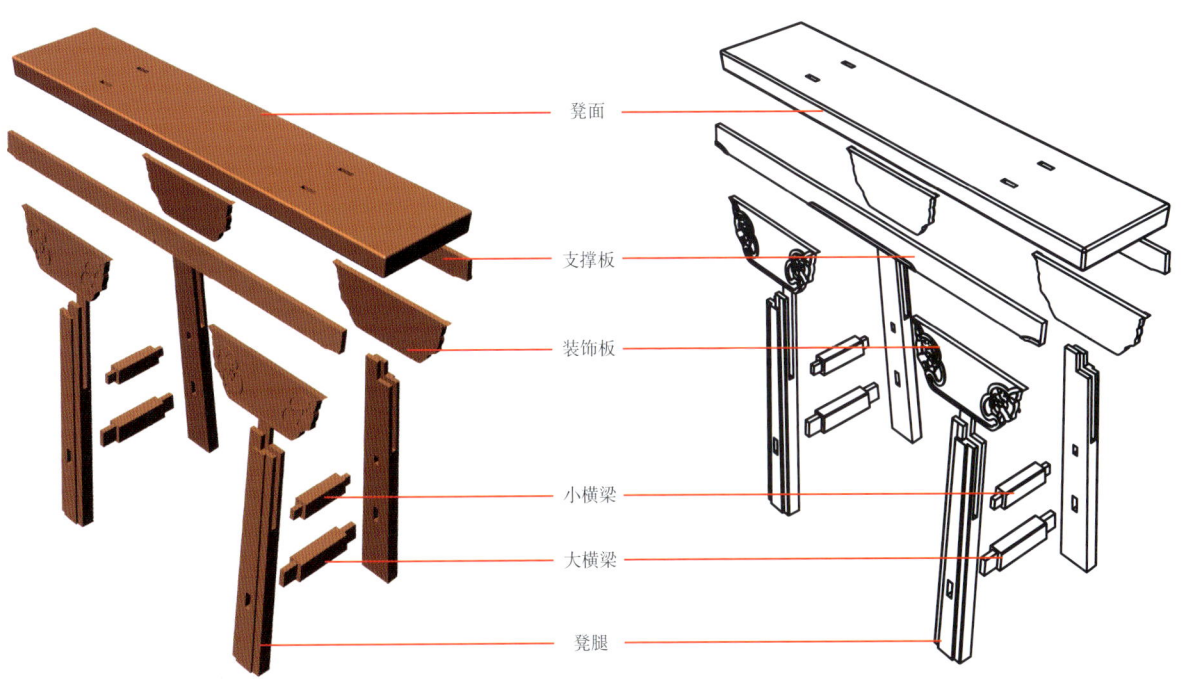

图六　撒拉族户外木凳结构名称图

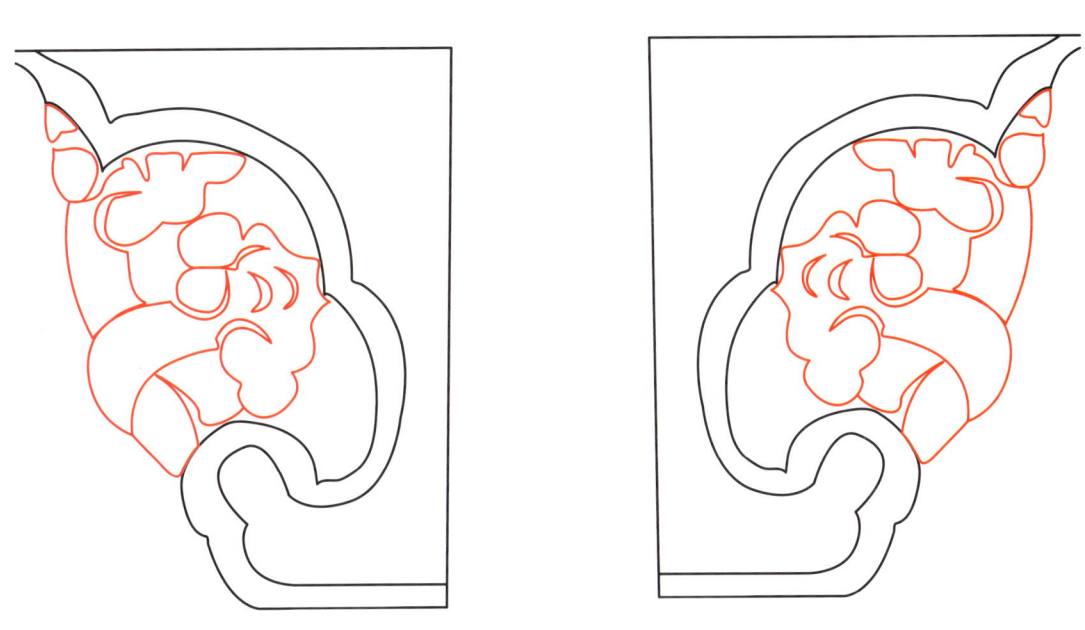

图七　撒拉族户外木凳细节分析图·雕花

第四章　撒拉族传统生活用具

165

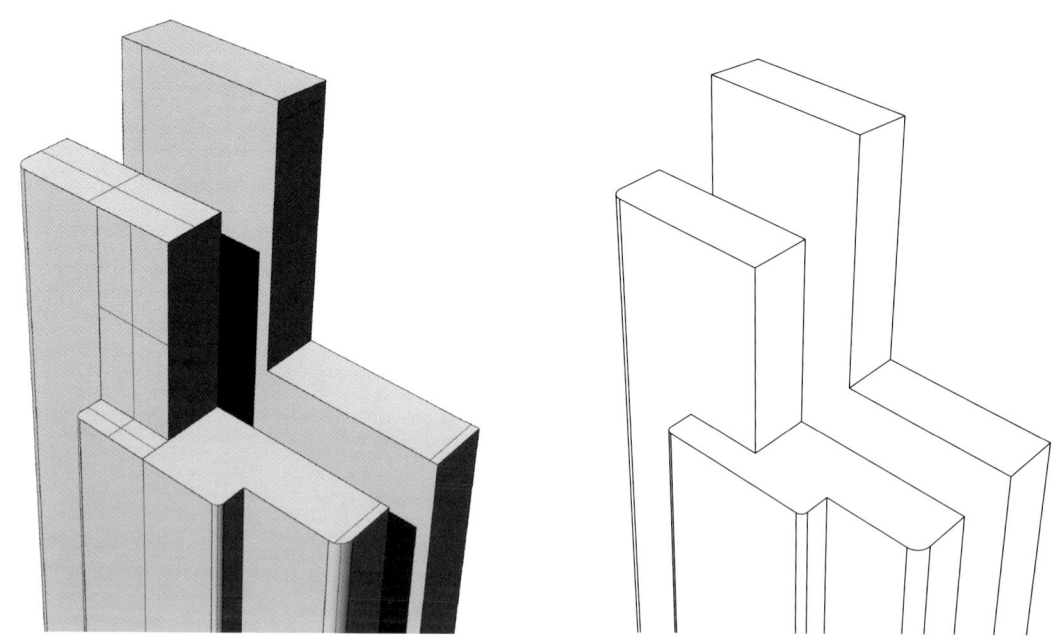

图八　撒拉族户外木凳细节分析图·榫头

图九　撒拉族户外木凳使用示意图

撒拉族大柜子

图一 撒拉族大柜子主图

　　大柜子，是撒拉族常用家具，一般摆放于卧室，用于收纳衣物。作为撒拉族日常生活中的重要家具，它做工较为讲究，通常也代表了一个家庭的生活水平。

　　本案例宽 250 厘米，高 220 厘米，进深 50 厘米，底部架空 15 厘米，体形较大。柜子正面、顶部均刻有花纹，正中间双开门，底部有暗格，便于储存被子等大件用品。柜子通体硬木材质，卯榫结构，顶部有突出檐状结构，表面涂暗色漆。

　　撒拉族大柜子的设计使用卯榫结构，非常紧凑。顶部略微向外突出，其造型与撒拉族木结构房顶类似，注重了与使用环境的协调性。注重收纳功能的实现，并以正中间双开门的方式减少衣物与外界接触的空间，进一步防潮、防菌。底部暗格的设计巧妙地实现了功能区的划分，使得衣服与被子等分开储藏，满足了不同物件的储藏需要。正面的抽屉划分，既是功能上的需要，也在形式上构成美感，丰富了层次。底部的曲线造型进一步强调了伊斯兰特征，并与顶部形成呼应，使得整体感更强。柜脚离地面较高，防潮效果较好。

柜子正面的装饰精美而不显繁缛，较为简洁，装饰图案多选用花卉，同时，有装饰的暗格与无装饰的柜门形成对比。

撒拉族家具借鉴了明代家具的优良传统，制作中讲究形、色、意、质、贵五个方面。形，就是指造型，撒拉族重视在家具中体现自己的民族特色。色，是家具体现出来的色泽，撒拉族人以朴素为美。意，指家具具有一些寓意，如吉祥、如意、多福、家和等。质，是指质量，坚固耐用一直是撒拉族人对于家具的追求。贵，即富贵，撒拉族人追求富裕美满的生活，其家具也体现出一定的贵气。

整体而言，这是一款功能划分合理、使用方便、造型简洁、具备民族特征的家具设计，对现代家具设计有启示意义。现代家具可以从中汲取养分，注重家具的功能实现、使用方便以及防潮、防霉等。另外，家具设计应与居家环境相统一，彼此和谐共存。

图片来源

图一　陈俊舟　摄影
图二至图七　贾庭伟　制图

图二　撒拉族大柜子爆炸图

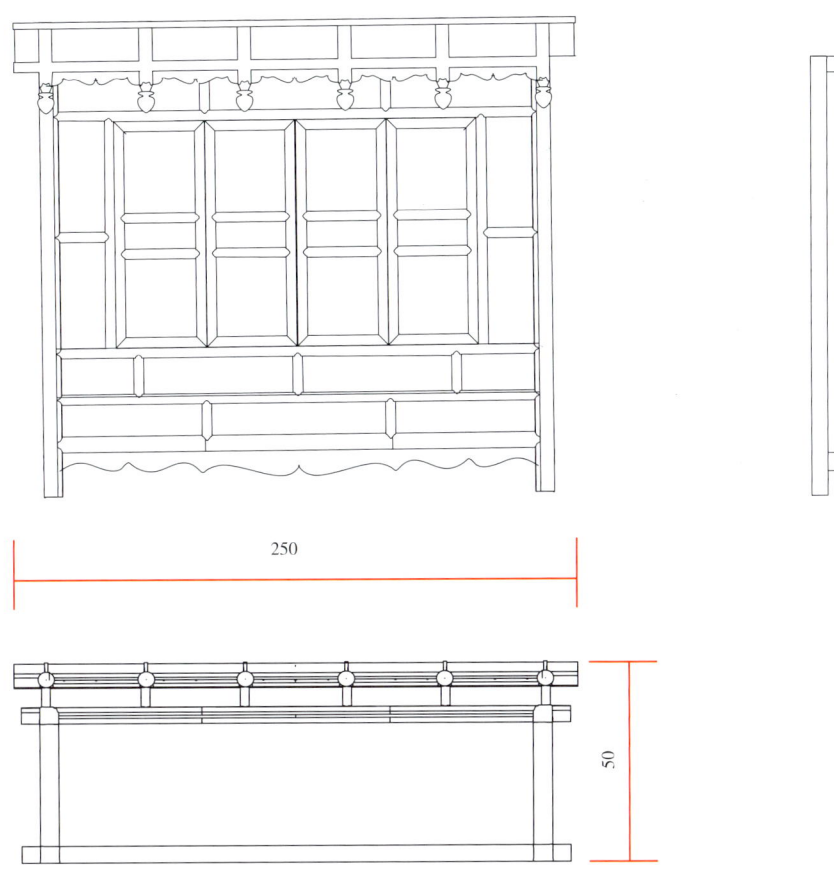

图三　撒拉族大柜子三视尺寸图（单位：cm）

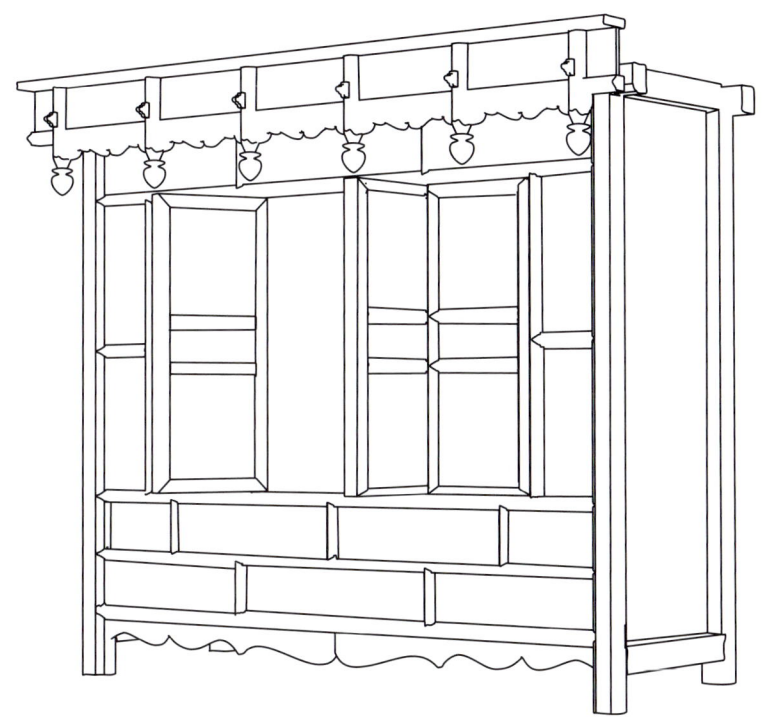

图四　撒拉族大柜子线描图

图五　撒拉族大柜子结构名称图

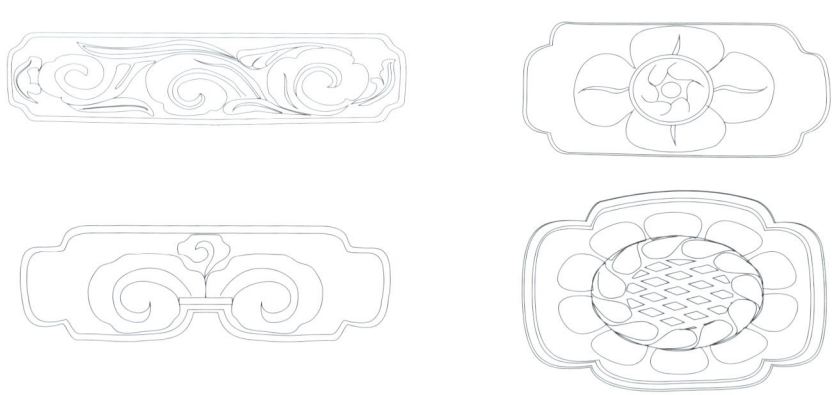

图六　撒拉族大柜子细节分析图

图七　撒拉族大柜子局部放大图

撒拉族老年人用小柜子

图一　撒拉族老年人用小柜子主图

小柜子，是撒拉族家庭常用的家具，一般摆放在炕头，用于放置衣服、枕头之类的物件。一般为木质，外面通常涂有暗色漆，装饰较简洁。小柜子主要有两种型制，老年人使用的小柜子型制通常较为单一，功能偏少，装饰也要简单一些。

本案例为老年人使用的一组小柜子，每个高约50厘米，长约84厘米，进深约28厘米，中间双开门，功能划分较单一。每个柜子由柜顶、柜帮、柜门几个部分组成，两扇柜门在中间，左右两侧有膛柜。柜子的整体组合方式为卯榫结构，非常结实。柜门四个角各有一个合页，中间有锁扣，并有吊牌，方便开启柜门。柜子的体量较小，这与老年人的物品较少有关系。这种小柜子一般采用硬木作为材料，坚固耐用，并在表面涂上一层深色漆，一方面可以保护柜子，延长其使用寿命，另一方面也起到了美化的作用。锁扣与拉环有简单的几何装饰，其他部位无任何装饰，这与老年人的心理需求是吻合的。

小柜子一般摆放在炕头，老年人会用它存放诸如枕头、被套、床单、小被子之类的物品，柜子顶部还可以摆放一些杂物，如存钱盒、杂物盒之类。

这款老年人在炕头使用的小柜子，使用非常方便，解决了老年人存放床上用品及其他起居用品的问题。它简单的功能划分，符合老年人对于操作的要求；合理的尺度设计，符合老年人的使用习惯；两个柜体的设计，事实上是一种组合化的方式，便于收纳不同的用品；质朴的造型，单一的配色方案，几近为零的装饰，符合老年人的审美心理。总体而言，这是一款不错的家居产品，现代老龄产品设计可以从中汲取养分。

图片来源
图一　白艳明　摄影
图二至图七　谢涛　制图

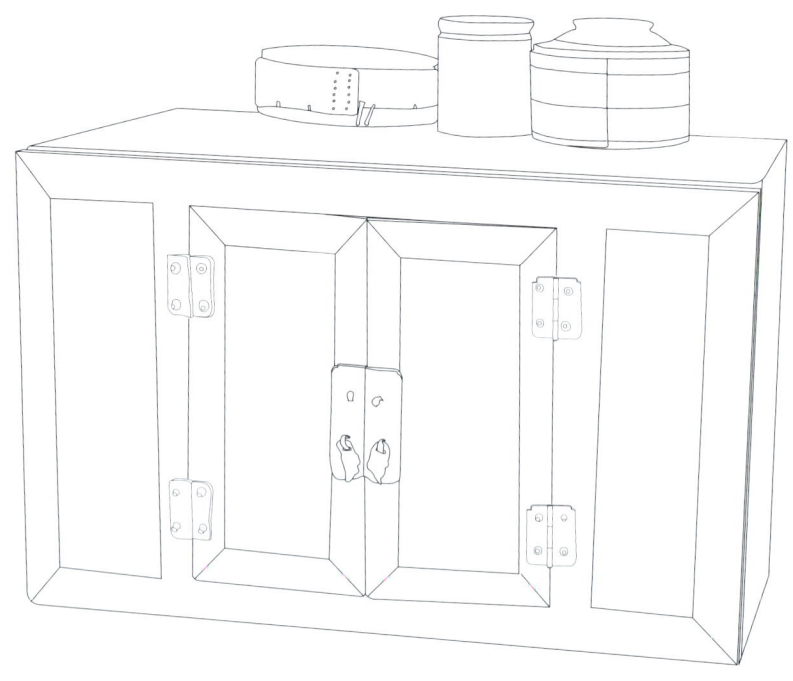

图二　撒拉族老年人用小柜子线描图

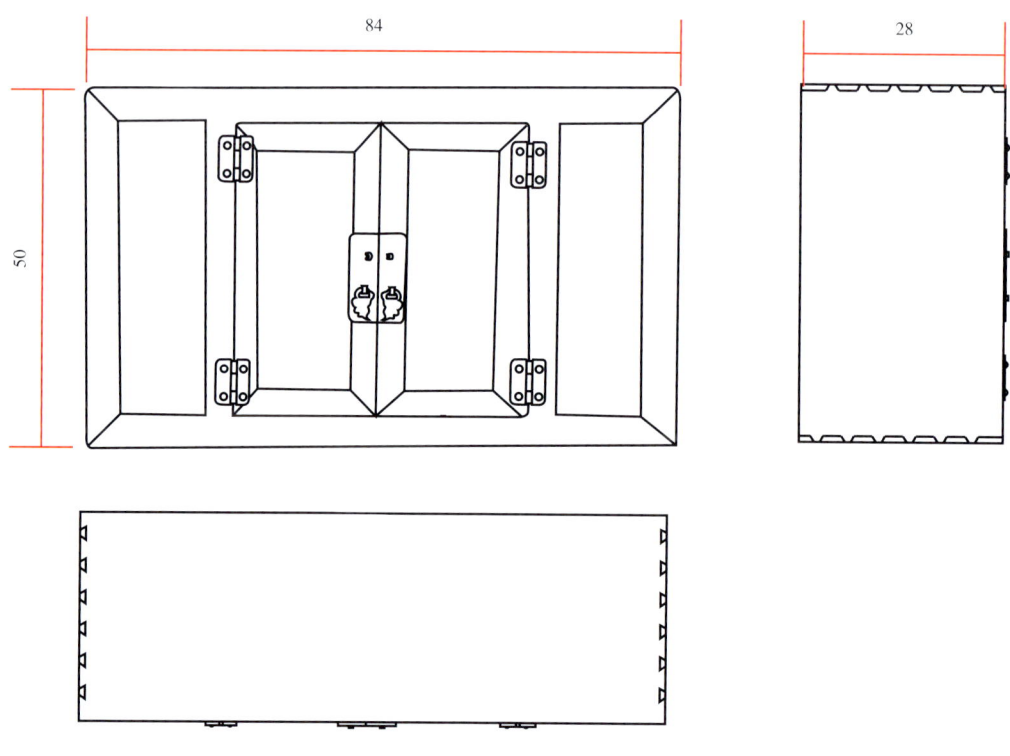

图三　撒拉族老年人用小柜子三视尺寸图（单位：cm）

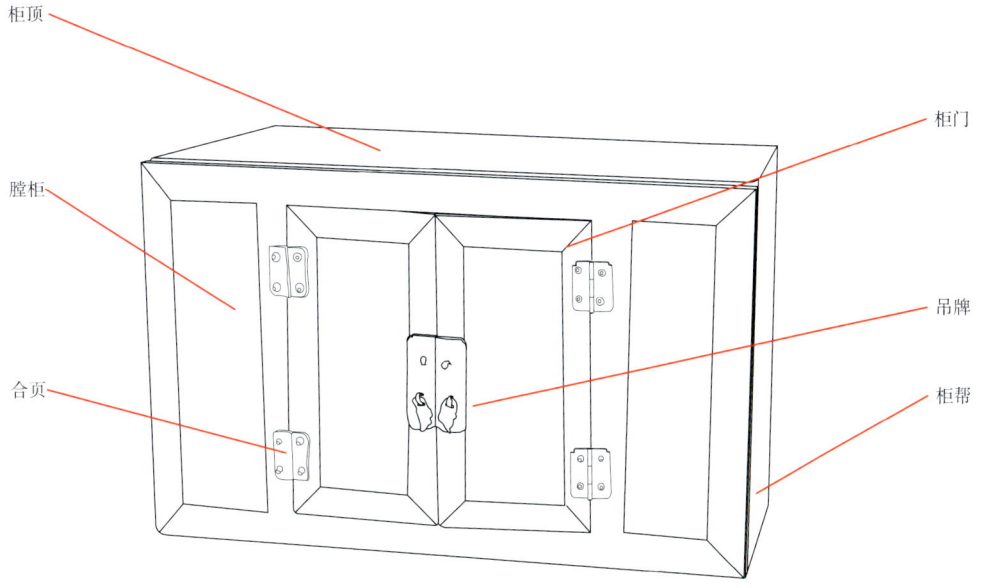

图四 撒拉族老年人用小柜子结构名称图

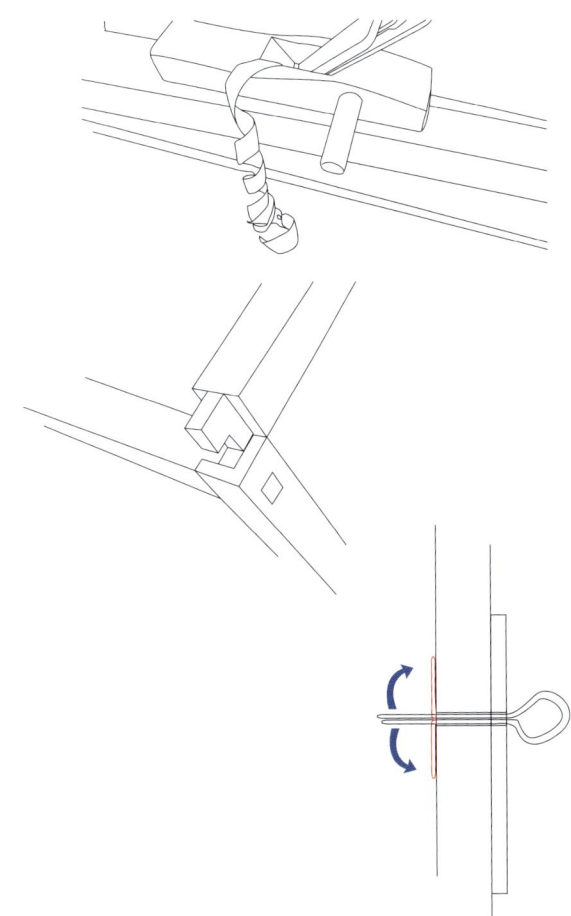

图五 撒拉族老年人用小柜子细节分析图

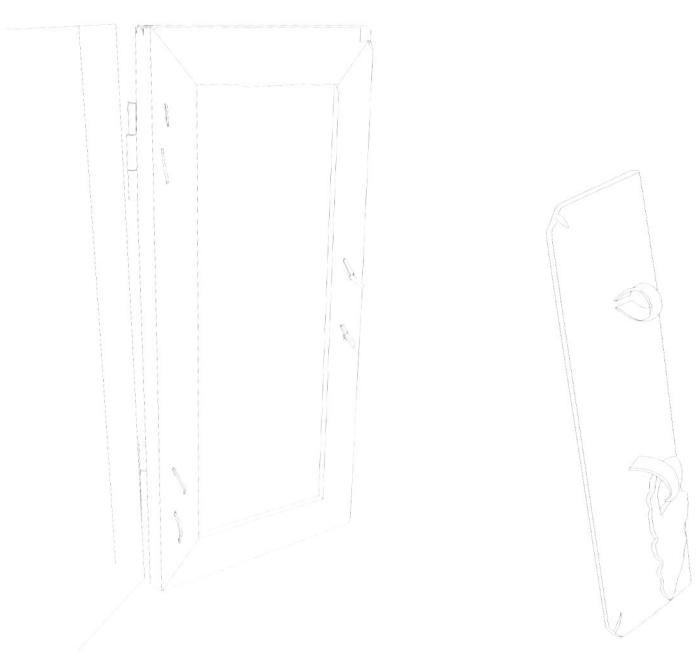

图六　撒拉族老年人用小柜子制作工艺图

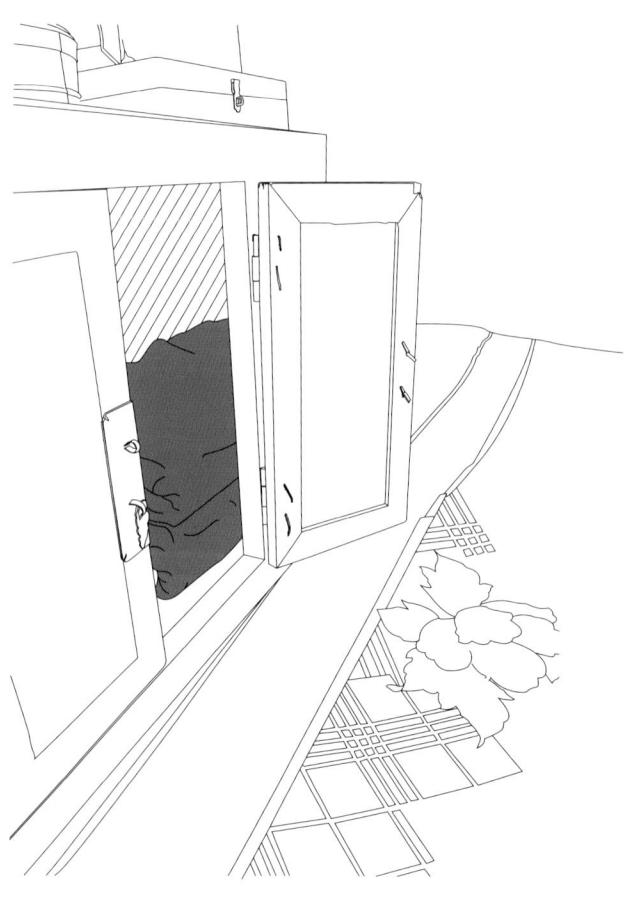

图七　撒拉族老年人用小柜子使用示意图

撒拉族年轻人用小柜子

图一　撒拉族年轻人用小柜子主图

小柜子，是撒拉族家庭常用的家具，一般摆放在炕头，用于放置一些衣服、枕头之类的生活物品。一般为木质，外面通常涂有暗色漆，装饰较简洁。小柜子主要有两种型制，年轻人使用的小柜子通常功能要丰富一些，相应的装饰更为讲究，比较喜庆。

本案例为年轻人使用的小柜子，高约 50 厘米，宽约 170 厘米，进深约 40 厘米。柜子大体分为左中右三部分，左右对称，按功能设有多个抽屉。左右两侧上部为双开门的柜子，可存放被子、枕头等大件物品；底部为两个小抽屉，可存放枕巾、袜子等。中间上部为小抽屉，下部为较大的抽屉。柜子底部有 5 厘米左右的柜脚，既可以防潮，又方便搬动。整体空间分割合理，有效地提高了柜子的使用效率。

柜体表面涂深色漆，正中间有抽象图案装饰。柜体共有 8 个装饰性较强的合页，抽屉上配有把手，并有简单的装饰。从装饰看，整体虽为暗色漆，但较老年人使用的柜子要亮一些，在合页及把手部位使用了简单的抽象图案装饰，显得美观大方。

这种摆放在炕头的小柜子，一般结婚时由女方陪嫁。它使用非常方便，解决了存放床上用品及其他起居用品的问题。整体结构为卯榫结构，坚固耐用；造型简洁，线条硬朗；大小抽屉的布置形成对比，活跃了面板的造型语言；抽屉的线条既是一种功能划分，也丰富了柜体的层次；合页的使用，既是使用的要求，也成为装饰的一部分；底部及柜脚的倒角处理运用了视错觉的原理，在一定程度上使得柜体不显笨重。总体而言，它的尺度设计充分考虑了使用环境的要素，色泽、装饰也符合年轻人的心理特征，值得现代设计借鉴。

图片来源
图一　白艳明　摄影
图二至图八　张宛楠　制图

图二　撒拉族年轻人用小柜子效果图

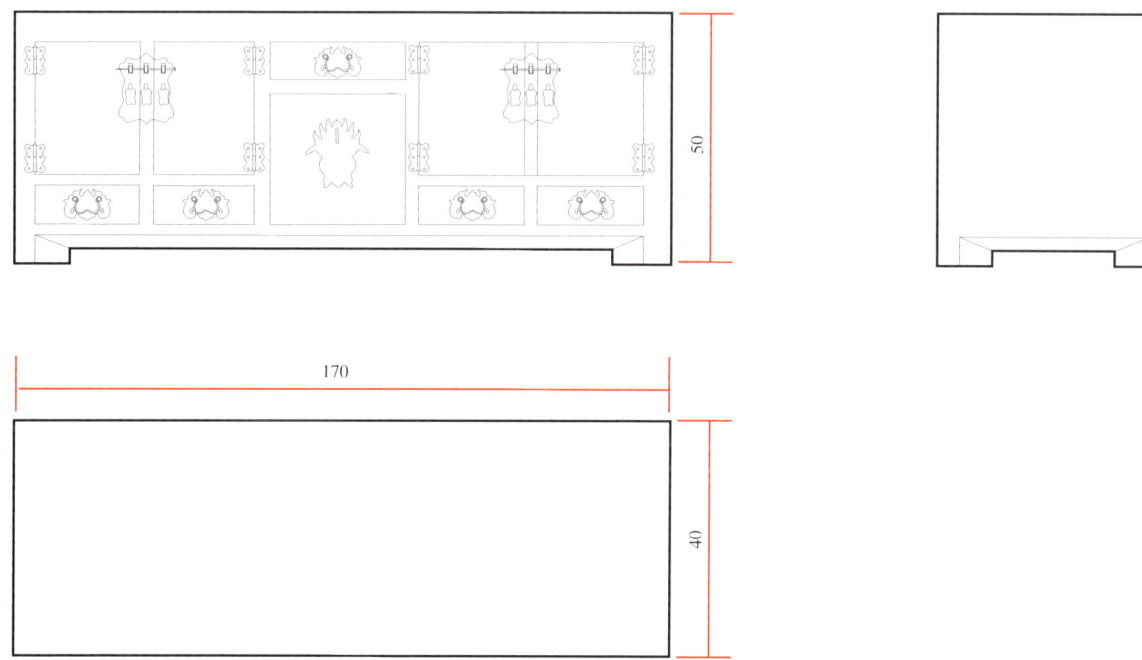

图三　撒拉族年轻人用小柜子三视尺寸图（单位：cm）

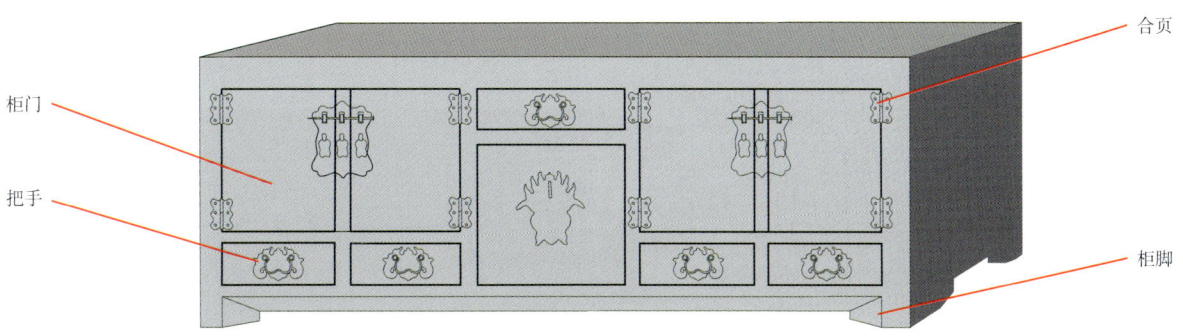

图四　撒拉族年轻人用小柜子结构名称图

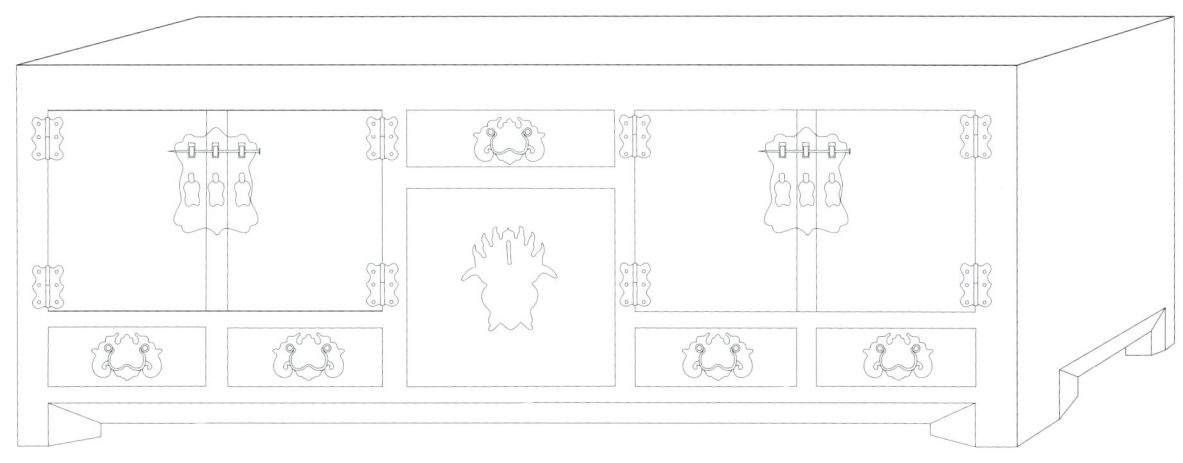

图五　撒拉族年轻人用小柜子线描图

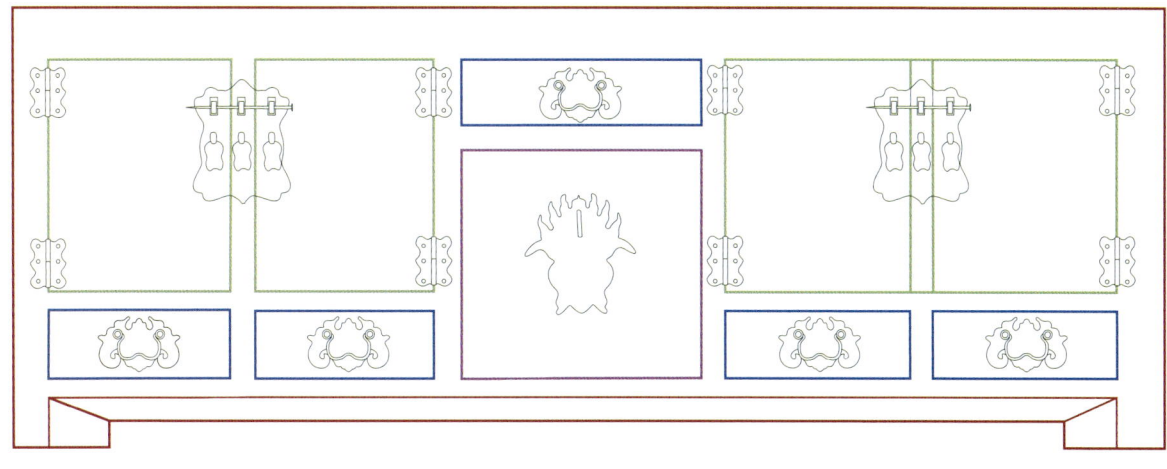

图六　撒拉族年轻人用小柜子结构分析图

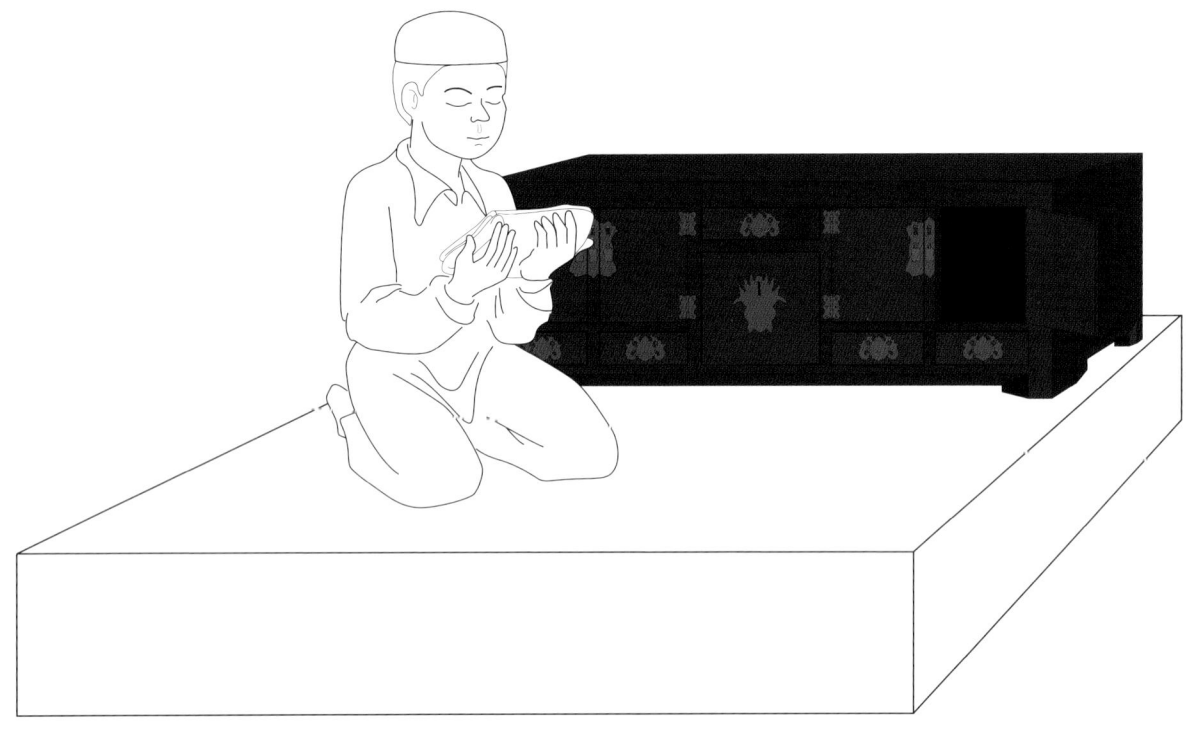

图七　撒拉族年轻人用小柜子使用分析图 1

图八　撒拉族年轻人用小柜子使用分析图 2

撒拉族炕桌

图一　撒拉族炕桌主图

炕桌是撒拉族家庭必备的家具之一，置于炕上，常作为餐桌，使用非常方便。一般为四条腿，高约20厘米—40厘米。撒拉族主要居于我国的西北地区，由于冬天气候寒冷的原因，家庭活动常集中于炕，一张精致的炕桌就成为必然的选择了。炕桌的基本样式可分为有束腰和无束腰两种。有些炕桌更为矮小，称炕几或炕案。如今，摆放在沙发前的矮桌也有叫炕桌的。

本案例为撒拉族家庭常见的炕桌，长77厘米，高25厘米，面宽37厘米，尺度适中。结构上以卯榫结构为主，非常结实。腰部呈较大波浪造型，并有简洁的花卉、卷草装饰，脚部为兽腿。四角的造型与中部形成呼应，并有简单的装饰。四个桌腿，在长方形桌子宽的一边分别有两根木棍相连，作为加固。整体而言，装饰较多，呈中亚风格，这可能与撒拉族先民的祖居地有关。

一般的撒拉族家庭都会在炕上摆放一张精致的炕桌，成为整个房间的点睛之笔。撒拉族人常盘腿坐于炕上，在炕桌上饮茶、就餐或写字等，非常方便。作为室内的重要家具之一，它既实用，也是一种装饰，并强调了撒拉族的民族特征。

炕桌的使用率非常高，撒拉族工匠在设计时选用了硬木材质，并合理处理了它的尺度，非常适合在炕上使用。此外，撒拉族炕桌一般在腰部、腿部会使用一些简洁、抽象的图案作为装饰，既美化了产品，又突出了它的民族特质，值得现代设计借鉴。

图片来源
图一　陈俊舟　摄影
图二至图八　蔡克中　制图

图二　撒拉族炕桌效果图 1

图三　撒拉族炕桌效果图 2

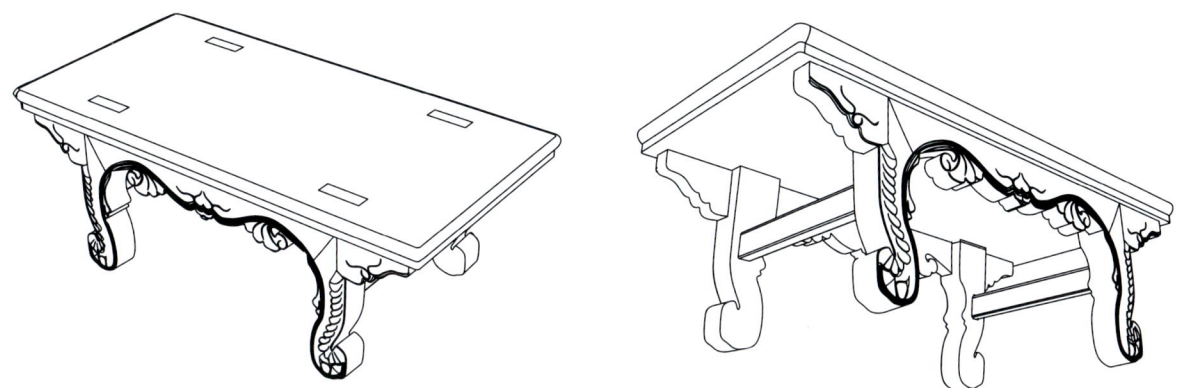

图四　撒拉族炕桌线描图

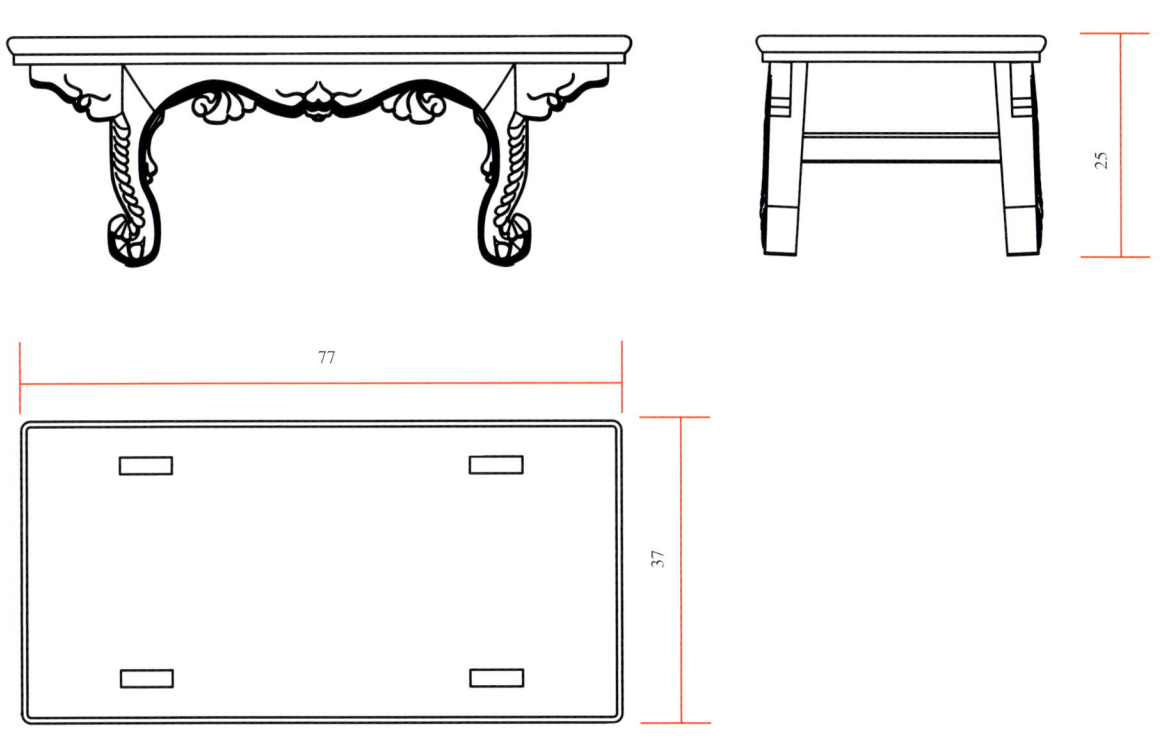

图五　撒拉族炕桌三视尺寸图（单位：cm）

第四章　撒拉族传统生活用具

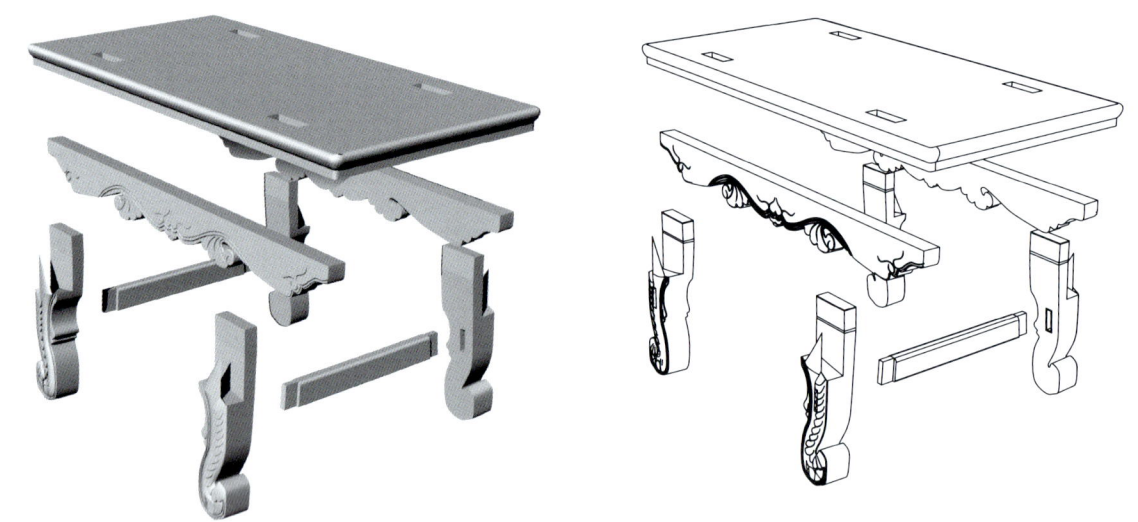

图六 撒拉族炕桌爆炸图

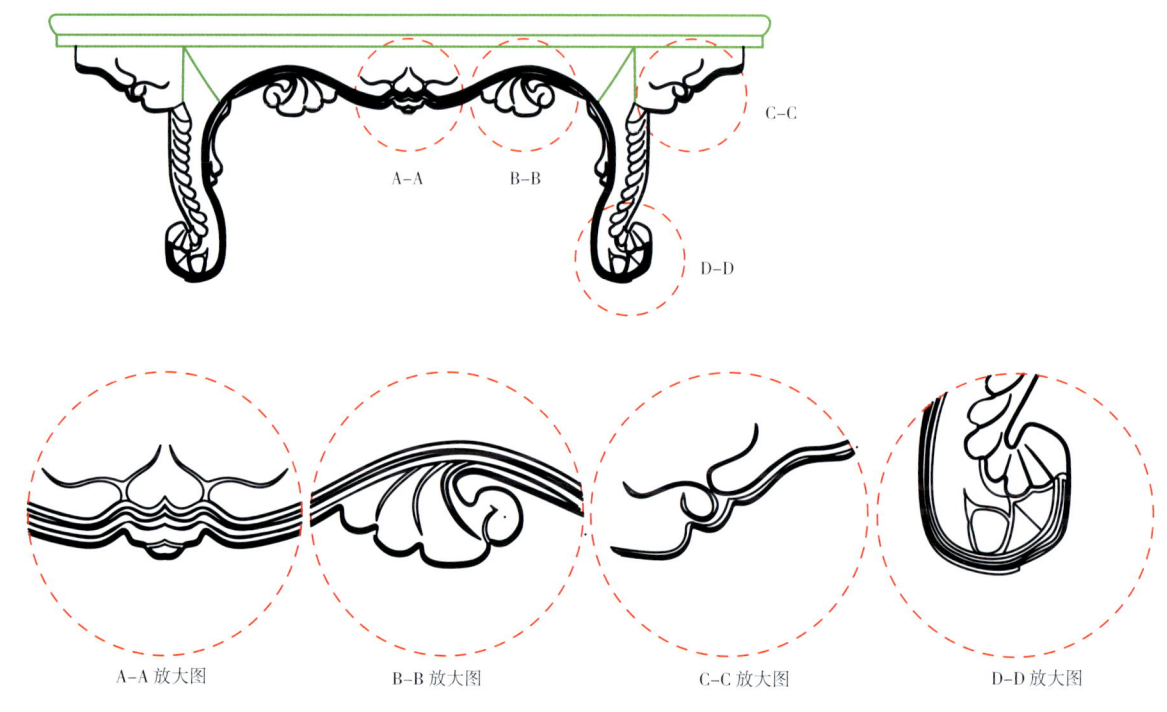

A-A 放大图　　B-B 放大图　　C-C 放大图　　D-D 放大图

图七 撒拉族炕桌雕花放大图

图八 撒拉族炕桌使用示意图

第四章 撒拉族传统生活用具

撒拉族正堂红椅

图一　撒拉族正堂红椅主图

撒拉族家庭一般比较注重正堂，会用心摆设，其中椅子是非常重要的。本案例为红色靠背椅，坐高约 50 厘米，通高约 100 厘米，宽约 48 厘米。椅子为卯榫结构，靠背略带弧形，通体漆大红色，造型颇似明代家具，最大区别在于靠背绘有菊花图案，椅面下部有大波浪曲线造型，具有较明显的伊斯兰特征。

严格的比例关系是家具造型的基础，正堂红椅的比例就颇为协调。其局部与局部的比例，局部与整体的比例，都匀称而几近完美。整体线条挺拔，刚柔相济，呈现出简练、典雅的美感。

椅面正中有一长方形暗框，使得椅面不至于单调。扶手高度合理，其曲线的设计与整体较为硬朗的线条形成对比，丰富了层次感。腰靠较宽，其弧度与人的坐姿形态吻合，增加了舒适性。此外，腰靠、扶手等的设计，能保证一个端正的坐姿。腰靠采用大型金黄色花卉作为装饰，与椅子的大红色形成对比，醒目而不失典雅。椅面正下方的大波浪造型，既是一种紧固装置，也达到了装饰的效果，并体现出民族特征。其他椅腿之间也有相应的加固装置，只是在装饰上较为收敛。其卯榫结构的使用,使得椅子的稳定性非常好,并延长了使用寿命。

整体而言,撒拉族正堂红椅结构严谨,比例协调;靠背的弧线与人保持坐姿时的脊柱形态吻合,非常符合人机工程学原理;色调以大红为主,传达了喜庆的气息;装饰方面,采用常见的花卉等图案,美化产品的同时,严格遵守伊斯兰教义。

图片来源

图一　陈俊舟　摄影

图二至图九　蔡克中　制图

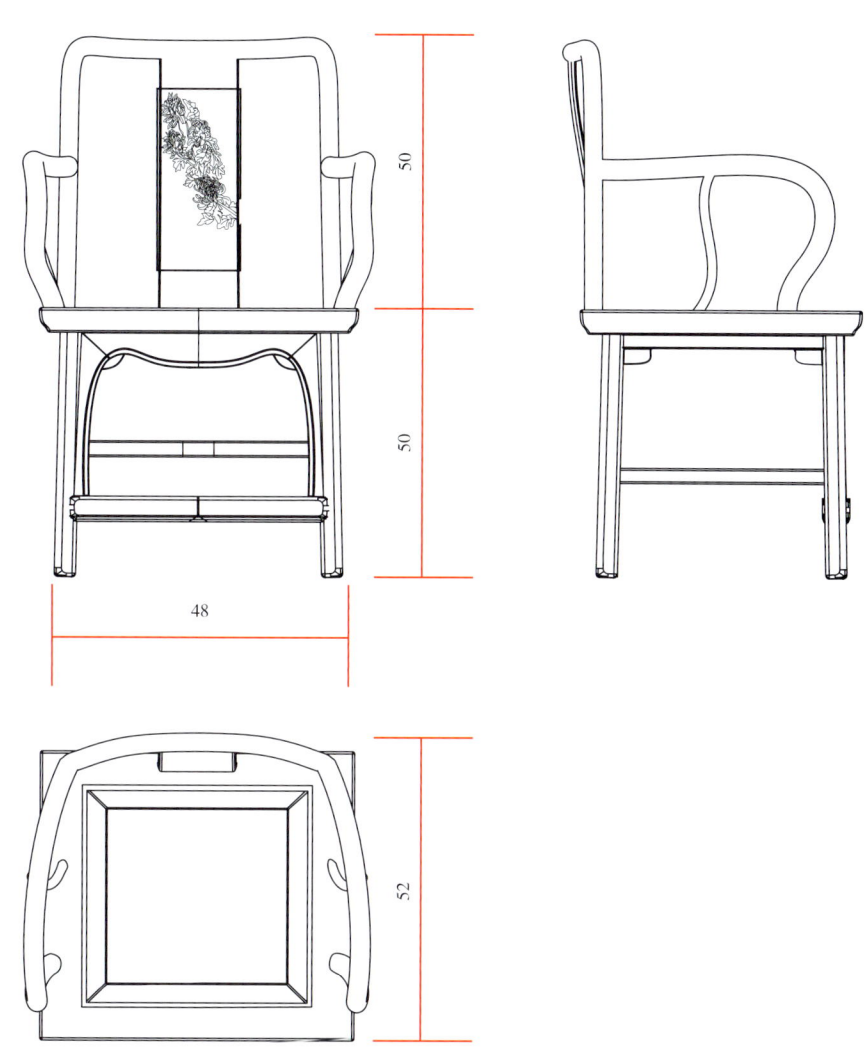

图二　撒拉族正堂红椅三视尺寸图(单位:cm)

图三　撒拉族正堂红椅效果图

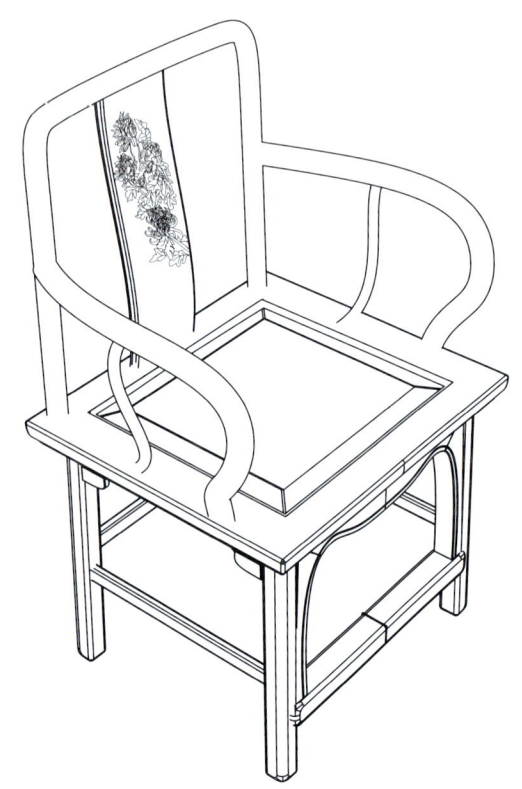
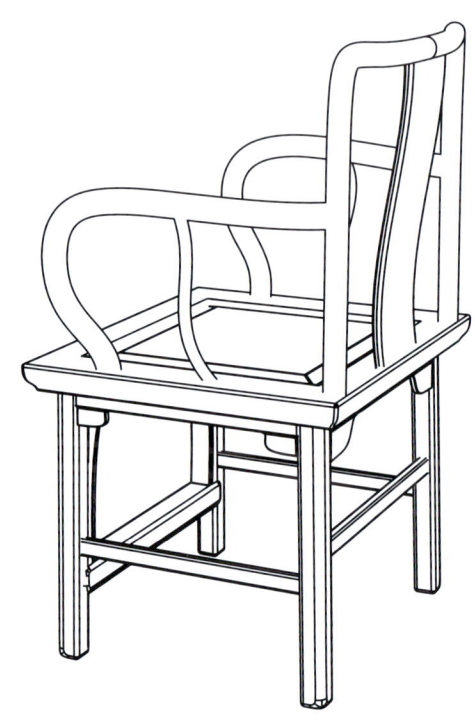

图四　撒拉族正堂红椅线描图

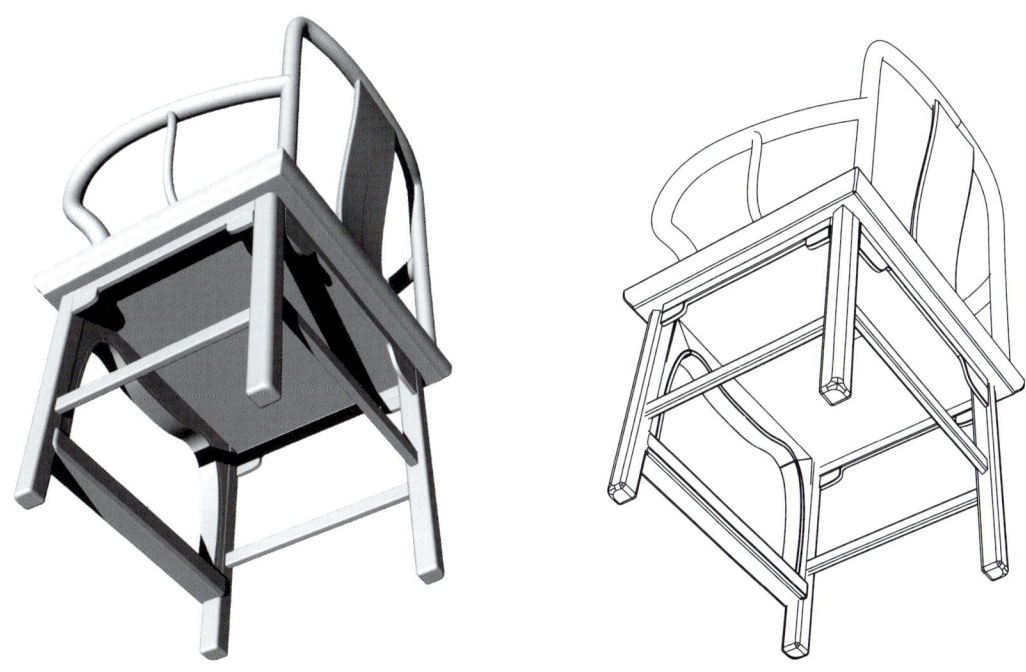

图五　撒拉族正堂红椅底部结构分析图

图六　撒拉族正堂红椅靠背花纹分析图

第四章　撒拉族传统生活用具

图七　撒拉族正堂红椅结构名称图

图八　撒拉族正堂红椅爆炸图

图九　撒拉族正堂红椅使用示意图

第五章
撒拉族传统生产工具

撒拉族草杈

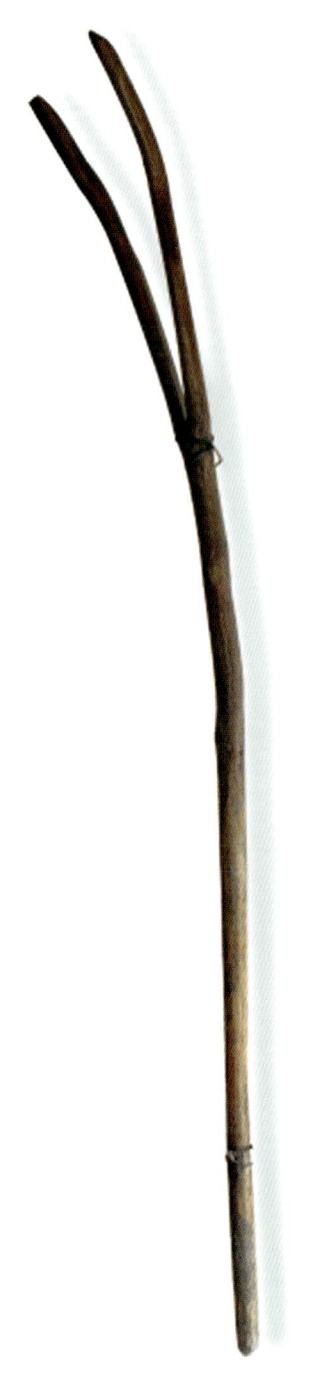

图一 撒拉族草杈主图

撒拉族是一个热爱劳动的民族，其农业生产受汉族的影响比较大，生产方式、生产工具也大多受到汉族及周边民族的影响。

本案例为挑麦穗、青草等的草杈，也可作为扁担使用，功能较多，在撒拉族家庭中较为常见。它一端为"Y"字形，另一端为直的，取材多为硬木。

撒拉族的主要农作物为小麦、青稞、荞麦等，经济作物有大豆、油菜、胡麻等。此外，撒拉族群众热衷于畜牧业，大量养殖羊、牛、骡、驴等。从撒拉族农牧业生产方式中可以看出，挑麦穗、青草是常见的劳作方式。因此，一件合理高效的工具就成为撒拉族人的必然需求了。草杈的出现解决了这一问题，它最大的特点在于使用方便，功能多样化。前端的"Y"字形结构可以拨弄麦穗、青草等；而作为肩挑的工具时，"Y"处也能起到防止物品掉落的作用。此外，草杈前端的"Y"字形结构也是一种语义上的直观表达，使人一望便知它的功能性。草杈取材方便，这种"Y"字形的树枝随处可见，只要把多余的枝叶削除即可。另外，从草杈的尺度设计来看，也是符合多功能需求的。晒麦穗的时候，撒拉族群众用草杈来翻动麦穗，或者打完麦穗后将麦秆挑走；喂食牛羊时，也可用它来挑青草，作扁担用。如此看来，它是多种功能的组合，是撒拉族劳动人民智慧的结晶。

撒拉族草杈，与现代设计中的"无意识设计"有共通之处，看似没有过多的设计痕迹，其实于无形中达到了设计的目的，用户的接受非常自然。草杈的巧妙之处在于，使用随处可见的自然材料，稍做加工即可；一端"Y"字形的设计实现了挑麦穗、青草等的功能，另一端保持原状，可做扁担使用，实现了一物多用。就地取材、成本低廉、制作简单，但使用起来方便高效、功能多样，这些优点值得现代设计借鉴。另外，设计师还应从草杈的设计中，进一步体悟"设计源于生活"的道理，体验生活是一种正确的设计态度。看似简单的劳作，其中或许蕴藏着生活的智慧，而精彩的创意即可从中诞生，撒拉族草杈的设计就是最好的证明。

图片来源

图一　陈俊舟　摄影

图二至图九　林莉　制图

图二　撒拉族草杈效果图

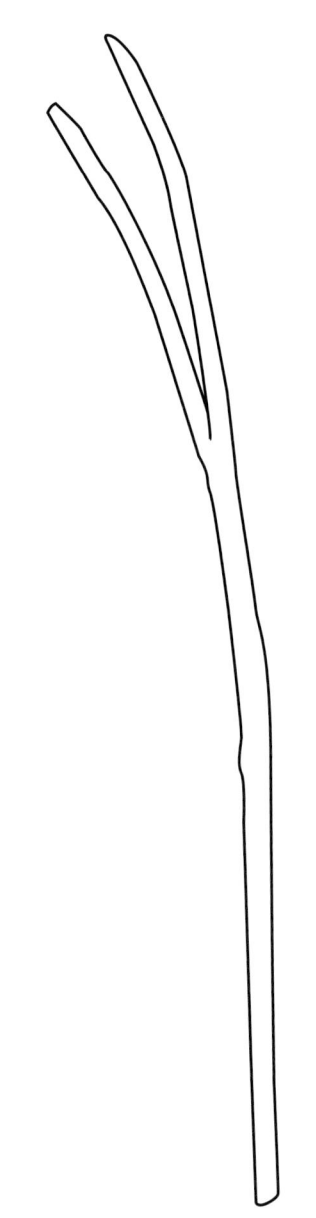

图三　撒拉族草杈线描图

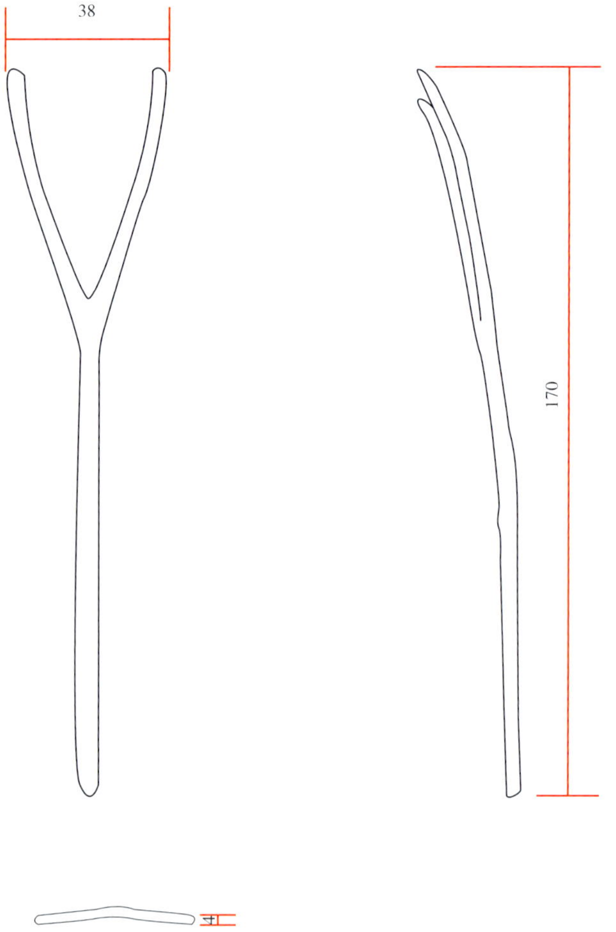

图四　撒拉族草杈三视尺寸图（单位：cm）

图五　撒拉族草杈结构名称图

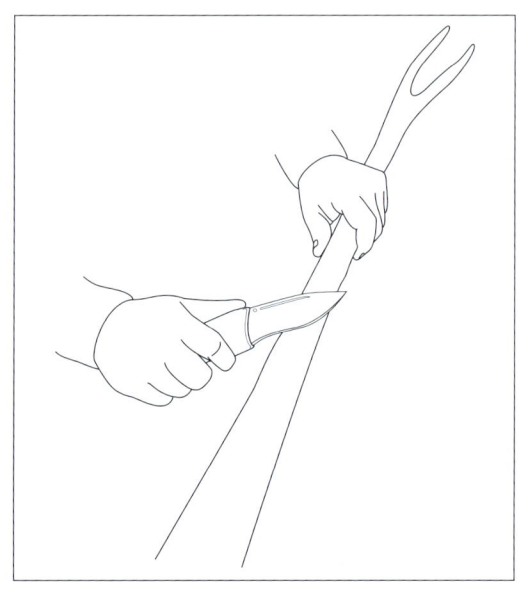

图六　撒拉族草杈制作工艺图

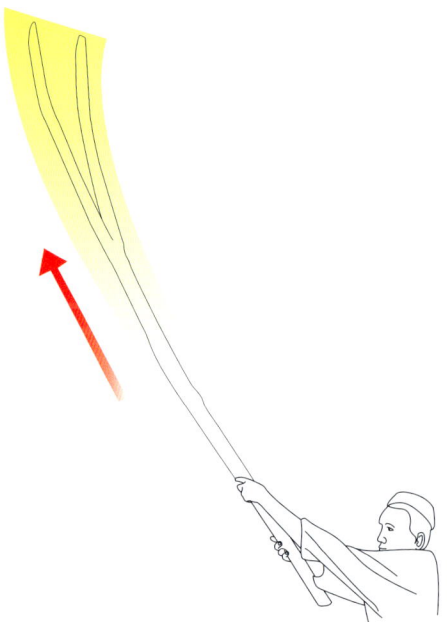

图七　撒拉族草杈受力图

图八 撒拉族草杈使用示意图

图九 撒拉族草杈使用氛围图

撒拉族耱耙

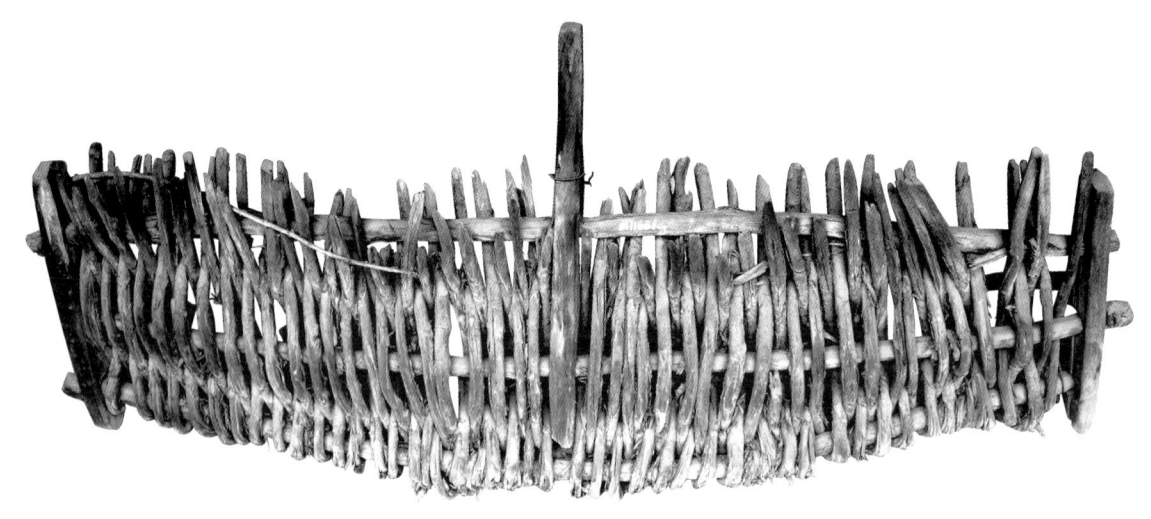

图一　撒拉族耱耙主图

撒拉族一般种植小麦，小麦一年两熟，收割后还可以种植一些经济作物，如豆类和洋芋等。耕种中一个很重要的程序是耱地，而耱地使用的主要农具即为耱耙。它是一种用荆条编织的生产工具，一般用畜力或人力来拖动。一年通常需要耱地四次，即农作物收割犁地后耱地一次，漫两次水后耱地一次，大约10天后再耱地一次，次年犁地前最后一次耱地。

本案例为撒拉族群众使用的耱耙，宽135厘米，高36厘米。

耱耙由撑杆、耙杆、耙齿组成，撑杆为主要受力部分，中间的较粗，两边各有一块较细的，通常用硬木做成；由三根带弧度的耙杆将三块撑杆连接在一起；荆条缠绕在耙杆上，使得耱耙更加紧密、结实，形成耙齿。

使用时，由一头或者两头牛同时拉着中间的耙杆行进，将土壤耙松。也可以使用人力拉着耱耙耱地，不过那样就辛苦一些。

制作耱耙时，荆条的编织非常重要，它的紧密程度通常决定了耱耙的耐用情况，所以撒拉族工匠制作耱耙时，会非常耐心地将荆条紧紧地缠绕在耙杆上。此外，耙杆的弧度也是有讲究的，弧度不能太大，否则松土效果较差；弧度太小的话，拉起来又会非常费力，这些都是制作耱耙时应该注意的。

耱耙结构清晰，选材较为常见，制作工艺简单，但却非常耐用，是一款优秀的实用性设计，值得借鉴。

图片来源
图一　陈俊舟　摄影
图二至图九　蔡克中　制图

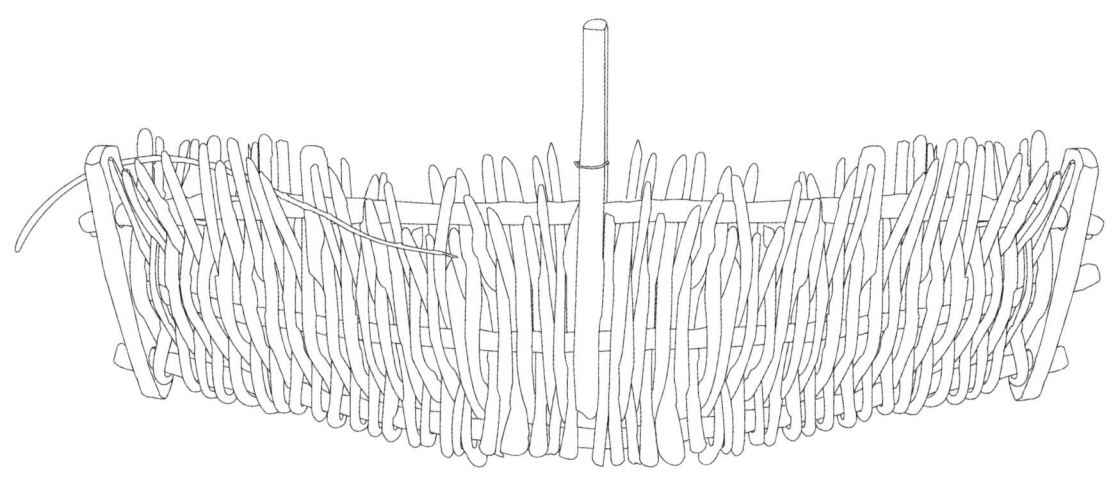

图二 撒拉族耱耙线描图

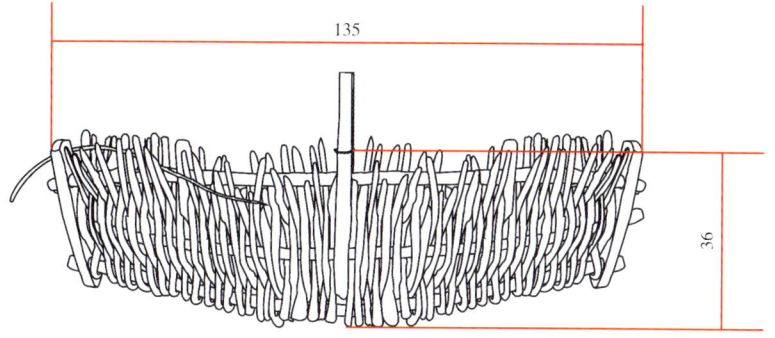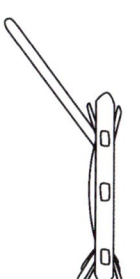

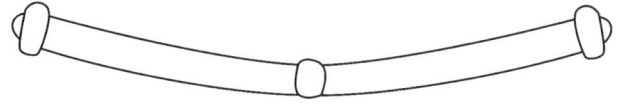

图三 撒拉族耱耙三视尺寸图(单位：cm)

第五章 撒拉族传统生产工具

195

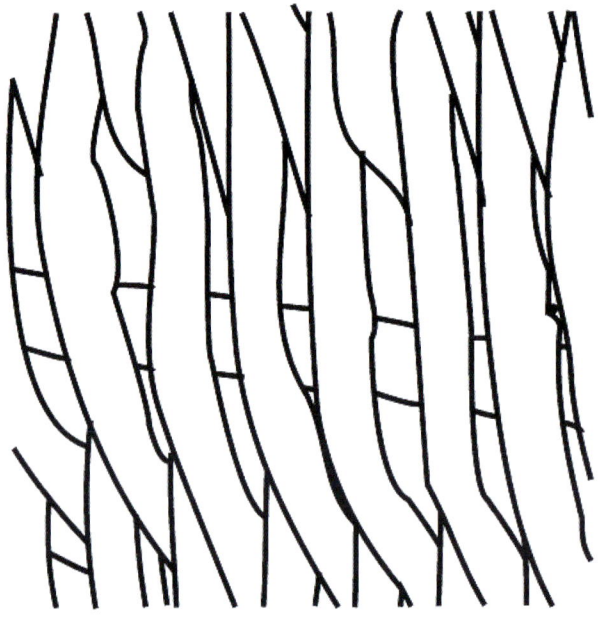

图四　撒拉族搪耙细节分析图

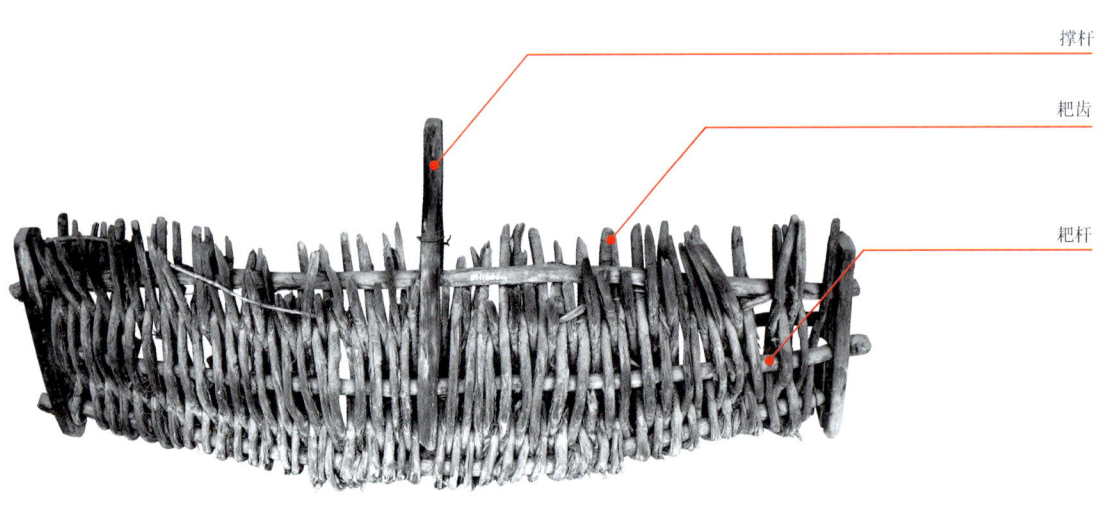

图五　撒拉族搪耙结构名称图

图六 撒拉族搪耙制作工艺图

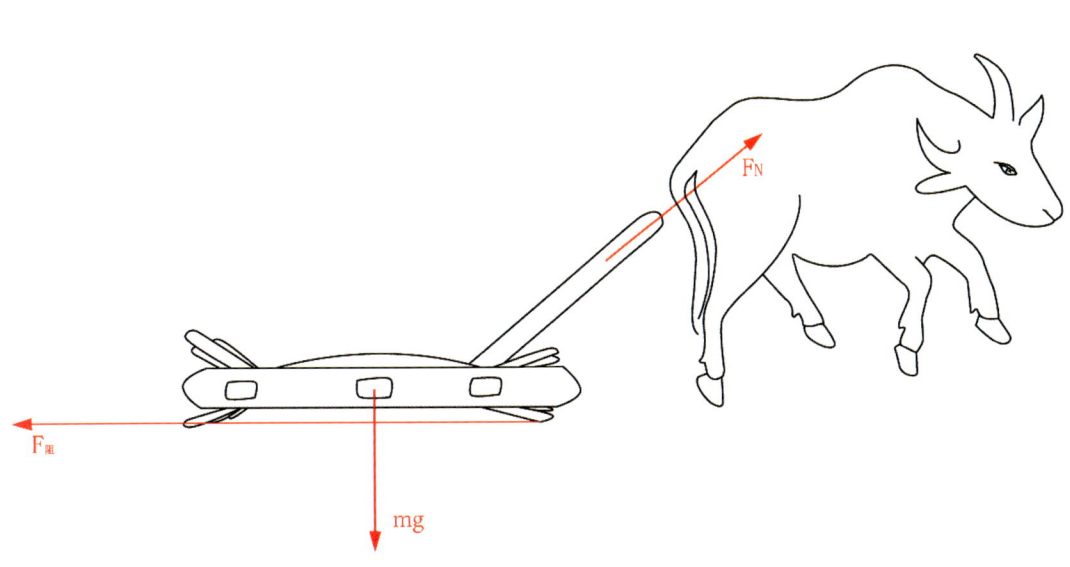

图七 撒拉族搪耙受力分析图

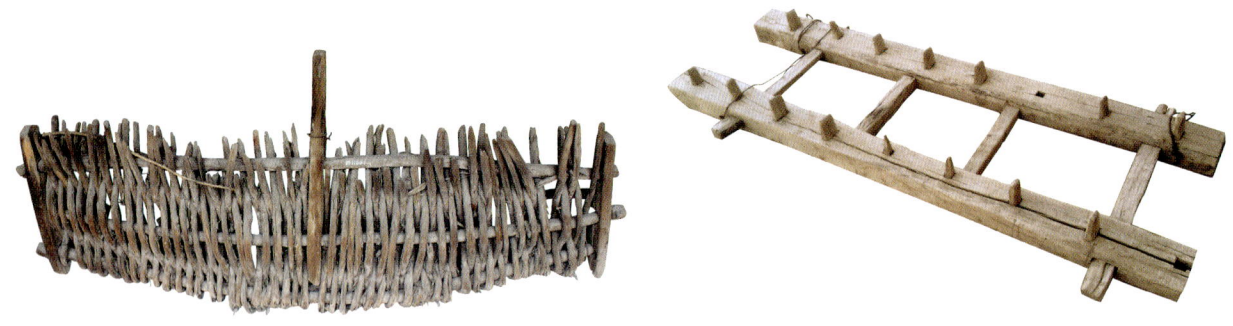

图八 撒拉族耱耙同类产品对比图

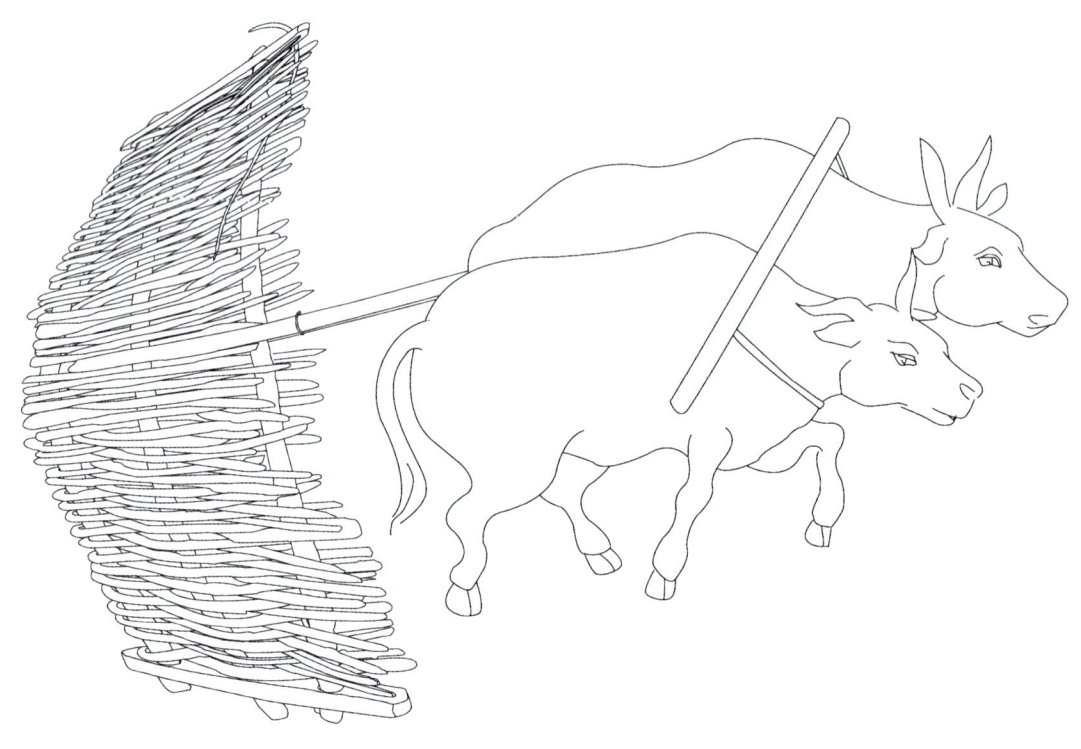

图九 撒拉族耱耙使用示意图

撒拉族刮刀

图一 撒拉族刮刀主图

刮刀是撒拉族宰羊时用的一种辅助工具，一般为铁质，主要用来刮取羊皮上的碎肉。刮刀的制作较为简单，一般的铁匠都会制作，成本低廉。

本案例长 24.5 厘米，宽 16 厘米，手柄长 8 厘米，手柄直径为 3.2 厘米。

刮刀的结构清晰，由把手、护手、刀身三部分组成。其中，把手为铁质，前端略尖；护手为木质，紧紧地套在把手的前端；刀身呈 90 度弯曲，后端为尖角，紧紧地插入把手中，前端较宽，呈扇形，较为锋利。刀身的弯曲度考虑了使用时的舒适性，刮取碎肉时腕部能保持顺直的状态，不易疲劳。刀身前端的扇形则考虑了使用场景，接触面较大，刮取羊皮上的碎肉方便而高效。此外，这种扇形结构，从语义的角度而言也是成功的，非常直接地提示了功能。宰羊时，一般由经验丰富的撒拉族老人，将羊头朝下挂在树枝上，切开羊皮后，手握刮刀，将羊皮上的碎肉一点一点地刮干净，既避免浪费羊肉，也保证了羊皮的品质。这样一来，羊皮就可以用来制作专门的用品了，如羊皮帽子、羊皮袄等。羊肉是撒拉族人非常喜爱的食物之一，特别是在宰牲节的时候，家家户户都要宰羊待客，这时，刮刀就成了必不可少的工具。

作为宰羊的辅助工具，刮刀选材合理，制作简单，结构清晰，语义明了。其设计充分考虑了人在使用过程中的便利性及舒适性，刀身的弯曲符合人机工程学的原理，让手感更舒适，也更省力；刀身前端的扇形结构，提高了刮取碎肉的效率；尺度设计合理，适合精细工作。撒拉族刮刀虽然简单，可是其中的细节部分，是经过精心考量的，而且达到了较好的效果，值得借鉴。

图片来源

图一　陈俊舟　摄影

图二至图九　蔡克中　制图

图二　撒拉族刮刀效果图

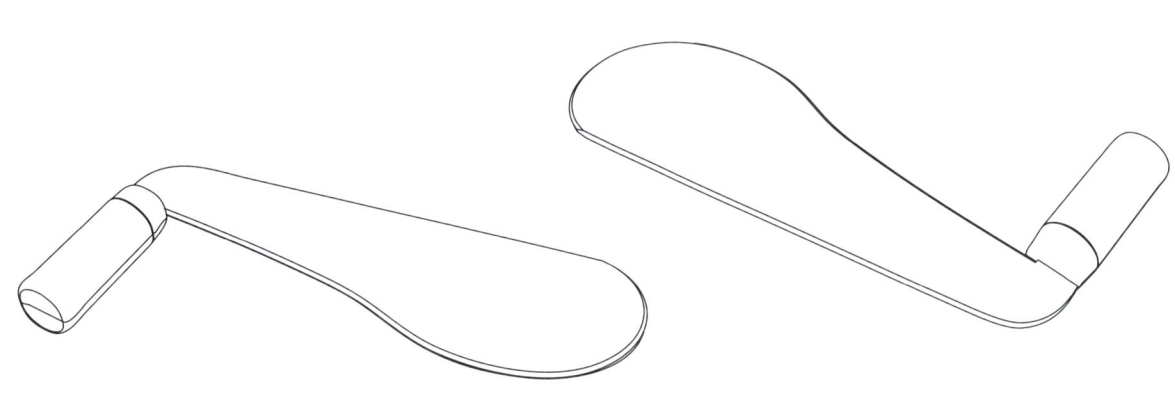

图三　撒拉族刮刀线描图

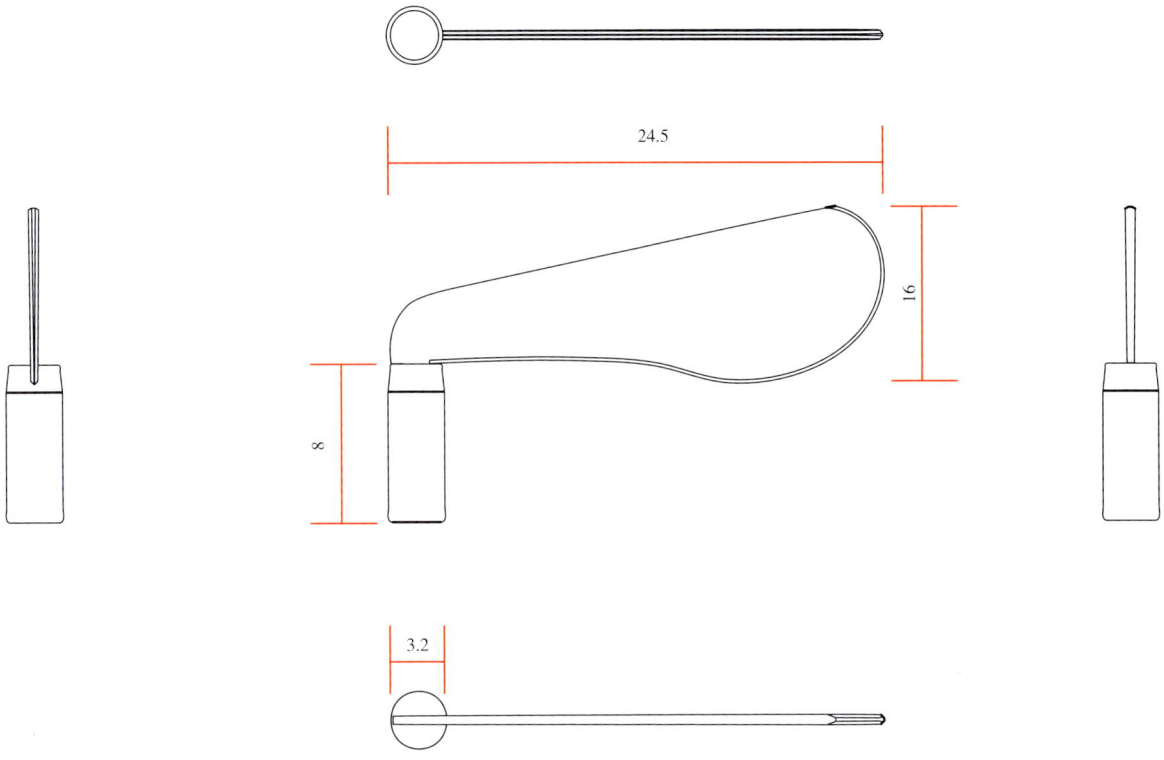

图四 撒拉族刮刀五视尺寸图（单位：cm）

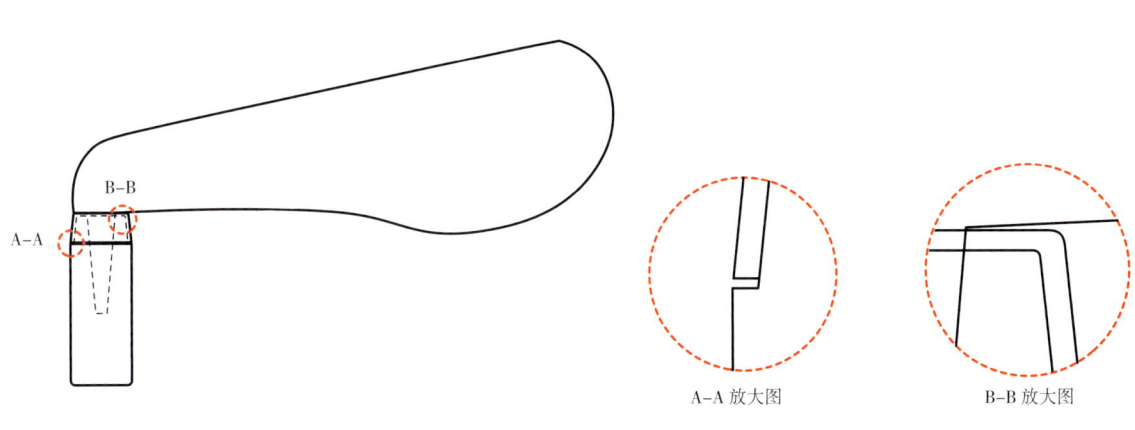

图五 撒拉族刮刀局部放大图

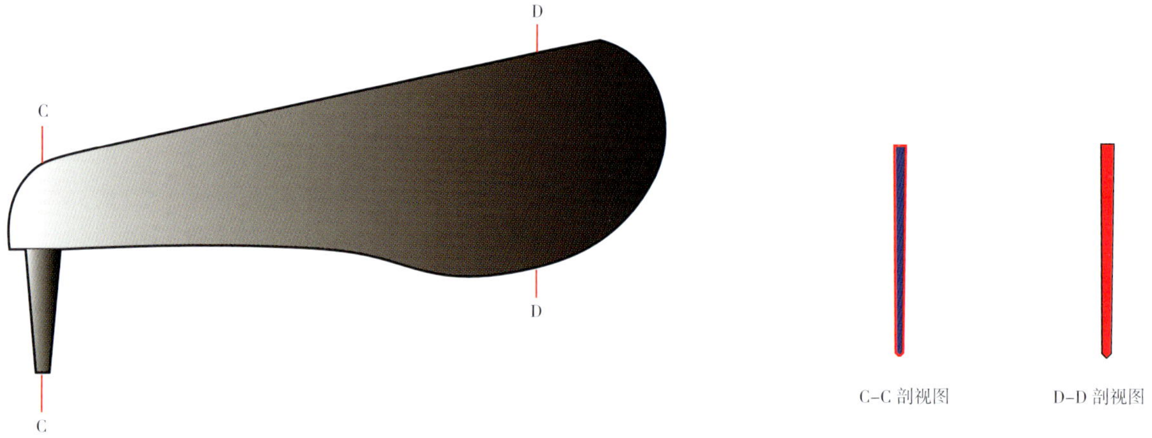

C-C 剖视图　　D-D 剖视图

图六　撒拉族刮刀剖视图

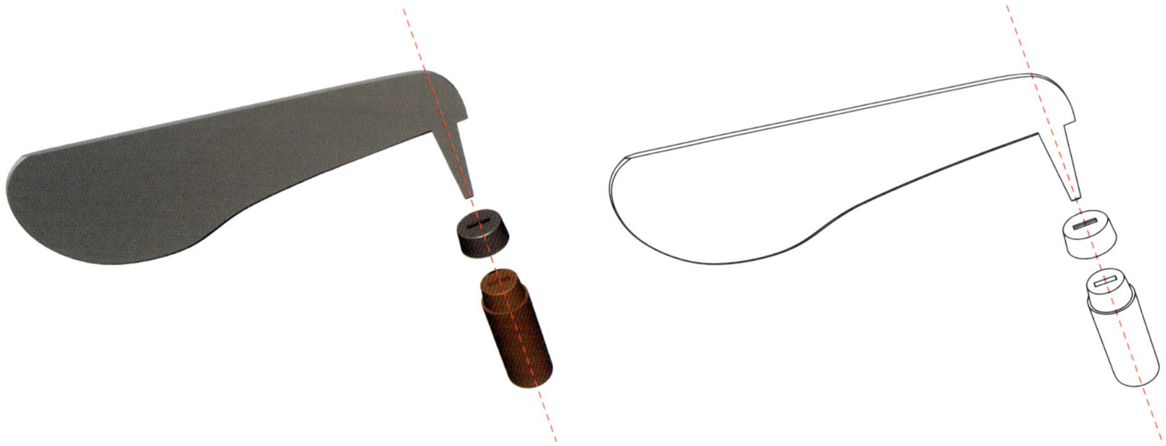

图七　撒拉族刮刀爆炸图

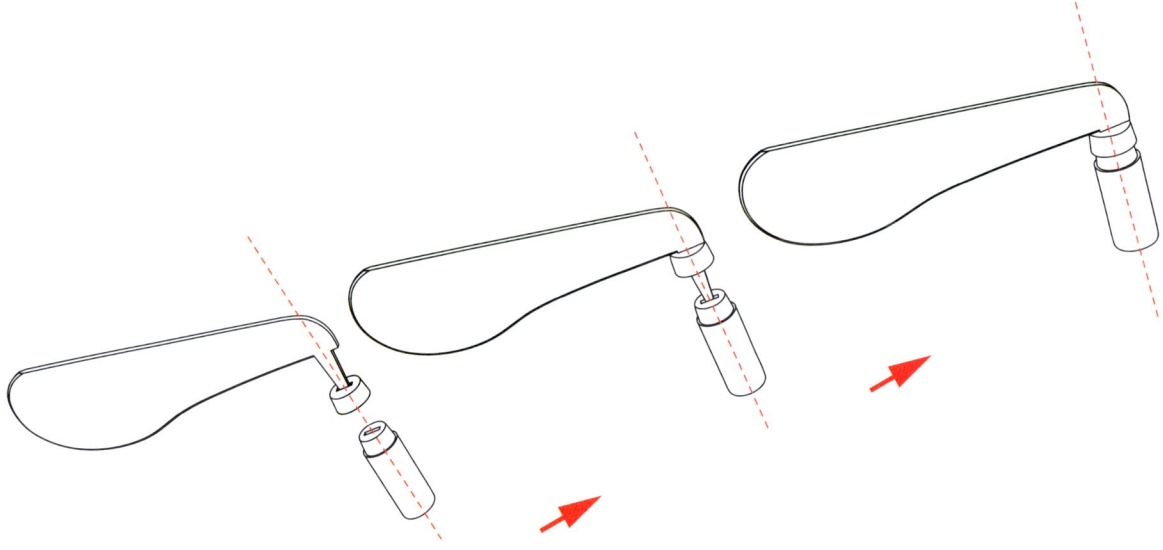

图八　撒拉族刮刀装配图

中国少数民族设计全集 · 撒拉族

图九 撒拉族刮刀使用示意图

第五章 撒拉族传统生产工具

第六章 撒拉族传统手工艺

撒拉族木雕

图一　撒拉族木雕主图

　　撒拉族的建筑和家具都喜欢使用木雕作为装饰。撒拉族人历来重视住宅，住宅多为四合院式平顶土房，以土木结构为主，重视木料的选择，精美木雕更是必不可少。

　　走进撒拉族人家，首先让人眼前一亮的便是木雕大门，非常有特色。撒拉族人无论经济水平如何，都非常重视大门的装饰。大门的木构件，如梁枋、雀替、门柱等，都有精美的木雕装饰，显得高档、豪华，与土夯墙形成强烈的对比。对大门雕刻的重视，体现了撒拉族人对生活的热爱以及对美的追求。现代撒拉族民居大门的门头建造更趋于复杂，梁枋层数不断增多，有些人甚至把雀替越做越大，原有的实用功能完全消失，仅作为一种纯粹的装饰。

　　撒拉族民居的建筑风格是四合院式的，布置十分合理，北房是主房，东西两面是厢房，南房是放东西的。主房坐北朝南，从高度、建材、结构、功能等各方面都区别于其他房间。外部大梁及檩子上多用精细的木雕作为装饰，撒拉族人称之为"花槽"。木雕内容有些是花草，有些是几何图案，形式多样。这些层叠而成的图案，千姿百态，令人叹为观止。

家具作为屋内陈设的重要组成部分，也不乏木雕装饰。

撒拉族木雕的雕刻手法常采用深雕与浅雕，其中以浅雕为主，同时注重排列的效果，装饰图案一般呈对称分布。雕刻题材则常用具有象征意义的花草、葡萄、寿字纹、博古纹等。

撒拉族木雕既有对历史文化的传承，也有对宗教的思考；既是房屋、家具等的装饰部分，也是传达教义的一种形式，展现了民族特征。如果把撒拉族木雕当做纯艺术品看，它是一种美的形式；如果把撒拉族木雕当做文化载体来看，它体现了撒拉族的宗教文化，具有明显的民族特征。

图片来源

图一　陈俊舟　摄影
图二至图七　金青　制图
图八、图九　孟欣　制图
图十、图十一　梁巧怡　制图

图二　撒拉族木雕图案分析图1

图三　撒拉族木雕图案分析图2

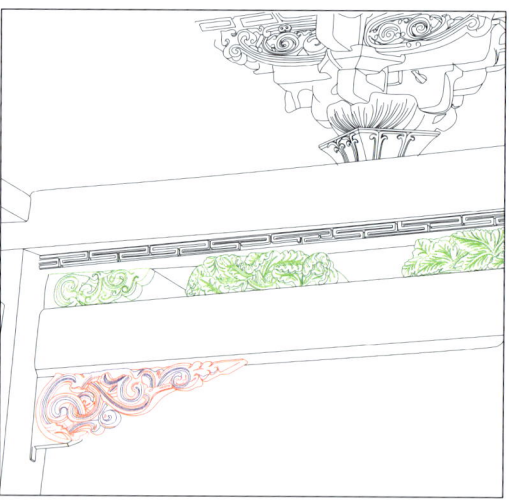

图四　撒拉族木雕图案分析图 3

图五　撒拉族木雕图案分析图 4

图六　撒拉族木雕图案分析图 5

图七　撒拉族木雕图案分析图 6

图八　撒拉族木雕图案分析图 7

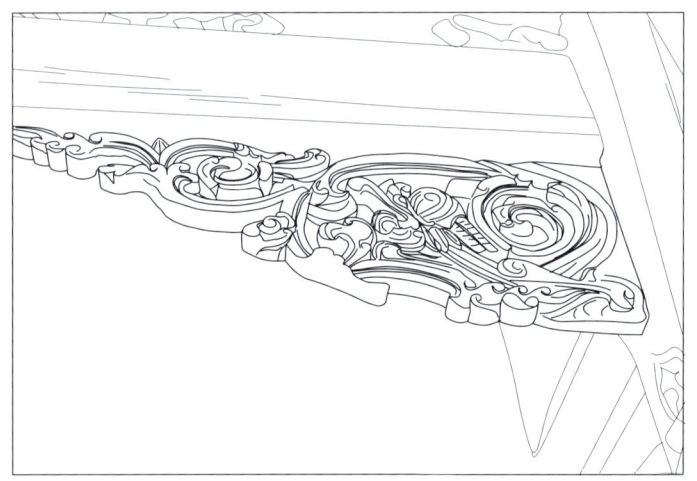

图九 撒拉族木雕图案分析图 8

图十 撒拉族木雕图案分析图 9

图十一 撒拉族木雕图案分析图 10

撒拉族砖雕

图一 撒拉族砖雕主图

撒拉族砖雕是从汉代画像砖、画像石雕刻发展而来的，并在此基础上形成了自己的民族特色。据考证，撒拉族砖雕艺术起源于北宋初期，发展至明清两代基本成熟。明清时期，随着伊斯兰教在中国的兴起，擅长雕刻的撒拉族工匠把汉族传统雕刻的工艺与伊斯兰文化结合，形成特色鲜明的砖雕艺术风格，在西北地区享有较高的声誉。

由于众多因素的影响，撒拉族早期的砖雕作品极为少见，目前主要是临夏地区发掘宋金砖墓得来的作品。

循化地区是古丝绸之路的重要经过地，明清时期茶马贾商云集，商贸交易较为频繁，当地居民经济水平较高，但受封建等级制度的约束，富裕起来的居民不敢用上等材料，只好用砖雕来装饰清真寺、房舍等，这在客观上促进了撒拉族砖雕技艺的发展。但砖雕主要用于拱北、清真寺等建筑的装饰，用于住宅装饰的较少。

撒拉族砖雕在吸收汉族砖雕文化的基础

上，将阿拉伯文字、图案与中国传统山水画相结合，近代又吸收了木雕、泥雕等工艺，采用高浮雕技法，达到了内容和形式的新统一。现代撒拉族砖雕一改以前朴素的风格，呈富丽堂皇的趋势，缺少了简洁的趣味。

撒拉族砖雕作品，与汉族砖雕最大的不同就在于雕刻题材的差异。撒拉族信仰伊斯兰教，反对偶像崇拜，在砖雕中不使用人像与动物，题材多为花草、山水、祥瑞纹饰、建筑、博古、阿拉伯文和中文的书法作品等。砖雕题材中的花卉有撒拉族人喜爱的牡丹、菊花、兰花等，草木有松、竹、葡萄等，这显然也受到了中国传统文化的一定影响。山水题材则主要反映穆斯林的著名建筑，书法主要是伊斯兰经文和汉字的对联。构图上偏爱大气磅礴的形式，并注意主从分明、对称与对比、重复等构成规律的运用。纹饰类型众多，常见的有回形纹、云纹、卷草文等，寓意吉祥，如回形纹代表"富贵不断头"，也有具伊斯兰特征的菱形、三角形等几何图案。

撒拉族砖雕技艺高超，寄情于景，情景交融，体现了伊斯兰特征，反映了撒拉族人高度的智慧，也表达了撒拉族人对祖国大好河山的热爱和对幸福生活的向往。

图片来源
图一　　陈俊舟　摄影
图二、图三、图十、图十三　曹炜　制图
图四、图九　郭新蔚　制图
图五、图七　赵思楠　制图
图六、图八　周姣姣　制图
图十一　林云静　制图
图十二　梁巧怡　制图

图二　撒拉族砖雕图案分析图 1

图三　撒拉族砖雕图案分析图 2

图四　撒拉族砖雕图案分析图 3　　　　　　　　图五　撒拉族砖雕图案分析图 4

图六　撒拉族砖雕图案分析图 5　　　　　　　　图七　撒拉族砖雕图案分析图 6

图八　撒拉族砖雕图案分析图 7

图九　撒拉族砖雕图案分析图 8

图十 撒拉族砖雕图案分析图 9

图十一 撒拉族砖雕图案分析图 10

第六章 撒拉族传统手工艺

图十二　撒拉族砖雕图案分析图 11

图十三　撒拉族砖雕雕刻示意图

撒拉族锦织

图一 撒拉族锦织主图

撒拉族锦织,其制作工艺基本借鉴了回族锦织"纳失失",在图案方面则着重体现撒拉族民族特征。"纳失失",波斯文为Nasich,是指产于中亚、波斯、阿拉伯地区的一种金丝织物,现代一般称为"织金锦缎""绣金锦缎"等。

本案例中的锦织呈正方形,并用相互旋转45度的正方形分割,有黑底、红底、蓝底。

正方形的四个角绘有精美的花纹图案，且各不相同。正中红底的正方形，花纹尤为精美，是整个作品的视觉中心，夺目异常。整体色彩上，运用了红与黑的强烈对比，并用蓝色、粉红、翠绿等颜色加以调和，视觉效果突出。正方形的边由金丝编织而成，形成了明显的分割。整体而言，该锦织工艺精湛，光彩夺目，是撒拉族手工艺品中的精品。

锦织主要是指将金线或金箔与丝线混织而成的工艺品。混织金箔的叫"片金锦"，是将金箔混入丝线中，与彩色棉线一起作为纹纬显花，地纬则用丝线；混织金线的叫"捻金锦"，是以丝线为胎，金缕线作纹纬显花，地纬用棉线；用染过金粉的丝线织造而成的叫"软金锦"。片金锦鲜艳夺目，捻金锦坚固耐用，软金锦华丽多姿，这三种锦织都非常受撒拉族人的欢迎。

成吉思汗三次西征之后，陆续带回大量的中亚、西亚的"织金绮纹工"，这些"织金绮纹工"在元朝工部所辖各地提举司的领导下，和宋、金的"织金绮纹工"一起，织造出了绚丽多彩的织金锦"纳失失"，达到了当时世界的最高水平。

撒拉族锦织是中亚及西亚波斯、阿拉伯国家等织金锦技术与中国织金锦技术融合的产物，它以绚丽、高贵及典型的民族特色，在织金锦领域中占有极其重要的地位。

图片来源
图一　陈俊舟　摄影
图二至图十一　杨爱俊　制图

图二　撒拉族锦织效果图

图三　撒拉族锦织线描图

图四 撒拉族锦织大四角图案分析图

图五 撒拉族锦织中四角图案分析图

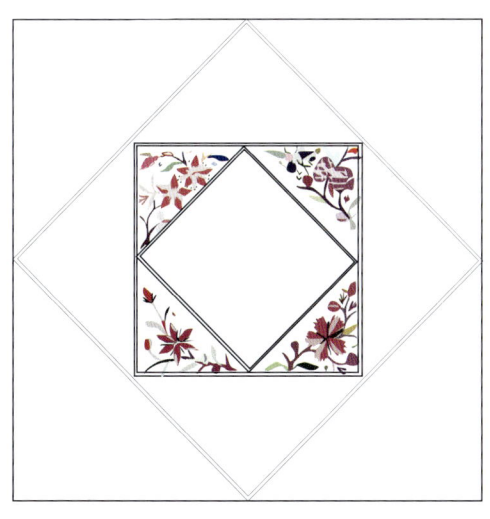

图六 撒拉族锦织小四角图案分析图

图七 撒拉族锦织中心图案分析图

图八 撒拉族锦织对角图案分析图 1

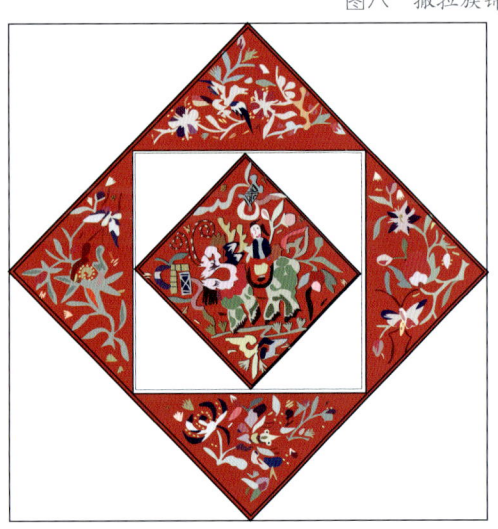

图九 撒拉族锦织对角图案分析图 2

图十　撒拉族锦织色彩分析图

图十一　撒拉族锦织现代应用展示图

第六章　撒拉族传统手工艺

撒拉族口弦

图一 撒拉族口弦主图

口弦是撒拉族一种古老的民间乐器，一般由铜或银打制而成。它的长度为3厘米左右，重量不到5克，非常小巧，是中国最小的民族古乐器之一。本案例中的口弦为铜质，由弦柄和簧舌组成。

制作口弦时，用铜或银打成细而窄的马蹄形状，作为弦柄；中间放一根铜丝，尖端弯曲，作为簧舌。制作过程中，由于口弦的尺寸较小，需要特别细心。尤其是簧舌的制作工艺，更为精细，它需要匠人仔细锤打，方能保证口弦的音质。

演奏时，将口弦含入口中，用牙齿轻轻

夹住，簧舌向里时用舌尖弹拨，簧舌朝外时用手指弹拨，且轻轻吹气，簧舌在口腔内振动即发出声音。口弦的音量虽然不高，但音质却很迷人。过去，撒拉族人一直沿袭包办婚姻的传统，男女双方婚前并不是很熟悉。新婚之夜一方吹奏口弦，由于声音较小，另一方就会俯身过来倾听，这样一来，拉近了双方之间的距离，便于情感的交流。撒拉族青年妇女通常也在枕边吹奏口弦，作为夫妻沟通情感的一种方式。如此看来，口弦颇具浪漫色彩，对于促进夫妻之间的情感交流、维护家庭和谐等，有积极意义。

从乐器的角度而言，撒拉族口弦并不能称为专业乐器。原因在于它的发音原理非常独特，既不属于管乐器，也不属于自由簧乐器，更不是弦乐器，所以至今也未能正式归类。值得庆幸的是，2013年，撒拉族口弦制作技艺被列入青海省第四批省级非物质文化遗产名录，它的重要性不言而喻，传承也有了新的保障。

这一乐器多流散在民间，此前并未受到外界太多的关注。近年来，循化县大力发展旅游业，撒拉族的民族风情成为开发的主体，政府对口弦弹奏艺术进行深入发掘、推广，引起了国内外游客的广泛关注。

撒拉族口弦制作工艺精湛，弹奏简单，并能促进夫妻之间的感情交流，颇具浪漫色彩，是一款优秀的乐器设计。

图片来源

图一　贾庭伟　制图
图二至图十　蔡克中　制图

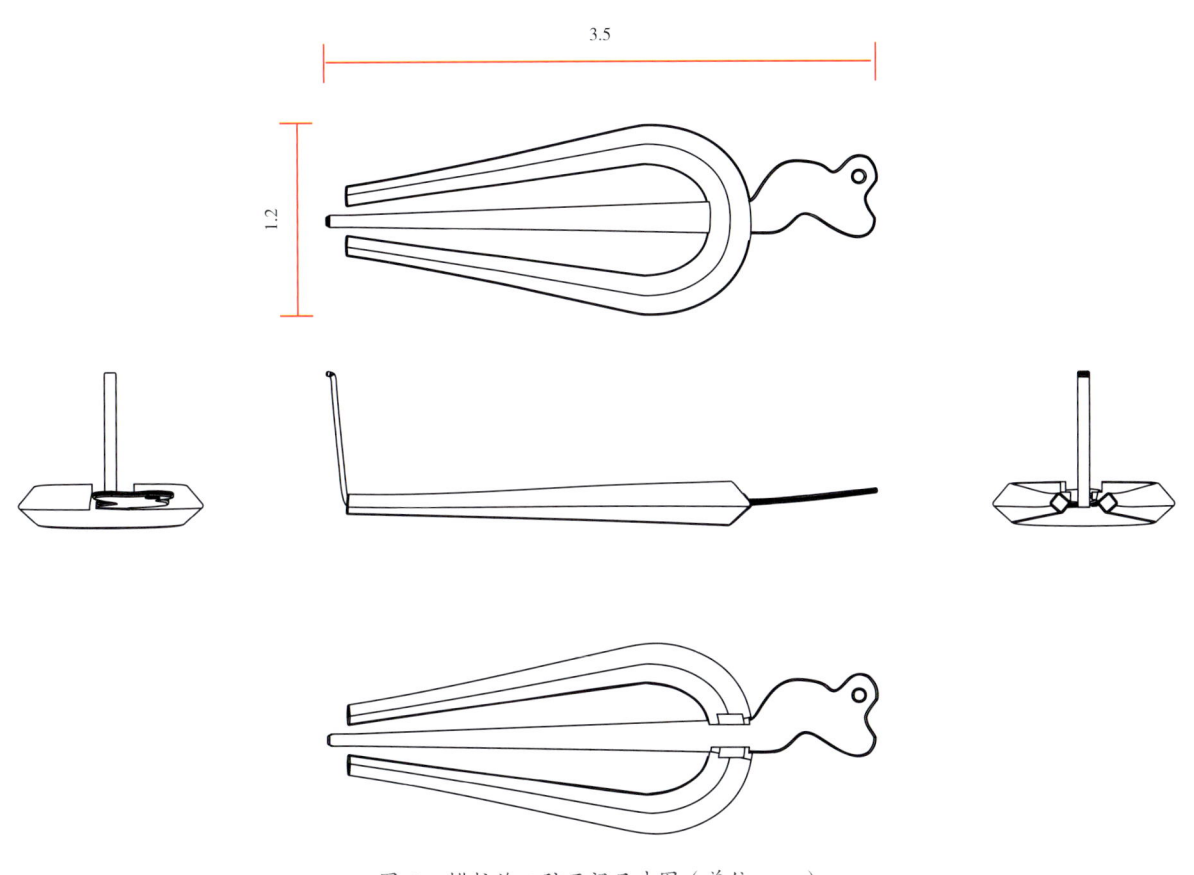

图二　撒拉族口弦五视尺寸图（单位：cm）

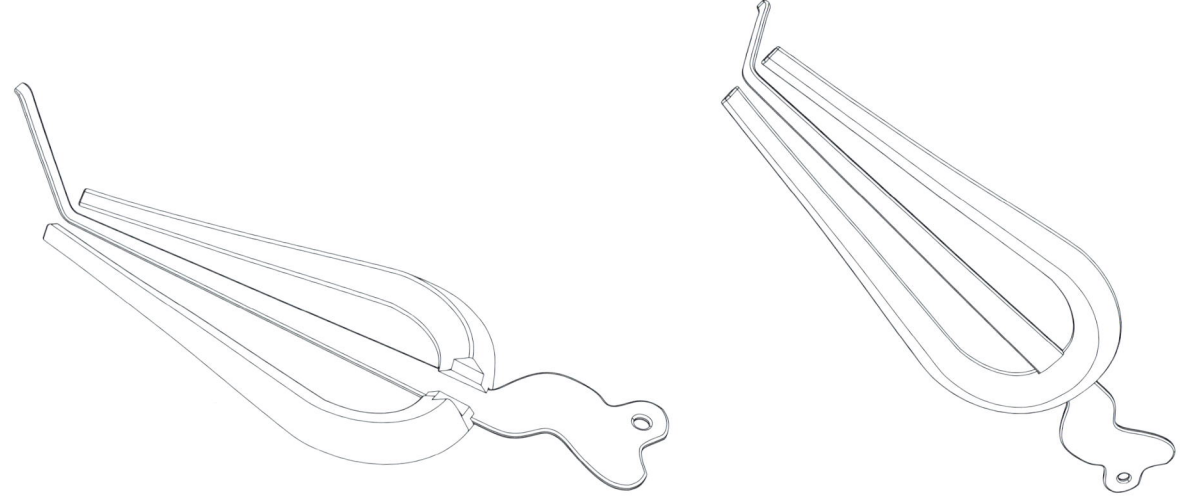

图三 撒拉族口弦线描图

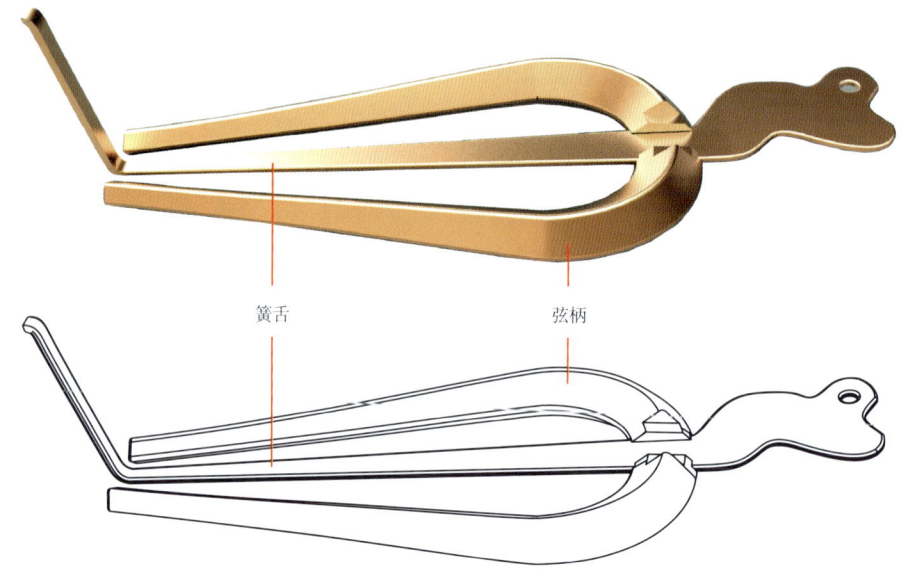

图四 撒拉族口弦结构名称图

簧舌　　弦柄

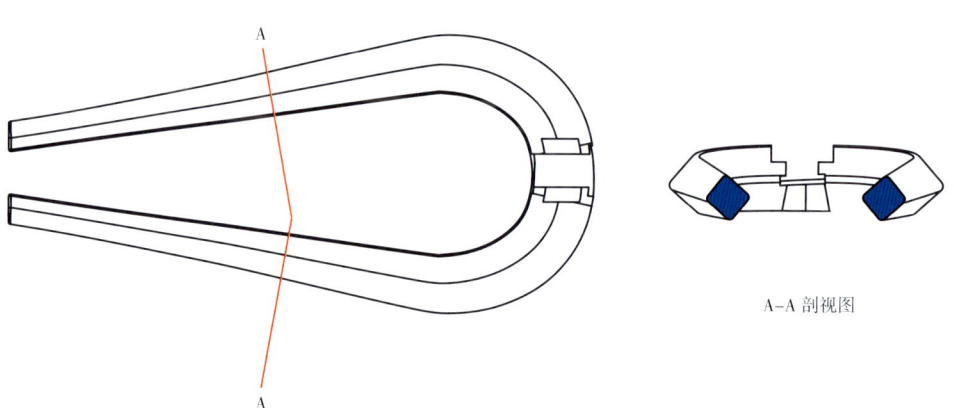

A–A 剖视图

图五 撒拉族口弦弦柄剖视图

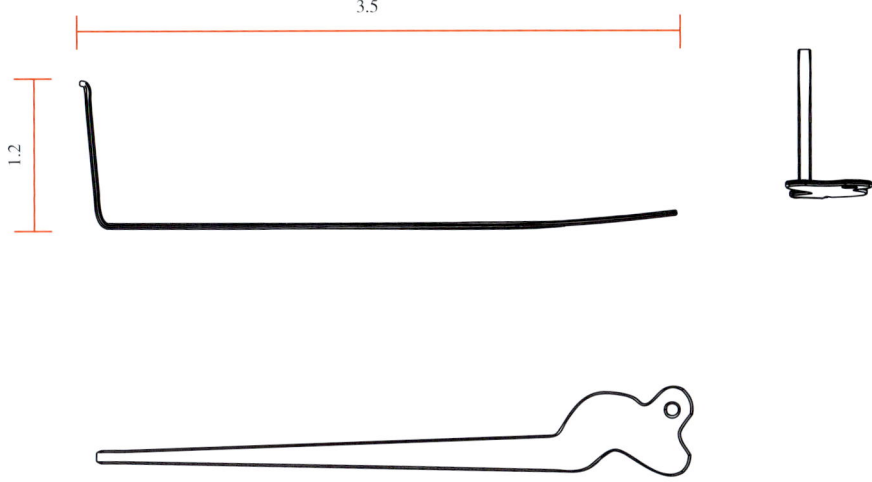

图六　撒拉族口弦簧舌三视图（单位：cm）

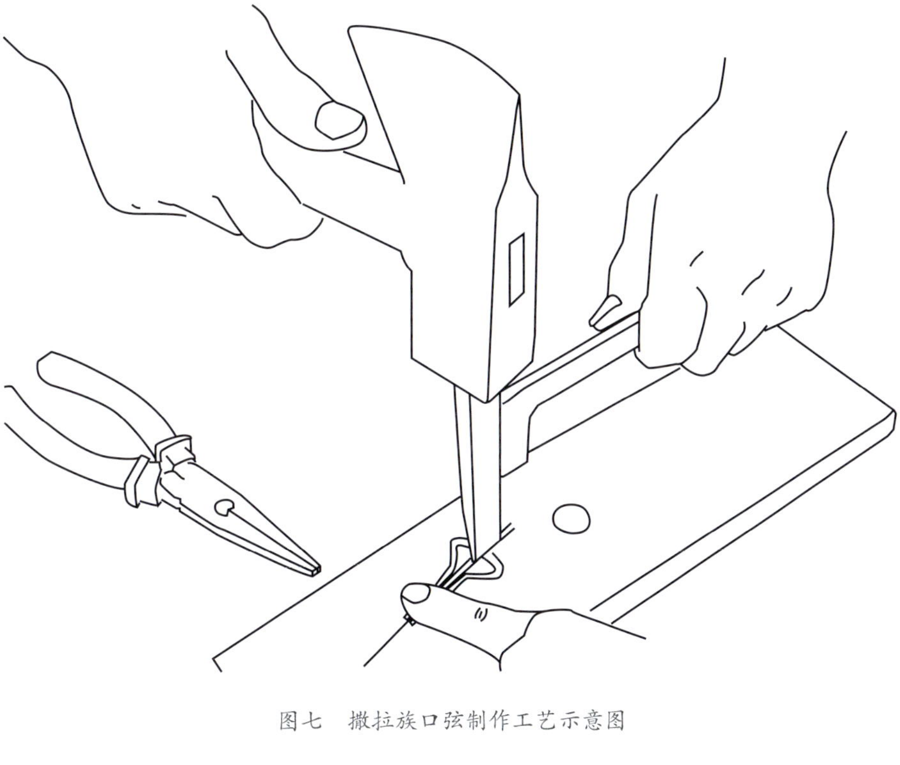

图七　撒拉族口弦制作工艺示意图

图八 撒拉族口弦吹奏方式示意图 1

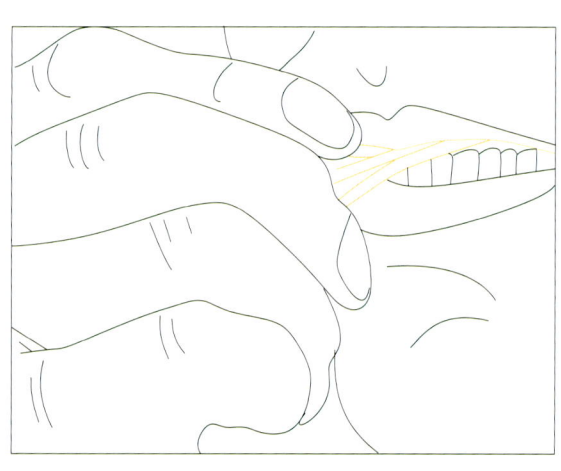

图九 撒拉族口弦吹奏方式示意图 2

图十 撒拉族口弦吹奏方式示意图 3

撒拉族牛角器

图一　撒拉族牛角器主图

牛角器是指选用牦牛角、羊角等，运用撒拉族传统手工艺，精心制作而成的工艺品。本案例为撒拉族牛角器挂件，由六个大小不等的牛角组成，牛角上端装有木质的吹嘴，外加一个牛皮葫芦，有吹奏功能。

牛角器历史悠久，发源于原始的狩猎和巫觋活动。我国陕西、河南等地，曾有新石器时代的陶角出土。陕西省华县井家堡出土的一只陶角，属仰韶文化，形状与牛角类似，全长42厘米，吹口内径1.8厘米，喇叭口内径约7.4厘米，管壁厚约0.8厘米。这种陶角，一般出现在牛角等兽角普遍使用之后。根据史料分析，无论牛角器还是陶角器，其功能都是传递信号。秦汉时期，牛角已经在军队中使用，同时还有其他多种材料制成的角。

牛角多用黄牛角或水牛角，规格一般在40厘米—70厘米之间。制作时，将牛角尖端锯平，在锯口中心钻孔，与内腔相通，有些还会装置一个木质或其他材料的吹嘴。

演奏较小的牛角器时，可双手握角；演

奏较大的牛角器时，需一手托住牛角器底部置于胸前，另一只手握住角身吹奏。牛角器一般没有按音孔，也没有固定的音高，完全依靠演奏者口型的变化和气息的控制。小牛角器音色高亢，大牛角器音色浑厚，可用于独奏或合奏。在湖南一些地区至今还流行着《山羊过坳》《玉皇甫》等牛角曲调。

总体而言，该牛角器制作工艺精湛，既保持了牛角野性美的自然风格，也体现了实用的价值，表达了撒拉族人对美好生活的向往。

图片来源
图一　陈俊舟　摄影
图二至图九　蔡克中　制图

图二　撒拉族牛角器效果图

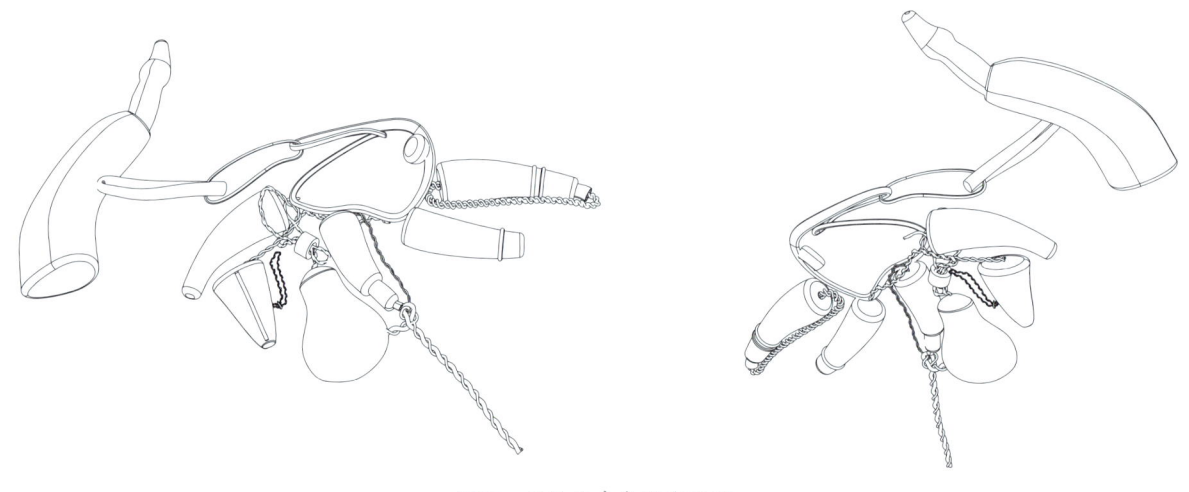

图三　撒拉族牛角器线描图

图四　撒拉族牛角器结构名称图

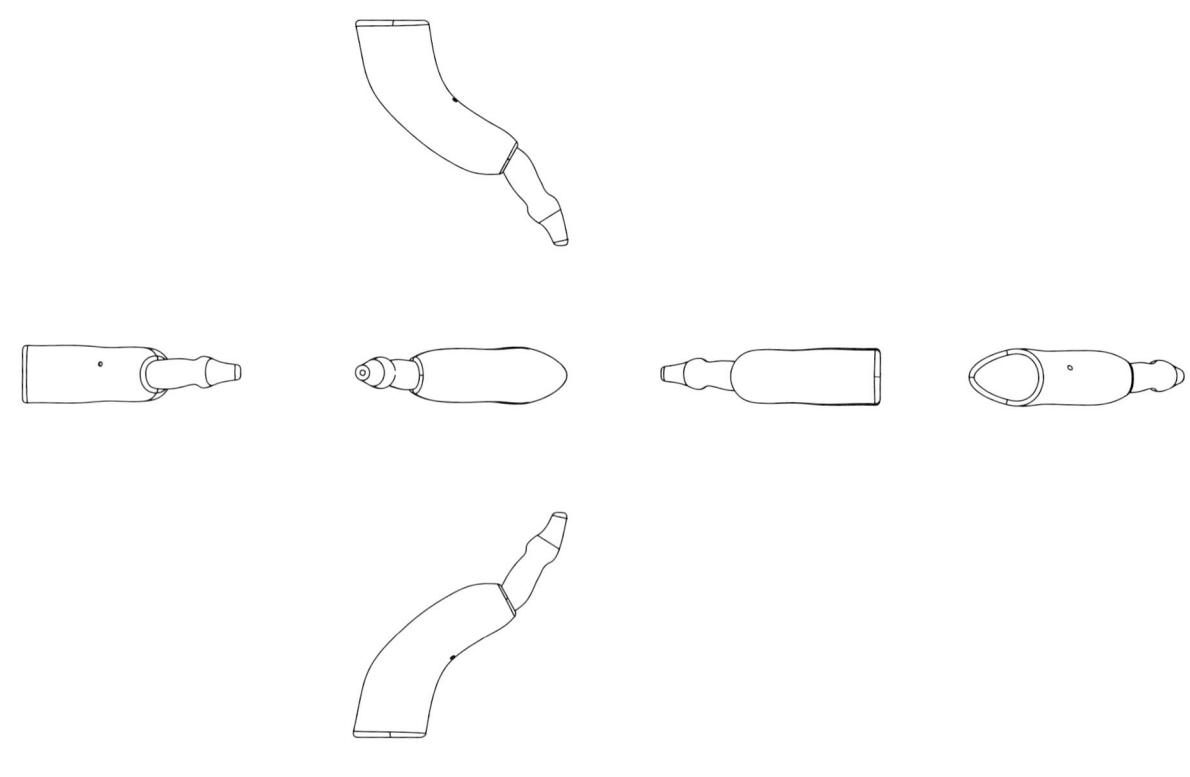

图五　撒拉族牛角器六视图·大牛角

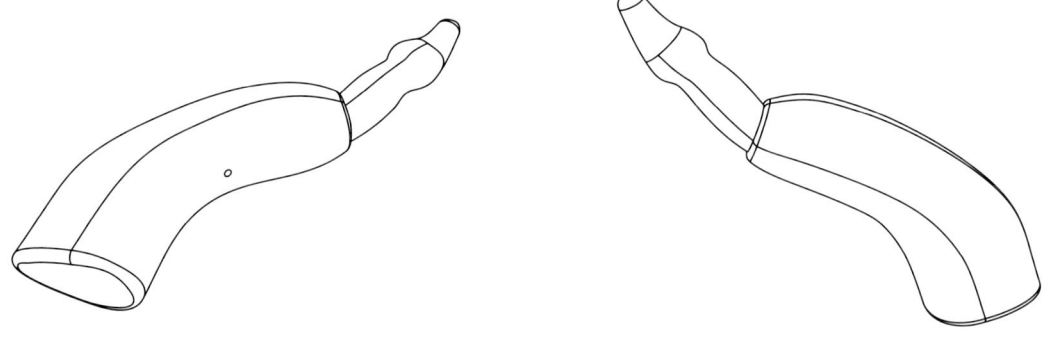

图六　撒拉族牛角器线描图·大牛角

图七　撒拉族牛角器六视图·小牛角

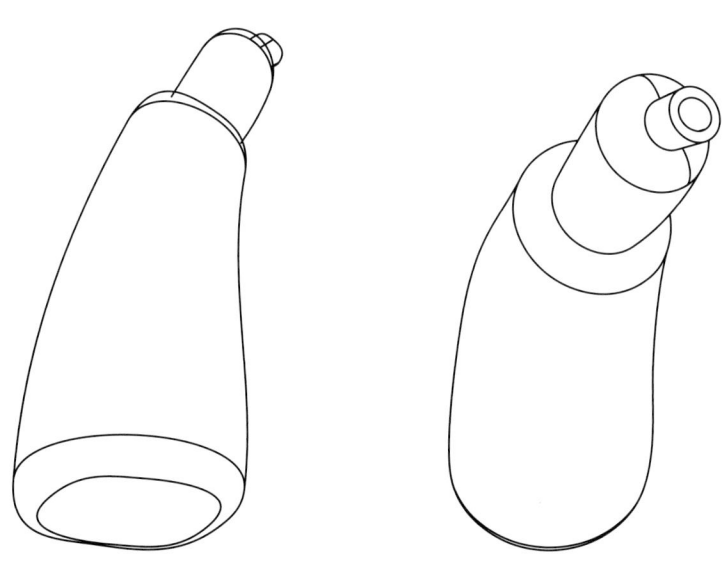

图八　撒拉族牛角器分析图·小牛角

第六章　撒拉族传统手工艺

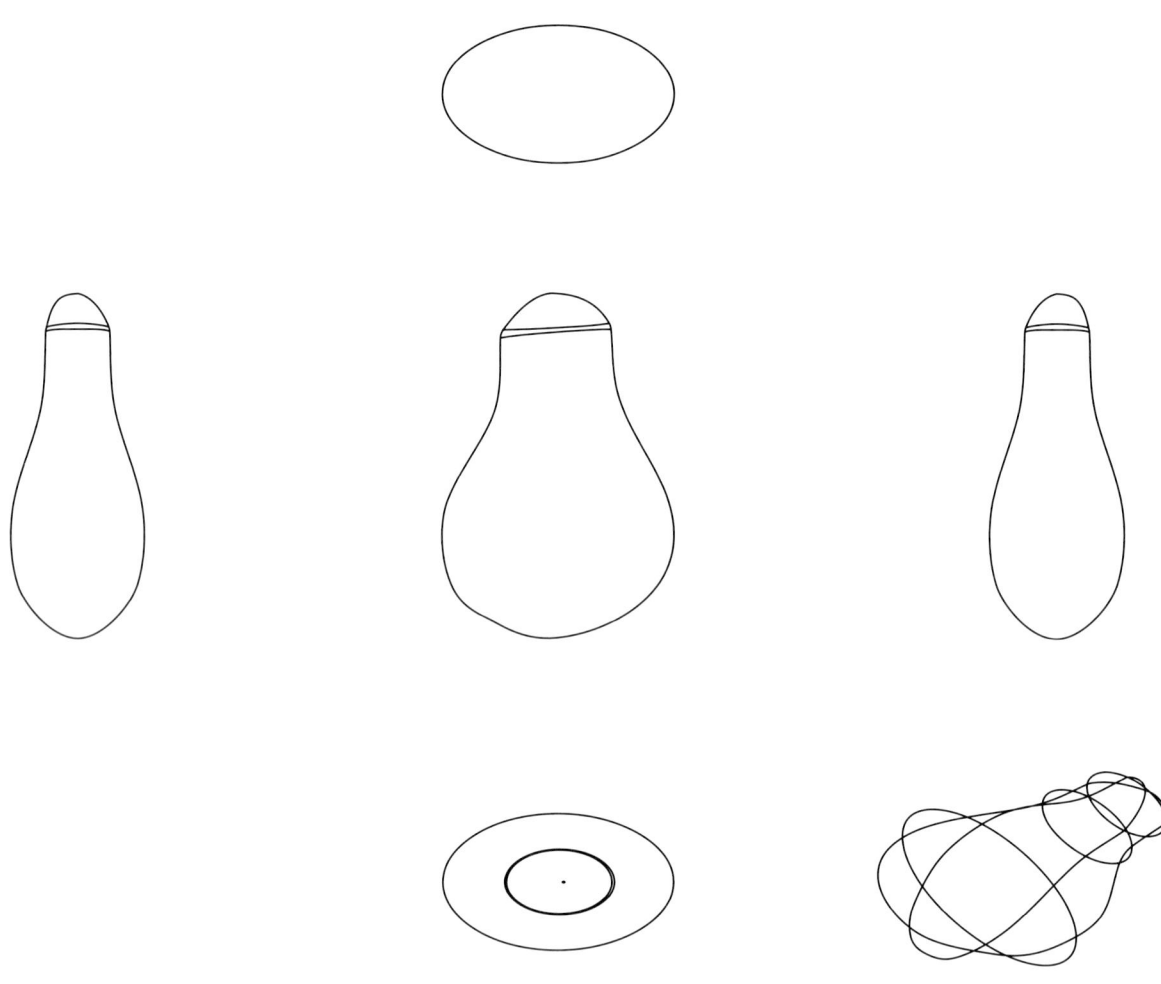

图九　撒拉族牛角器分析图·牛皮葫芦

撒拉族枕头

图一　撒拉族枕头主图

枕头是撒拉族人重要的床上用品，也是撒拉族姑娘结婚时重要的嫁妆，尤其传统的刺绣枕头，更是新娘向婆家亲戚朋友展示娘家财力和新娘刺绣技艺的重要物品。因此，撒拉族姑娘非常重视传统枕头的缝制，通常都会经过一段较长时间的精心准备，缝制出数量众多、图案精美、绣艺精湛、寓意吉祥的枕头，以获得婆家亲戚朋友的好评。

本案例中的传统枕头呈长方体形态，长约70厘米，宽约18厘米，高约20厘米。也有枕头是圆形、椭圆形、扁方形等形状。

撒拉族传统枕头由枕芯和枕套组成，枕芯需要填充材料，使枕头在使用时保持一定的高度和软硬度，以助睡眠。填充物通常选用天然材料，如荞麦壳、谷糠、棉、蒲绒等。其中荞麦壳重量轻，坚韧不易破碎，可以任意改变形状，且冬暖夏凉，有祛热解毒的功效。正因为如此，撒拉族传统枕头常选用荞麦壳填充。

枕套分枕体和枕顶两部分，与头接触部分为枕体，一般用黑色的布料缝制，比较耐脏；枕头的两侧被称为枕顶，是枕套最为精彩的部分，大多有刺绣作为装饰。撒拉族妇女从小就学习刺绣，从简单的荷包开始，到几何图案、花草，渐渐掌握了一门好手艺。待到出嫁时，撒拉族妇女需制作很多枕头，并在枕顶上刺绣。枕顶会选择红、黄、蓝等彩色绸布为底子，并选用上好的丝线，精心绣上花卉等图案。这些装饰性元素包括月季花、菊花、梅花、马莲花、牡丹等，寄托了制作者的美好愿望。撒拉族枕头上的刺绣色彩鲜亮、明快，构图得体、美观，针法细密，层次突出，过渡自然，所绣的花草栩栩如生，颇受撒拉族人的喜爱。撒拉族枕头上的刺绣可与湘绣、苏绣相媲美，堪称中国的一流刺绣。其精湛的刺绣技艺，值得传承和推广。

撒拉族传统枕头是一种生活必需品，也是展示撒拉族妇女刺绣技艺、针线活技巧和缝纫技术的重要媒介。本案例中的传统枕头具有浓郁的地域气息和民族特征，既展示了撒拉族刺绣的精彩之处，又体现了撒拉族妇女对审美的追求和对生活的热爱，值得赞美。

图片来源
图一　　　白艳明　摄影
图二至图十三　张宛楠　制图

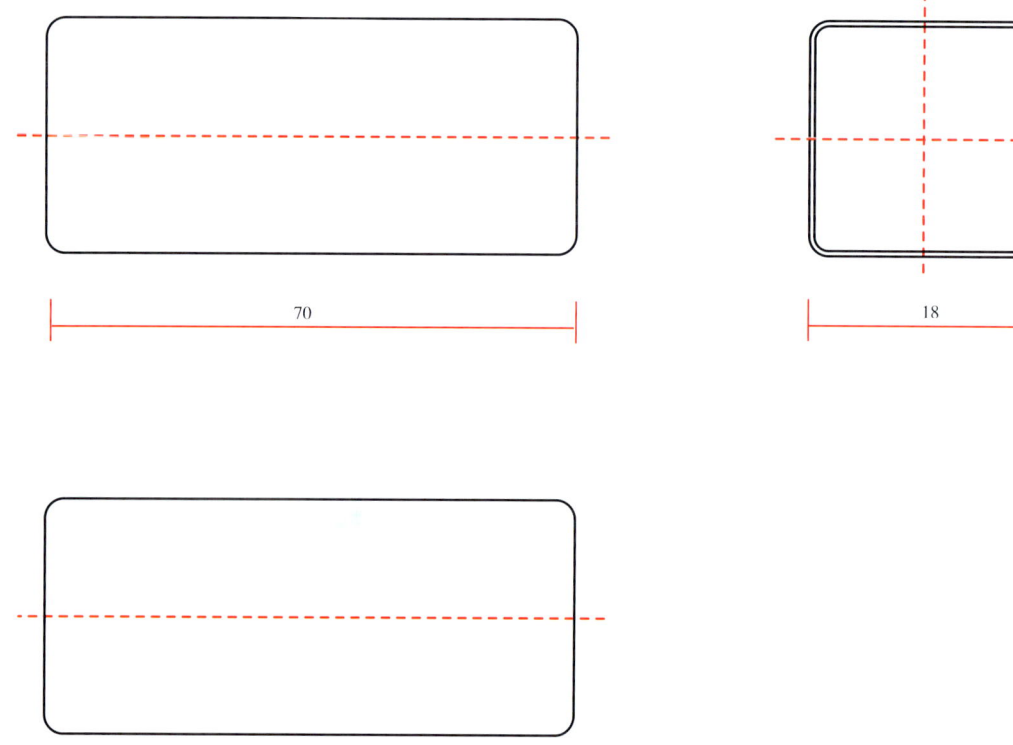

图二　撒拉族枕头三视尺寸图（单位：cm）

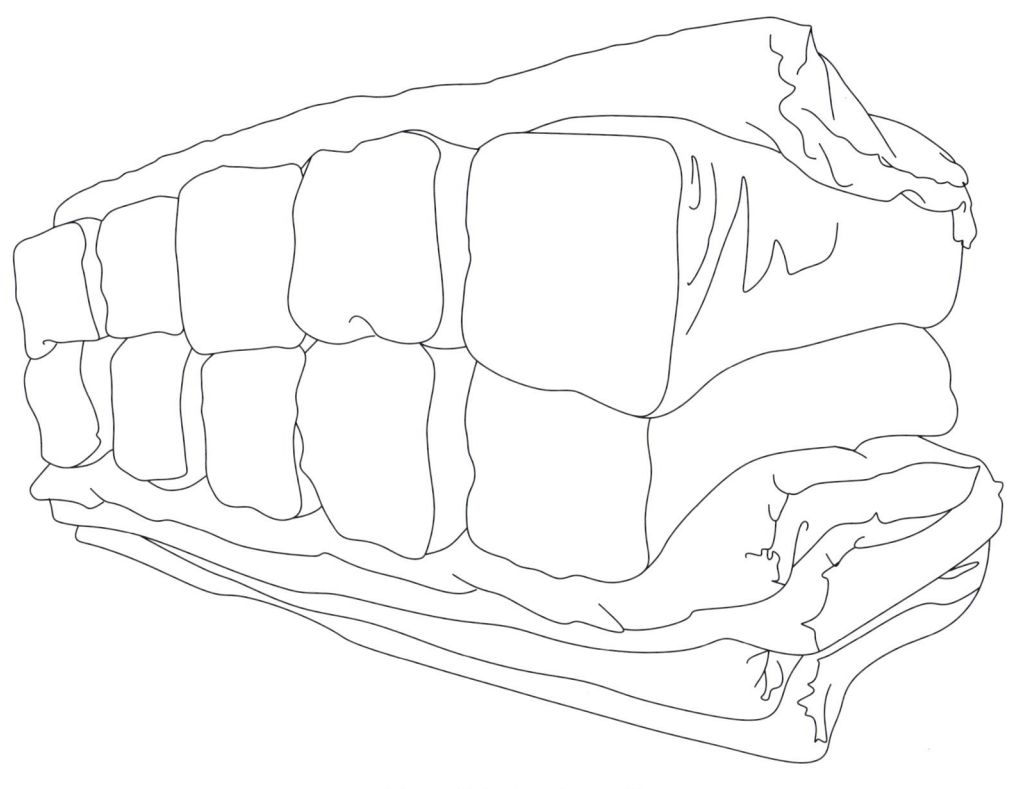

图三 撒拉族枕头线描图

图四 撒拉族枕头图案分析图 1

第六章 撒拉族传统手工艺

235

图五　撒拉族枕头图案分析图 2

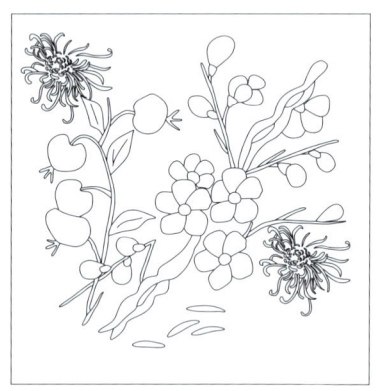

图六　撒拉族枕头图案分析图 3

图七　撒拉族枕头图案分析图 4

图八 撒拉族枕头图案分析图 5

图九 撒拉族枕头图案分析图 6

图十 撒拉族枕头图案分析图 7

图十一　撒拉族枕头图案分析图 8

图十二　撒拉族枕头图案分析图 9

图十三　撒拉族枕头图案分析图 10

第七章 撒拉族传统民俗和宗教

撒拉族传说

图一 撒拉族传说主图

　　撒拉族是中国信仰伊斯兰教的少数民族之一，主要聚居在青海省循化撒拉族自治县一带。其中，积石镇西边的街子乡是撒拉族的文化中心，这里有街子清真大寺，以及充满传奇色彩的骆驼泉。

　　传说700多年前，撒拉族的祖先居于中亚的撒马尔罕地区，信仰伊斯兰教。他们的首领尕勒莽、阿合莽弟兄二人，在教徒中很有威望，因此遭到国王的嫉恨。

　　为了部落的生存，尕勒莽、阿合莽二人决定离开，他们带领族人，牵着一峰白骆驼，驮着一部《古兰经》，一路向东迁徙。终于在一天傍晚，他们来到了现在的青海省循化撒拉族自治县境内。可是，骆驼不幸走失了，他们点着火把，四处寻找。黎明时分，他们来到街子东边的沙子坡，撒拉族人把这里叫"唐古提"，意思是天亮了。就在此时，他们发现了一汪清泉，而白骆驼已化作石头卧在泉水之中。他们发现这里的水土与故乡的水土几乎没有差别，于是就定居下来了。

　　后来，撒拉族先民修建起了街子清真大寺，并将《古兰经》供奉其中。这虽然只是传说,但经过长时间的研究,国内外学者近年来基本达成一致,认为大约在宋末元初之际,撒拉族的祖先由中东的撒马尔罕迁到循化的街子一带定居。

经过几百年的发展,撒拉族已经成为青海高原上的主人,并与周边的其他民族和谐共处。

图片来源

图一 芈一之.撒拉族简史.西宁:青海人民出版社,2014.

图二至图九 蔡克中 制图

图二 撒拉族传说解析图1

图三　撒拉族传说解析图 2

图四　撒拉族传说解析图 3

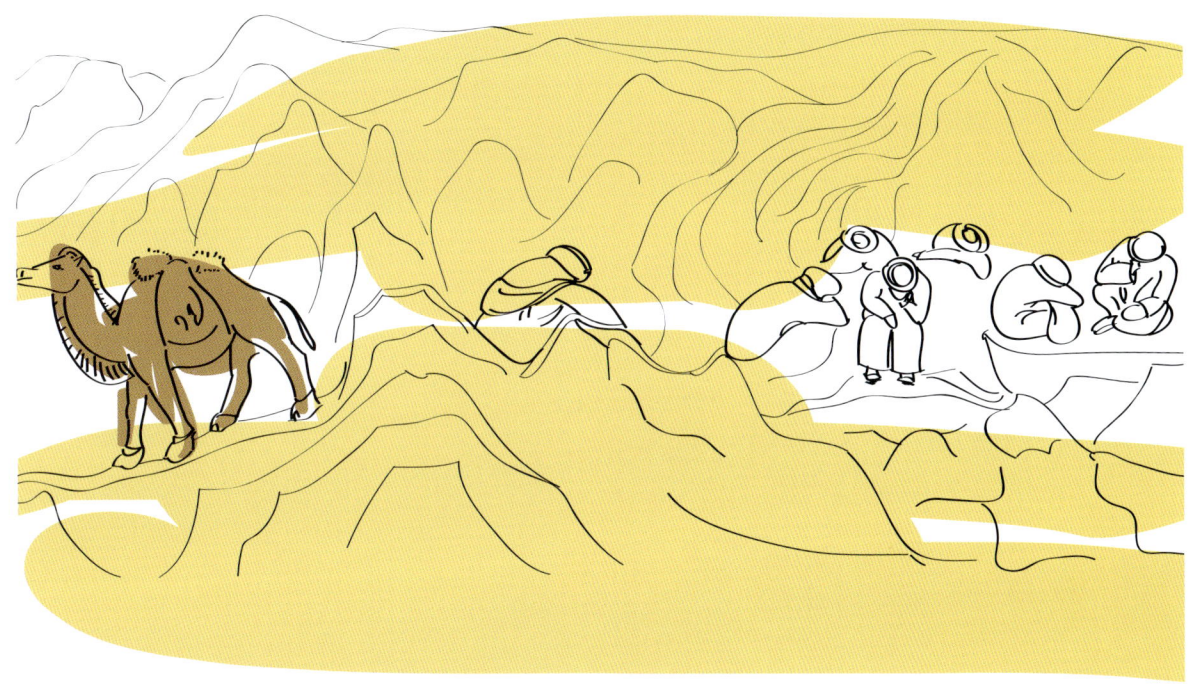

图五　撒拉族传说解析图 4

图六　撒拉族传说解析图 5

图七　撒拉族传说解析图 6

图八　撒拉族传说解析图 7

图九　撒拉族传说解析图 8

撒拉族婚嫁

图一　撒拉族婚嫁主图

　　传统的撒拉族婚嫁仪式包括提亲、送定茶、送彩礼、婚礼、送亲、回门等程序。其中主要的仪式如送彩礼、念证婚词等一般是在星期五进行，因为星期五是穆斯林的聚礼日，寓意吉祥。

　　首先由男方邀请媒人，带上礼品向女方说亲。女方家同意后，由媒人向女方送"订婚茶"。一经定亲，女方不可以将女儿再许配给别家。接着是男方给女方送彩礼，撒拉语叫送"麦海勒"，彩礼的多少视男方的经济条件而定。

　　再下来便是婚礼了，新郎到新娘家迎亲。到新娘家后，先由阿訇诵"尼卡哈"（证婚词）。阿訇诵证婚词是一个很神圣的仪式，这之后，男女双方就算正式成为夫妻了。证婚仪式之后，女方招待新郎及男宾。宴席结束后，新郎及男宾先回，女方则准备送新娘。

　　新娘出嫁梳妆时，要哭唱"撒赫斯"（哭嫁歌），然后由亲朋好友一起送往男方家。新娘一行来到男方家门口后，小伙子们挡在门前，这叫"挤门"。女方则由一位长辈抱着新娘，双方互相嬉闹，新娘在这种欢快的氛围中被大家簇拥进入洞房。新娘用餐时，至亲长辈用筷子揭开新娘的面纱，撒拉语叫"巴西阿什"，也是一种吉祥的表示。宴席结束后，年轻人与新郎的父亲、哥哥、舅舅等嬉闹，直到讨得喜钱才停止。

接着就是婚宴的高潮，即表演经典的"骆驼戏"。表演由四人完成，其中两人穿皮袄扮骆驼，另外两人，一人穿长袍、戴头巾，手里牵着一只骆驼，扮演撒拉族祖先，一人扮演蒙古人。整部戏以撒拉族祖先和蒙古人之间的问答为形式，其中大量的对白是关于撒拉族的迁徙历史。由于古代缺乏语言文字，这种通俗易懂的艺术形式对撒拉族的历史传承意义重大，这也是"骆驼戏"流传至今的重要原因。

第二天，女方向男方的近亲等赠送礼物，男方也向女方亲属分送羊背子、衣料等，表示谢意，同时宴请女方的宾客。宴席结束后，女方亲友纷纷告别。

两天后，新郎和新娘还会准备一些礼物回到娘家拜见父母及长辈，称为"回门"，整个婚嫁仪式完成。

总体而言，撒拉族的婚嫁表现出浓郁的伊斯兰文化特征，同时反映了撒拉族与周边民族的文化交融，并具备伦理教育的功能。

图片来源
图一至图十二　周崇崇　制图

图二　撒拉族婚嫁流程解析图·定亲送彩礼

图三　撒拉族婚嫁流程解析图·阿訇证婚

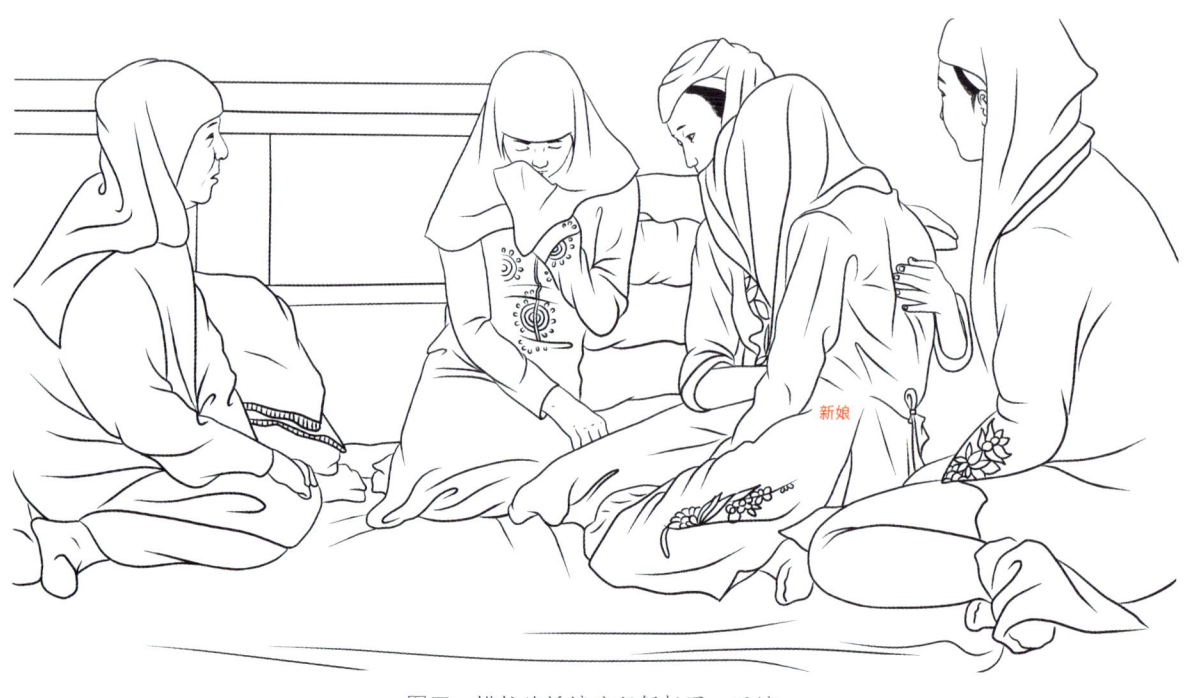

图四　撒拉族婚嫁流程解析图·哭嫁

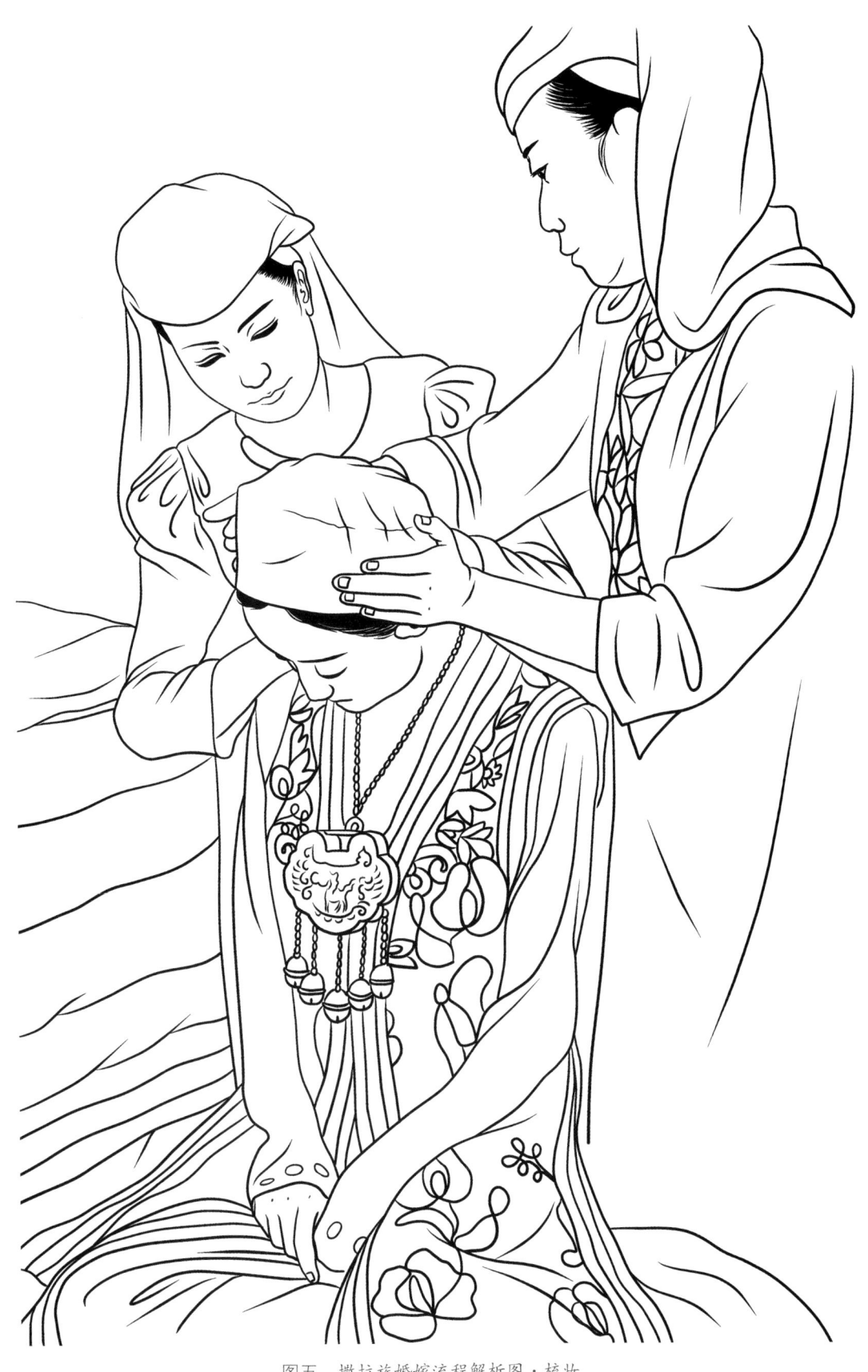

图五　撒拉族婚嫁流程解析图·梳妆

图六 撒拉族婚嫁流程解析图·倒退离门

图七　撒拉族婚嫁流程解析图·离家出门

图八　撒拉族婚嫁流程解析图·婚礼路程

第七章　撒拉族传统民俗和宗教

图九 撒拉族婚嫁流程解析图·挤门

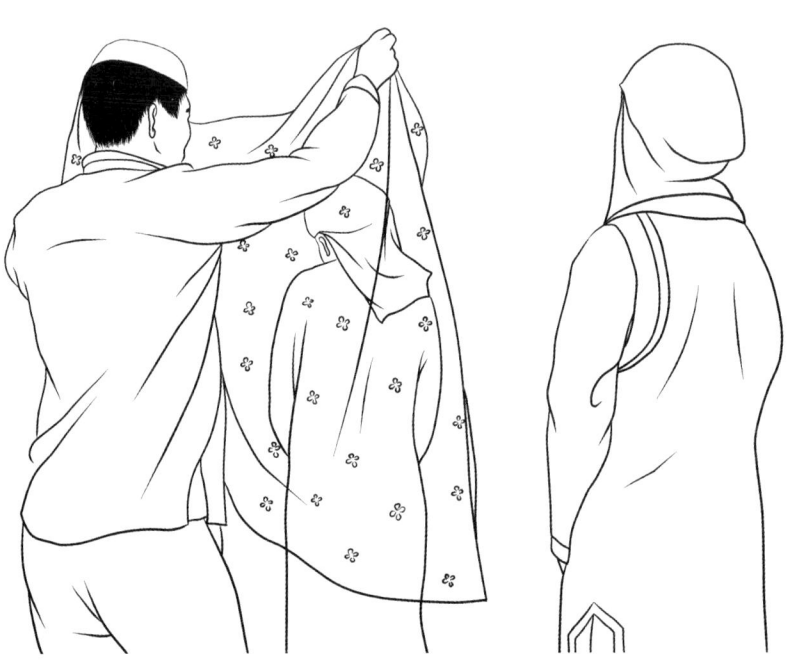

图十 撒拉族婚嫁流程解析图·掀盖头

图十一　撒拉族婚嫁流程解析图·礼赞词

图十二　撒拉族婚嫁流程解析图·回门

撒拉族丧葬

图一　撒拉族丧葬主图

撒拉族信仰伊斯兰教，其葬礼一般按伊斯兰教的教规进行，要求速葬，不用棺椁，一律土葬。

病人亡故前，会叮嘱家人为自己还清债务，分配遗产和施舍等。病危时，除至亲骨肉外，只允许深明教义的人士服侍左右，并为临终病人诵读《古兰经》"稚辛尼"章，使其从容面对死亡，一心归主。病人"口唤"（去世）后，由家人脱去其衣物，顺其手足，合其口齿，瞑目，理顺须发，然后把遗体放在尸盒上，面朝"克尔白"（沙特麦加天房），覆盖白布单。待亲友及阿訇等人到来后，向丧主吊唁，并进行哭丧，撒拉族语叫"牙斯牙格拉"。

而后给亡人净礼,撒拉语叫"苏吐提",俗称"洗埋体",一般由阿訇或年长的妇女完成。全身冲洗三遍后,撒以红花或麝香,再用白布包裹三层,即"穿开凡"。根据教规,"开凡"要用白棉布,其他面料不宜使用。

接着,将遗体抬至清真寺或广场,举行殡礼,撒拉语叫"知那孜",大家一起替亡人祈祷,由阿訇带领众人诵经。殡礼完成后,将遗体抬至坟头,放入坑洞中,解开头部的"开凡",头朝南,面朝西,用土迅速将墓填平,在上方砌以若干石块,作为标识。同时,阿訇开始念《古兰经》部分章节,替亡人祈祷。在此期间,丧家根据自身经济条件,施散现金或食盐、茶叶等给送葬者,至此,葬礼结束。

葬后第三天,丧家要宰羊、煮麦仁饭,撒拉语叫"高吉孕依纳提",宴请亲友和邻里,并分送油饼、"肉份子"等。客人则回送若干茯茶、现金或面粉等表示慰问,寓意"宽心"。亡人用过的衣物等需送给舅舅一份,其他则给阿訇或施舍给穷人,不得留在家中。亡人去世后的"头七""二七""三七"等,需请阿訇上坟诵经。撒拉族不仅对老人或成年人的丧葬,甚至对小孩或婴儿的丧葬也很重视。

撒拉族的丧葬仪式充分体现了对亡人的缅怀之情,并具有明显的伊斯兰特征。

图片来源
图一　周崇崇　制图
图二　蔡克中　制图
图三、图四、图五、图七、图八　陈安玲　制图
图六　廖程　制图

图二　撒拉族殡礼解析图

图三 撒拉族丧葬习俗解析图

装尸匣

图四 撒拉族送葬解析图

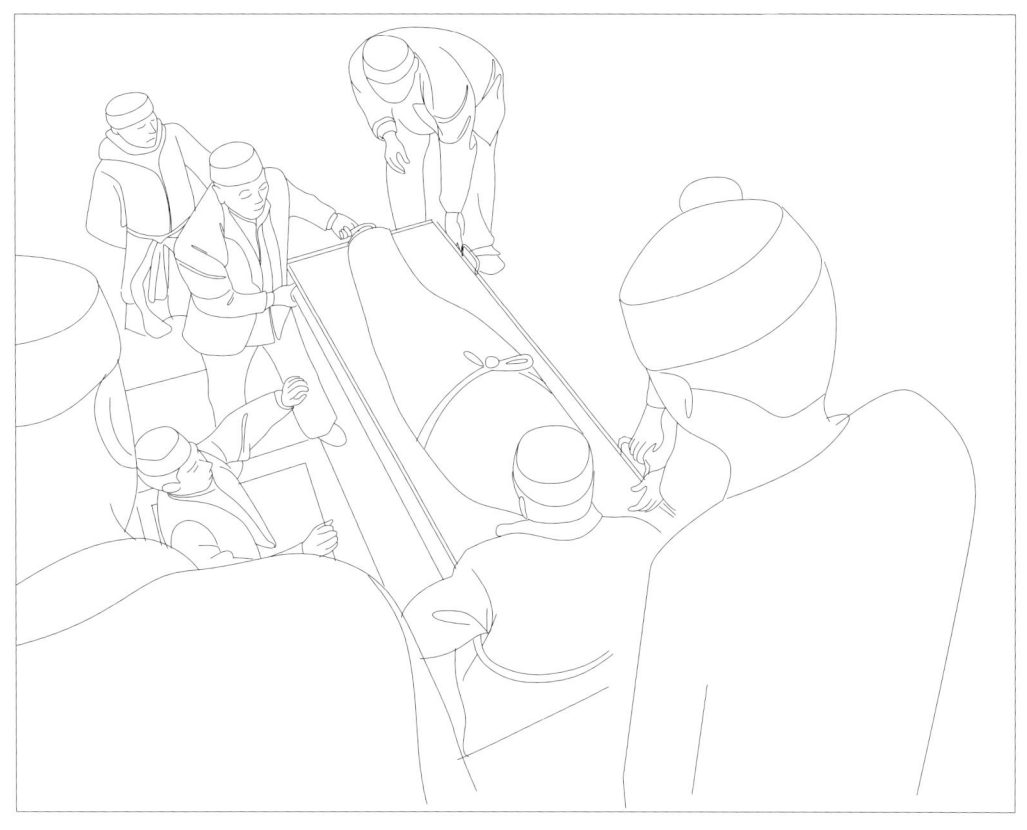

图五 撒拉族下葬解析图

图六 撒拉族阿訇念经解析图

图七　撒拉族堆坟解析图

图八　撒拉族坟墓示意图

撒拉族古尔邦节

图一 撒拉族古尔邦节主图

撒拉族的主要节日有开斋节、古尔邦节和圣纪节，其中古尔邦节充分展示了撒拉族的历史、经济、文化和情感，意义重大。

古尔邦节寓意"奉献"，也称"宰牲节"或"牺牲节"。传说真主安拉为考验而让易卜拉欣宰自己的儿子以表忠诚，当他照做时，真主命其以羊代之。由此，真主把伊斯兰历十二月十日定为宰牲节，并形成了宰牲献祭的习俗，这就是古尔邦节的来历。因此，古尔邦节又被称为"忠孝节"，以赞美先知对于真主的忠诚。撒拉族通过宰牲这一举动，来表明对真主的忠诚。

为表现古尔邦节传达的忠孝观念，节日前夕，大多数人都会回家与父母一起共度佳节。出嫁的女儿则会在节后回家看望父母，并带上节日中所宰的牛羊肉，表示对父母的感谢。在这种习俗的影响下，"牺牲、奉献、捐助"成为撒拉族人日常生活中的关键词，也是他们共同遵守的礼仪规范，更是其民族文化的重要体现。

在古尔邦节到来之前，撒拉族群众会将房屋打扫干净，节日当天早晨要洗大净，表示对节日的敬畏。换上干净整洁的衣服后，撒拉族群众在阿訇的带领下，前往"海卡尔"举行会礼，听阿訇讲经。会礼中，大家忏悔一年中所做的错事，宣讲完毕后互道"撒俩目"，之前邻里之间的矛盾就此化解。回家后开始宰牲，一般的撒拉族家庭都会在节日之前准备好供宰的牲口，如牛、羊等。宰牲时必须高诵"泰克比尔"（即真主至大）。宰牲结束后，将肉分成三份，一份施舍，一份自食，一份馈赠亲友。每家每户还会炸油香和馓子，做"碗菜"等，请阿訇和老人一起聚餐。与汉族春节热闹的气氛不同，撒拉族的古尔邦节较为安静，他们低调虔诚地欢度节日，以朴实的辛勤劳作，以赤诚之心感谢真主的赐予。

总体而言，古尔邦节有利于促进撒拉族群众之间的和谐相处，具备较好的教育功能，对于传承撒拉族的传统文化有重要意义。

图片来源
图一　林莉　制图
图二至图八　陈安玲　制图

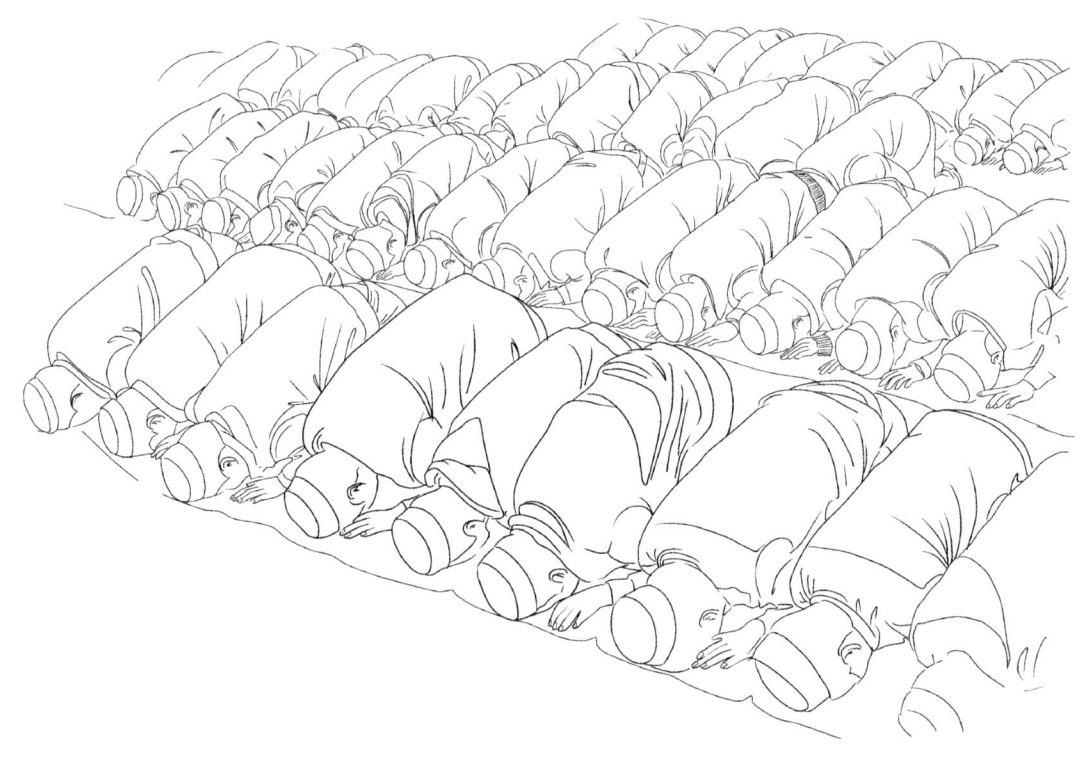

图二　撒拉族古尔邦节会礼解析图1

图三　撒拉族古尔邦节会礼解析图 2

图四　撒拉族古尔邦节会礼解析图 3

第七章　撒拉族传统民俗和宗教

261

图五 撒拉族古尔邦节阿訇念经解析图

图六 撒拉族古尔邦节宰牲解析图

图七 撒拉族古尔邦节炸油香解析图

图八 撒拉族古尔邦节宴请宾客解析图

第七章 撒拉族传统民俗和宗教

撒拉族拱北

图一　撒拉族拱北主图

撒拉族先贤尕勒莽、阿合莽墓位于循化撒拉族自治县街子清真大寺前，两墓相对面立，撒拉族人称之为"拱北"。

尕勒莽、阿合莽拱北都为鱼脊形土堆，并用砖垒有墓墙，长7.1米，宽3.3米，高6.25米，围墙三面设窗，一面开门，内各有大榆树一棵，显得古老而又沧桑。拱北的方位不同，尕勒莽拱北坐北朝南，其围墙门及墓皆向南；阿合莽拱北则坐南朝北，其围墙门及墓皆向北。整个拱北成长方形，底部为阶梯状，大体成工字形，上部为拱形结构，显得既整齐又庄严肃穆。

尕勒莽与阿合莽是循化自治县撒拉族的祖先。相传，元末明初年间，在尕勒莽、阿合莽两兄弟的带领下，撒拉族先民从中亚撒马尔罕沿着丝绸之路，途经新疆、甘肃等地到达青海循化境内，并最终定居下来。尕勒莽、阿合莽两兄弟去世后，信众将他们葬于此地，供后辈祭奠。由于撒拉族没有自己的文字，这段历史缺乏具体的文献资料，大多为口头传说，尕勒莽、阿合莽拱北也因此而蒙上了几分神秘的色彩。

关于撒拉族的起源有很多种说法，但是在民间传说中，一提到撒马尔罕，就让人联想到撒拉族。在撒拉族人心里，撒马尔罕是撒拉族的发源地，它就是撒拉族的故乡。尕勒莽与阿合莽最终选择离开撒马尔罕的根本原因在于他们严格遵守伊斯兰的教规，为了避免战争，同时也为了撒拉族人的血脉传承，而选择忍辱负重，最终离开了故土。尕勒莽与阿合莽带领撒拉族先民，忍着悲痛，牵着白骆驼，驮着一本《古兰经》，最终来到了循化定居。在生与死的考验中，尕勒莽与阿合莽充分发挥自己的才智，在真主的护卫下，坚定不移地朝着必胜的目标前进。在这段艰难的迁徙过程中，他们遇到的困难可想而知，但无论碰到多大的苦难，尕勒莽与阿合莽两兄弟始终把伊斯兰教作为精神支柱，并最终带领撒拉族人渡过了难关。

由此可见，尕勒莽与阿合莽拱北在撒拉族人心中是神圣的，其地位不可替代。对于撒拉族人来说，无论怎样讴歌尕勒莽与阿合莽拱北都不为过。

图片来源
图一　贾庭伟　制图
图二至图八　蔡克中　制图

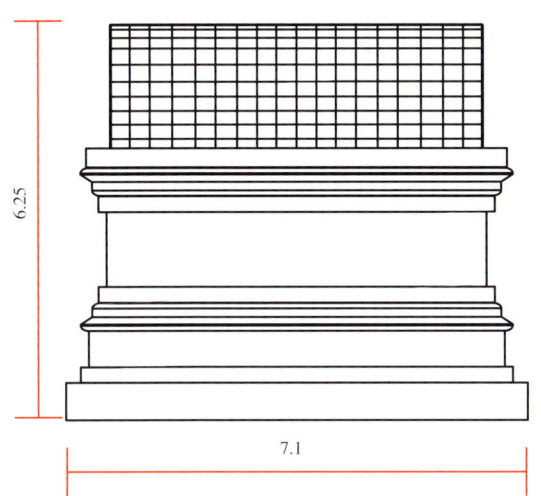

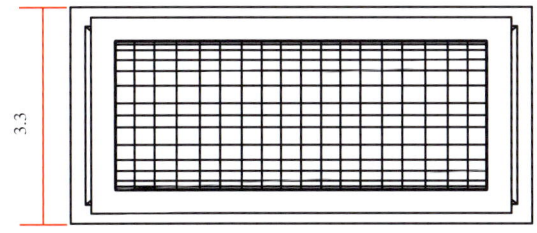

图二　撒拉族拱北三视尺寸图（单位：m）

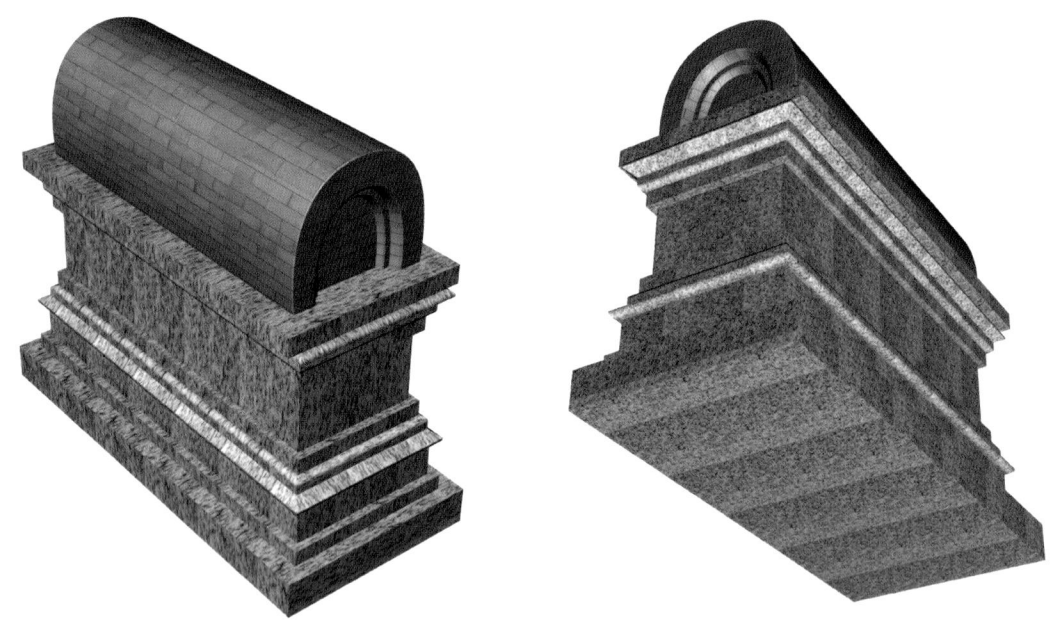

图三 撒拉族拱北效果图

图四 撒拉族拱北线描图 1

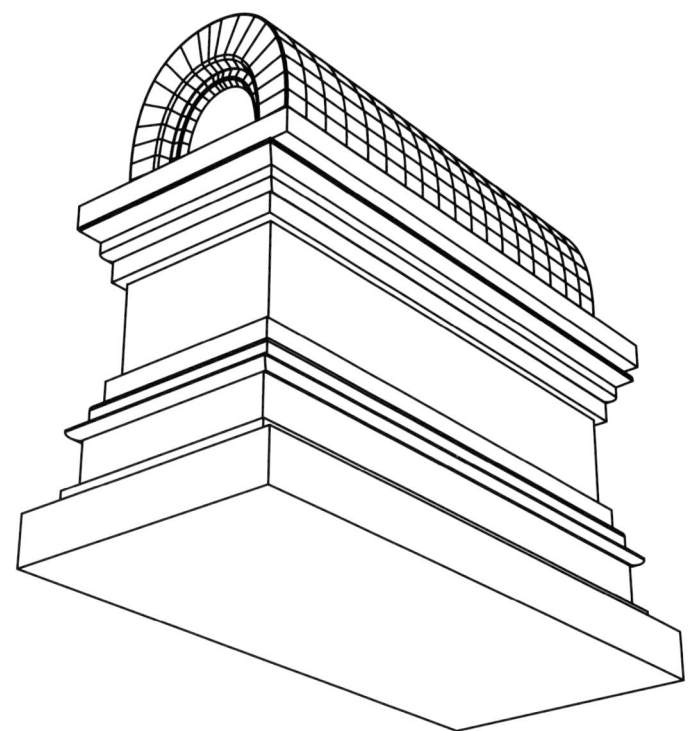

图五　撒拉族拱北线描图 2

图六　撒拉族拱北爆炸图

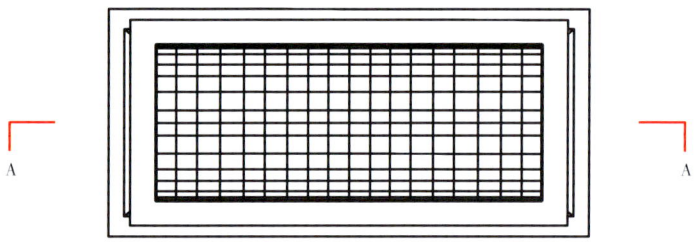

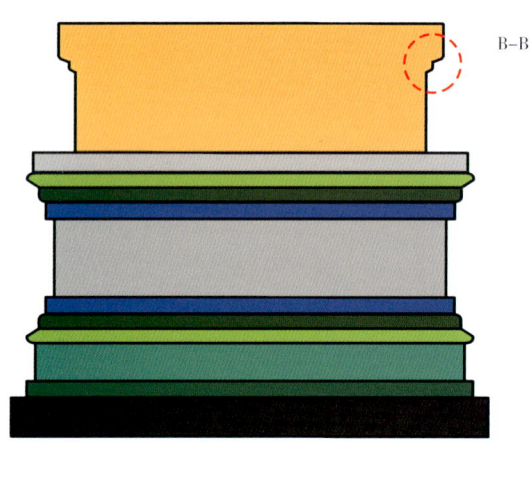

A-A 剖视图

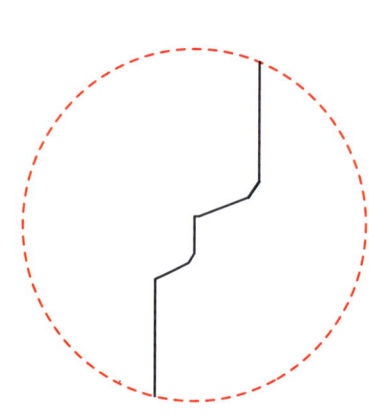

B-B 剖视图

图七 撒拉族拱北剖视图

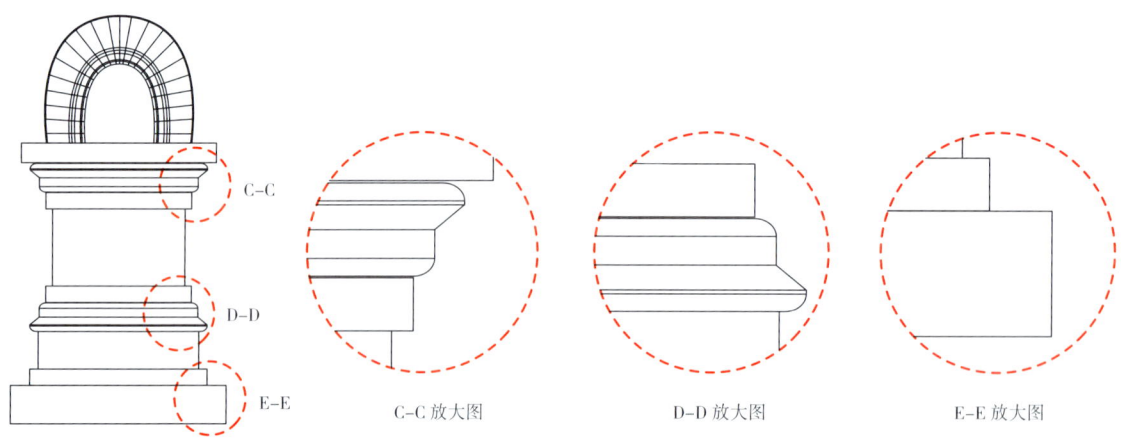

C-C 放大图　　　D-D 放大图　　　E-E 放大图

图八 撒拉族拱北局部放大图

声　明

　　本书编写时收入的个别图片，因条件所限，未能同相关著作权人取得联系，获得授权，敬请谅解。请相关著作权人及时与编者联系，以便奉上稿酬。谢谢！